U0635190

曙光

新质生产力
改变世界

New Quality
Productive Forces
Change the World

周文 杨正源／著

天津出版传媒集团

天津人民出版社

图书在版编目（CIP）数据

曙光：新质生产力改变世界 / 周文，杨正源著.
天津：天津人民出版社，2024. 9. -- ISBN 978-7-201
-20740-7

Ⅰ．F120.2

中国国家版本馆CIP数据核字第2024QR6061号

曙光：新质生产力改变世界

SHUGUANG：XINZHI SHENGCHANLI GAIBIAN SHIJIE

出　　版	天津人民出版社	
出 版 人	刘锦泉	
地　　址	天津市和平区西康路35号康岳大厦	
邮政编码	300051	
邮购电话	（022）23332469	
电子信箱	reader@tjrmcbs.com	

策划编辑	郑　玥
责任编辑	武建臣
封面设计	百丰艺术

印　　刷	天津新华印务有限公司
经　　销	新华书店
开　　本	880毫米×1230毫米　1/32
印　　张	14
插　　页	5
字　　数	260千字
版次印次	2024年9月第1版　2024年9月第1次印刷
定　　价	88.00元

PRODUCTIVITY
前言

人类社会发展的历史就是一部生产力发展的历史。随着经济社会的发展，生产力每时每刻都在不断进步，新的生产力总是不断取代旧的生产力，生产力成为推动经济社会进步的主要动力。每一次新的生产力跃升都以传统生产力发展到一定水平为基础和条件，并且随着时间的推移，现时的生产力终将被未来更新的生产力所取代。罗雪尔提出，历史上社会生产力主要是受到自然、劳动和资本三种因素的支配，正是这三种因素决定了历史发展中的三个阶段。[①]

第一阶段，自然生产力。在原始社会，社会生产力极其低下，无论是狩猎、采集，还是原始农业和畜牧业，都依赖于自然环境。农业革命的发生使人类能够更好地适应和改造自然环

[①]〔德〕威廉·罗雪尔：《历史方法的国民经济学讲义大纲》，朱绍文译，商务印书馆1981年版，第17页。

境，打破了原始社会末期人类生存的自然界限。在农业社会，人们逐渐开始利用畜力、风力、水力等自然生产力进行生产活动，人类社会的生产力得到显著提升。整体来说，从原始社会一直到封建社会中期，社会经济发展主要依靠自然生产力。

第二阶段，劳动生产力。在中世纪中期以后，劳动生产力逐渐取代自然生产力，成为占支配地位的发展动力。配第最早提出"劳动是财富之父"的观点，将商品价值的源泉归于劳动。随后，斯密和李嘉图深入研究和发展了劳动价值论，明确了劳动决定商品的价值。劳动价值论深刻反映了在以农业和手工业为主的社会中，劳动对社会财富创造的重要性。在这一阶段，劳动生产力成为人类社会主导的生产力，标志着人类社会生产力实现了一次巨大的历史性跨越。

第三阶段，资本生产力。第一次工业革命爆发后，人类步入了现代化社会，资本取代劳动成为影响人类社会生产力发展的关键要素。在资本逐利性的驱使下，人们生产的积极性和创造力被充分调动，社会财富被不断创造，社会生产力水平显著提升。随着资本主义的发展，资本不断积聚和集中，形成了垄断资本，更进一步推动了世界现代化的进程。在这一阶段，科技已经成为影响生产力的一种要素，但尚未成为主导因素。

由于受到时代的限制，罗雪尔只看到了上述三个阶段的生产力特征，但历史的脚步是不断前进的。后来的第二次工业革命和第三次工业革命引导人类社会走向了以科技生产力为主导的第四阶段。随着现代化的推进，科学技术迭代加速，新的科技发明层出不穷，不断颠覆着传统的生产方式，推动着产业的变革。电力、内燃机、计算机、原子能等的发明和广泛应用使人类社会生产力发展的速度和高度都实现了历史性的突破。科技生产力已然成为影响经济社会发展的主导力量，成为推动现代化的主要动力。

世界正处于十字路口。一条路是通向更加美好的世界，一个更加包容、公平和敬畏自然的未来世界；另一条路则可能会将我们推向"悲惨世界"，各种糟糕的意外风险层出不穷，让人类处于险象环生的境地。在全球化时代条件下，人们的生活方式、生产方式发生了翻天覆地的变化，生产力的发展形式也在不断变化。相比马克思和恩格斯生活的年代，21世纪出现了很多他们当年没有出现的问题、挑战，科学技术的发展更是日新月异，传统的生产力理论已经无法有效应对当前的问题。因此，全球化时代条件下人们的生活方式和生产方式的变革、对美好生活的向往以及科学技术的迅猛发展，客观上要求我们必须推进马克思恩格斯生产力理论的发展创新，并做出新的理论诠释，以更好地适应时代的发展需求，从而对马克思恩格斯的生产力理论在当代发展做出新的重要贡献。

目前，新质生产力已经在新一轮科技革命中初步形成，实现了社会生产力的又一次跃升，人类社会将进入以新质生产力为主导的新阶段。新质生产力是由技术革命性突破、生产要素创新性配置、产业深度转型升级而催生的，具有高科技、高效能、高质量等特征，其本质是先进生产力。在科学把握和综合运用现代信息技术、生物技术、新能源技术等一系列前沿技术的基础上，新质生产力摆脱了传统经济的增长方式，极大地提升了生产效率和创新能力。

在战略性新兴产业和未来产业培育过程中，由于在"无人区"的科技创新具有更突出的不确定性，尤其是在当代世界科技、经济社会发展进入结构迭代动能转换的深刻变革期，这种不确定性更为显著，使得我们在某些领域有可能率先实现赶超或突破。这是科技革命推动的产业革命进入急剧变革期的特点，同样具有客观规律性。新质生产力的先进性必须体现这一客观规律的要求，以一些关键领域的战略性新兴产业突破带动经济结构质态升级，以一些重要方面的未来产业的先行培育引领结构演进方向。从历史发展的规律来看，新质生产力将取代传统生产力，成为推动现代化的新动能。因此，新质生产力必然成为实现中国式现代化的强劲推动力和支撑力。

第一章

生产力：人类社会
发展的杠杆

PRODUCTIVITY

　　人类社会历史进程，就是社会生产力从低级到高级、从落后到先进的不断发展过程。技术创新是人类财富的杠杆，也是经济增长与文明形态发展的源泉。随着科学技术的不断进步，生产力水平不断提高，总是经历一个从低质到高质、从量变到质变、从旧质到新质迭代升级的过程。生产力跃迁与技术变革和产业发展密切关联，从原始的简单工具、手工劳动，到18世纪第一次工业革命的机械化、19世纪第二次工业革命的电气化，再到20世纪第三次工业革命的信息化。这个过程，伴随着生产力的不断跃迁，从根本上改变了人类历史的发展轨迹。

一、繁荣与停滞：生产力的先进与落后

（一）生产力跃迁推动历史前进的轨迹考察

　　原始人主要依靠人力从事采集、狩猎和捕鱼等生产劳动，生活了数百万年。在那段时期，从自然界寻找、收集和捕捉食物，而不是通过改造自然把食物生产出来。当时的生产力基本上是适应自然或者对自然的初级利用，改造能力非常有限，除

了打制石器和制作其他简单工具之外，基本上不具备通过改造和利用自然来创造性地生产物质资料的能力，对人类生活的保障水平极低，仅能满足最低生活需要。人类为了满足自己的需要，特别是满足食物的需要，逐步学会了种植农作物和驯养动物，从而革命性地发展了农业。这使人类从食物采集者转变为生产者，开垦土地，挑选植物，从耕耘播种到灌溉护理，都把对自然的改造和利用提升到前所未有的高度。①为了在固定的土地上耕作，人类由过去经常性迁移改为在农田附近定居，由此引起生活方式的重大变化。

第一次工业革命之前，劳动密集型、技术含量较低的农业占据主导地位。随着生产力的发展出现了纺织、制陶、皮革加工等手工业，此时大量手工业者开始兴办家庭作坊或手工作坊来小规模制造产品，但是生产过程相对分散和个体化。直到17世纪60年代，第一次工业革命中蒸汽机的发明应用取代了人力和自然力，机械化生产极大提高了棉纺织业的劳动效率，为现代工业经济发展创造了条件，奠定了资本主义大生产的基础。此外，蒸汽动力还作用于交通运输等基础设施，衍生出火车、轮船等制造业。对煤炭和铁矿等能源的需求持续增长，促进采矿业和冶金工业的发展。随着蒸汽及相关技术不断更新推广，

---

① 郑志国：《世界生产力升级换代与中国现代化进路》，《江汉论坛》2021年第2期。

因棉纺织业兴起的产业组织工厂制度替代了传统的手工工场，使得大规模流水线生产方式得以实现。

由于规模经济效应日益显著，该制度逐渐渗入其他各个产业中，使得制瓷业、印刷业、机械制造业等更多新兴制造产业日渐成长。第二次工业革命带来的电气化促进了电报、电话、广播、电视等新的通信革命的发生，为更加复杂的第二次工业革命的管理提供了有力工具。电力和电信技术引发了工厂的电气化和自动化，形成了大批量工业产品自动化生产线的集中大生产方式，同时燃气机的发明及汽车、飞机等更为便捷的新交通工具的普及也使石油逐渐取代煤炭成为主要的一次能源，社会也随之进入石油时代。第三次工业革命以电子计算机、原子能、生物科技的发明和应用为标志，信息技术革命推动形成了更先进的生产力，引领人类社会从工业社会迈入信息社会。随着现代的、先进的生产力不断替代过去传统的、落后的生产力，人类社会不断走向现代化。

由此可以看出，生产力的发展是一个系统性的螺旋上升的过程。习近平深刻指出："纵观世界文明史，人类先后经历了农业革命、工业革命、信息革命。每一次产业技术革命，都给人类生产生活带来巨大而深刻的影响。"①科技成为一种生产力，

---

① 中共中央党史和文献研究院编：《习近平关于网络强国论述摘编》，中央文献出版社2021年版，第35页。

决定于它改变了生产力发展的轨迹，关键是改变了人与自然的关系。在人类社会较早时期，人因无法认识自然而产生"自然崇拜"和"自然敬畏"。随着人们在长期生产生活经验积累中逐步有了对自然的认识，甚至不断地揭示出自然界包含的规律，因此产生了科学。①科学就是要对自然科学加以揭示，从而使人类有了认识自然并控制自然的底气和力量，也有了推动生产力进步的强大动力。新质生产力是以科技创新为主导、实现关键性、颠覆性技术突破而产生的生产力。没有科技发展的关键性突破，就没有新质生产力，先进科技是新质生产力生成的内在动力。

当今世界，新一轮科技革命和产业变革深入发展，全球进入一个创新密集时代。哪个国家率先在关键性颠覆性技术方面取得突破，形成新质生产力，哪个国家就能够塑造未来发展新优势，赢得全球新一轮发展的战略主动权。历史的教训、现实的趋势都启示我们，在强国建设、民族复兴新征程上，我们必须坚定不移推动高质量发展，提高自主创新能力，尽快形成新质生产力，如此才能在激烈的国际竞争中真正掌握发展主动权。

近年来，我国经济发展面临复杂的内外部环境，无论是当前提振信心、推动经济回升向好，还是在未来发展和国际竞争

---

① 乔榛、徐宏鑫：《生产力历史演进中的新质生产力地位与功能》，《福建师范大学学报》（哲学社会科学版）2024年第1期。

中赢得战略主动，关键都在科技创新，重点在关键性、颠覆性技术的突破。2023 年 7 月，习近平在江苏考察时强调，要加强科技创新和产业创新对接，加强以企业为主导的产学研深度融合，提高科技成果转化和产业化水平，不断以新技术培育新产业、引领产业升级。2024 年 3 月，习近平在湖南考察时再次强调，要以科技创新引领产业创新，积极培育和发展新质生产力。可以说，新质生产力的提出，体现了以科技创新推动产业创新，以产业升级构筑新竞争优势、赢得发展主动权的信心和决心。

（二）生产力发展是各国现代化的共同特征

生产力发展是社会历史发展的物质基础，是推动社会形态演进的决定性因素。马克思恩格斯指出，生产力是人类"全部历史的基础"[①]，"人们所达到的生产力的总和决定着社会状况"[②]。从根本上看，生产力决定着生产关系。生产关系涉及生产、流通、交换和消费环节，还包括人在生产中的地位和相互关系、产品分配的形式等，即财产关系、劳动关系和交换关系等。更进一步地，同生产力发展一定阶段相适应的生产关系的总和构成经济基础，经济基础又决定着政治、法律、文化等社会的上层建筑。因此，生产力通过对生产关系发挥决定性作用，进而决定着社会的经济形态、政治形态、观念形态，以及整个

---

① 《马克思恩格斯文集》（第十卷），人民出版社 2009 年版，第 43 页。

② 《马克思恩格斯文集》（第一卷），人民出版社 2009 年版，第 533 页。

社会形态具有何种性质。

马克思认为，生产力一旦发生变化，就"必然引起他们的生产关系的变化"[1]，从而引起经济基础的变化。与之相适应，"全部庞大的上层建筑也或慢或快地发生变革"[2]，最终推动人类社会从一个形态迈进另一个形态。总的来说，生产力从落后到先进的不断发展是社会形态从低级到高级更迭的根本动力。生产力和生产关系、经济基础和上层建筑的矛盾运动，从根本上规定了社会形态的本质和基本结构。

生产力的量变主要体现在一定生产力要素条件下的生产效率的提升，在度量上主要表现为劳动要素投入量和劳动产品产出量的增加。生产力同样遵循着量变与质变的发展规律，"纯粹的量的分割是有一个极限的，到了这个极限，量的分割就转化为质的差别"[3]。当生产力量变到一定阶段，现有的劳动者、劳动资料与劳动对象难以解决现阶段生产中的问题与挑战，必须依靠生产力的质变。生产力的质变包括多个层面的变化，主要包括生产力质态的变化与生产力变革的作用范围及其影响。

从现代化的角度来看，生产力质变既要实现生产效率的提升，也要满足特定时代经济发展的需要，如数字经济时代发展、全球产业革命与科技革命机遇，根本目的是推动实现人的现代

---

[1] 《马克思恩格斯文集》（第一卷），人民出版社2009年版，第613页。
[2] 《马克思恩格斯文集》（第二卷），人民出版社2009年版，第597页。
[3] 《马克思恩格斯选集》（第三卷），人民出版社2012年版，第904页。

化。生产力的质变不仅是物质生产力的改变，而且是精神生产力的提升与生态生产力的创造，将物质生产回归到人的现代化本质上，以先进生产力推动社会变革与人的发展，加速现代化的实现。现代化的关键在于以科学技术推动生产力的质变。生产力的量变和质变受到多种要素影响，马克思指出："劳动生产力是由多种情况决定的，其中包括：工人的平均熟练程度，科学的发展水平和它在工艺上应用的程度，生产过程的社会结合，生产资料的规模和效能，以及自然条件。"①马克思恩格斯多次强调了科学技术对于生产力提升的作用，科学技术是影响生产力现代化的关键性因素。其一，马克思恩格斯反复强调科学技术是生产力。"生产力中也包括科学"②，"大工业则把科学作为一种独立的生产能力与劳动分离开来"③。其二，科学技术是现代化的动力之一，在开启现代文明的同时进而引发社会发展的一系列变革。恩格斯指出："使用机械辅助手段而获益一旦成为先例，一切工业部门也就渐渐仿效起来；文明程度的提高，这是工业中一切改进的无可争议的结果，文明程度一提高，就产生新的需要、新的生产部门，而这样一来又引起新的改进……使用机械辅助手段，特别是应用科学原理，是进步的动力。"④

---

① 《马克思恩格斯文集》（第五卷），人民出版社2009年版，第53页。
② 《马克思恩格斯文集》（第八卷），人民出版社2009年版，第188页。
③ 《马克思恩格斯全集》（第21卷），人民出版社2003年版，第412页。
④ 《马克思恩格斯文集》（第一卷），人民出版社2009年版，第102页。

其三，马克思恩格斯认识到科学技术对实现人的现代化的重要作用。如恩格斯在《德法年鉴》上指出："科学又日益使自然力受人类支配。这种无法估量的生产能力，一旦被自觉地运用并为大众造福，人类肩负的劳动就会很快地减少到最低限度。"[1]

（三）生产力发展在现代化进程中具有历史性与阶段性

政治经济学是一门历史学科，探究世界现代化进程中生产力的发展规律，或是中国式现代化进程中新质生产力的生成，都要"从历史上和实际上摆在我们面前的、最初的和最简单的关系出发"[2]，以历史和逻辑的分析方法进行阐释。从各国现代化的普遍历程来看，生产力的发展具有历史性与阶段性，生产力的跨越式发展是现代化的重要前提。正如马克思所说："一定的生产方式或一定的工业阶段始终是与一定的共同活动方式或一定的社会阶段联系着的，而这种共同活动方式本身就是'生产力'；由此可见，人们所达到的生产力的总和决定着社会状况，因而，始终必须把'人类的历史'同工业和交换的历史联系起来研究和探讨。"[3]决定历史发展阶段的是生产力的发展，总体而言，生产力的跨越式发展主要分为四个阶段。

第一阶段表现为自然生产力。在自然原始社会，即人类社会的初期，生产力中的决定性因素是自然，"最早被利用的是动

---

[1]《马克思恩格斯全集》（第3卷），人民出版社2002年版，第464页。
[2]《马克思恩格斯文集》（第二卷），人民出版社2009年版，第603页。
[3]《马克思恩格斯选集》（第一卷），人民出版社2012年版，第160页。

物的自然力"，其中，劳动力自然地形成生产力；"最晚的是机械的自然力"，其中主要包括火、水、风等，所以自然环境决定了人类的生存状况和发展。①同时，由于人类尚处于蒙昧时代与野蛮时代，在这一阶段尚未出现现代机械，原始社会协作分工程度低，生产力水平总体较低。

第二阶段表现为劳动生产力。劳动具有创造价值和使用价值的重要作用，其中有用的具体劳动是财富形成的关键。进入原始社会末期，随着生产力的发展与文明程度的提高，出现了以农业和畜牧业分离为标志的第一次社会大分工。②分工的出现扩大了产品交换的范围，推动了生产工具的改进，从而提高了劳动生产力，生产关系也随之调整。整体来看，劳动生产力的发展导致了私有制和阶级的产生，在三次社会大分工后奴隶制度取代原始社会公有制，推动人类向现代文明迈进。

第三阶段表现为科技生产力。马克思指出："增加劳动的生产力的首要办法是更细地分工，更全面地应用和经常地改进机器。"③随着工业革命的发端，西方国家正式迈向现代化进程，而科学技术所催生的生产力变革则成为引领现代化浪潮的根本推动力。自18世纪60年代以来，分别以蒸汽机、发电机、计算

---

① 〔德〕威廉·罗雪尔：《历史方法的国民经济学讲义大纲》，朱绍文译，商务印书馆1981年版，第17页。

② 《马克思恩格斯选集》（第四卷），人民出版社2012年版，第176~178页

③ 《马克思恩格斯选集》（第一卷），人民出版社2012年版，第352页。

机的发明为代表的三次工业革命直接改善了生产工具，极大程度地提高了社会生产力与生产组织效率，以全新动力推动了产业的彻底革新和转型，在颠覆人类生产方式的同时，也进一步推动人类走向现代文明新形态。可见，随着现代化的不断推进，科学技术迭代速度更快、影响作用更深，科技创新业已取代劳动要素成为影响生产力跨越式发展的关键因素，是实现现代化的重要前提。

第四阶段表现为新质生产力。随着物联网、云计算等新一代信息技术的蓬勃发展和广泛应用，知识总量和技术成果的爆炸式增长推动着数据、知识、算力等新兴生产要素与传统生产力的结合与发展，催生出更能推动生产力跨越式发展与生产方式变革的新质生产力。新质生产力阶段适应于数字经济时代发展，是整个生产力历史进程中的最高阶段。作为科技生产力进一步跨越式、颠覆式发展的结果，新质生产力更加强调创新驱动，更加讲求高质量发展，更加适应现代化发展。世界现代化历程表明，人类社会经济发展动力的关键性、颠覆性变革来源于技术变革。"蒸汽时代是资产阶级的时代，电的时代是社会主义的时代。"①随着时代的发展，当前世界正处于数字经济时代，新时代下必须把握好新质生产力生成的历史逻辑，以加快形成新质生产力从而推动中国式现代化的发展。

---

① 《列宁全集》（第38卷），人民出版社1986年版，第117页。

二、新质生产力理论对马克思主义生产力学说的重要发展

（一）古典政治经济学视域下的生产力理论

生产力的概念是在社会财富急剧增长的时代进入政治经济学家视野的。在历史上，为了探究财富的原因，魁奈、斯密、李嘉图、李斯特等政治经济学家从不同角度论及了生产力问题。

古典政治经济学家、法国重农学派创始人魁奈在《谷物论》这篇文章中说："和庞大的军队会把土地荒芜相反，大人口和大财富，则可以使生产力得到更高的发挥。"[①]魁奈的财富思想是农业生产的净产出，只认为从事农业生产活动的人才是生产者，而从事手工业、商业、精神生产等的人都是非生产劳动者，由此可以看出他的生产力是关于农业或者说是关于土地的生产力，他的生产力构成要素：一是人（主要是农业劳动者的数量），二是土地。"构成国家强大的因素是人"，"土地是财富的唯一源泉"。[②]

17世纪，英国古典经济学家威廉·配第便提出了"土地为

①《魁奈经济著作选集》，吴斐丹等译，商务印书馆1997年版，第21页。
②《魁奈经济著作选集》，吴斐丹等译，商务印书馆1997年版，第333页。

财富之母，而劳动则为财富之父和能动要素"①，从生产要素角度阐释了生产力的内涵。进入18世纪，斯密提出了"劳动生产力"概念，从分工的角度指出劳动生产力的提升对经济社会发展的重要作用："劳动生产力上最大的增进，以及运用劳动时所表现的更大的熟练、技巧和判断力，似乎都是分工的结果。"②同时，还提到土地是具有生产力的物质，引入"自然生产力"概念。

斯密经济思想的继承者和传道者萨伊发现了斯密把创造价值的力量只归属于劳动的缺陷，他认为"是人的勤奋与自然和资本相结合，创造了价值"。之后，萨伊在《政治经济学概论：财富的生产、分配和消费》中格外关注生产要素在生产中的作用，将劳动、资本和自然力视作"强大的生产力"，并指出这三种生产力间的关系，"自然是人的伙计，是人的工具。人越能不用自己和资本的力并把越大的部分的生产工作交给自然，自然便越有益于人"③。同样，李嘉图在《政治经济学及赋税原理》

---

① 〔英〕威廉·配第：《赋税论：献给英明人士货币略论》，陈冬野等译，商务印书馆1963年版，第71页。

② 〔英〕亚当·斯密：《国民财富的性质和原因的研究》（上卷），郭大力、王亚南译，商务印书馆1972年版，第5页。

③ 〔法〕萨伊：《政治经济学概论：财富的生产、分配和消费》，陈福生、陈振骅译，商务印书馆1963年版，第73~74页。

中也肯定了土壤、水等自然要素具有生产力。①并且，从比较优势理论出发，李嘉图指出通过机器的发明、技术的改进等方式提高生产便利条件不仅增加了国家财富，也增加了未来生产的能力。②

在古典政治经济学史上，李斯特在批判斯密观点的基础上，第一个比较系统地建立了生产力理论。李斯特在《政治经济学的国民体系》中强调国家整体生产力和工业化的重要性，认识到个人生产力与国家生产力的差异、农业和制造业的生产力差异，指出"国家力量是一种动力，新的生产资源可以由此获得开发，因为生产力是树之本，可以由此产生财富的果实"③。他还批判了斯密关于生产性劳动和非生产性劳动的理论，提出了生产交换价值（财富）的劳动和生产生产能力的劳动的观点，在此基础上进一步把生产生产能力的人划分为七类。李斯特的生产力理论以这样一个基本的逻辑判断为基础："生产财富的能力比财富本身更为重要，它不仅确保拥有财富，使财富增值，

---

① 〔英〕李嘉图：《政治经济学及赋税原理》，郭大力、王亚南译，商务印书馆1962年版，第57页。

② 〔英〕李嘉图：《政治经济学及赋税原理》，郭大力、王亚南译，商务印书馆1962年版，第237页。

③ 〔德〕弗里德里希·李斯特：《政治经济学的国民体系》，邱伟立译，华夏出版社2009年版，第46~47页。

而且还能弥补那些失去了的财富的损失。"①这样，他的生产力理论实际上就包含两个方面的含义：一是生产财富的能力，二是生产生产能力的能力。这两个方面的总和构成他的国家生产力。国家生产力来源于国家的自然生产力、国家的工具生产力和国家的精神生产力。

斯密和李嘉图根据价值理论和分工理论认为，每个国家都可以生产本国具有优势的产品，而向别的国家购买本国不具有优势的产品，这样国际贸易就会以平等互利的原则在各个国家之间展开；而且分工是提高劳动生产力的必要途径，分工的深入必然要求市场规模不断扩大，国际贸易能够克服国内市场狭小对于分工的限制，因此国际贸易能够使得各个贸易国的生产力水平都得到提高。但是李斯特认为，英国的劳动生产力水平已经远远超过德国，在这样的条件下进行平等的国际贸易，最后的结果只能是英国发展为世界超级大国，而德国在经济上沦为英国的附庸，并失去应有的政治地位。因此，李斯特坚定地认为后进国家必须牢牢把握发展生产力的机会，不能贪恋一时的财富而牺牲获得财富的能力。

1845 年 3 月，马克思对李斯特的生产力理论进行了评价，第一次提出了他对于生产力的认识。马克思立足"现实的个

---

① 〔德〕弗里德里希·李斯特：《政治经济学的国民体系》，邱伟立译，华夏出版社 2009 版，第 99 页。

人"，揭露了生产力理论中的主体因素。在《神圣家族》中，马克思从人的生产出发，批判了鲍威尔等人"把历史同自然科学和工业分开，认为历史的诞生地不是地上的粗糙的物质生产，而是天上的迷蒙的云兴雾聚之处"①。马克思已经明确意识到，物质生产是历史的发源地，物质生产中的人是历史的主体。马克思揭示了生产力属性的本质，从而将生产力引入社会历史领域。

在《神圣家族》中，马克思明确了生产方式是人类社会发展和历史进步的基础和前提。直到详细分析和考察李斯特生产力理论后，马克思借助生产力概念批判资本主义社会，才发现市民社会的真正基础在于生产力，无产者的贫困根源于他们让渡了生产力，而由资本家集中掌握和使用生产力。马克思在批判李斯特的过程中，强调从物质生产和物质生产力出发研究社会历史，进而为创立唯物史观奠定基础。

（二）历史唯物主义下的生产力理论

生产力理论是政治经济学研究的主题之一，马克思之前的古典经济学家主要从财富生产的角度研究生产力，马克思在总结前人研究成果的基础上，确立了生产力的科学内涵，分析了生产力的内在结构、生产力的动态变化、生产力的环境条件、生产力的时空观、生产力和经济效率、生产力和科学技术等问

---

① 《马克思恩格斯文集》（第一卷），人民出版社2009年版，第350~351页。

题。马克思主义政治经济学认为生产力是人类社会发展的决定性力量。马克思认为，"生产力，即生产能力及其要素的发展"①。

《资本论》论述了社会化大生产需要增加新的生产力要素，提出了生产力的决定因素。马克思指出："劳动生产力是由多种情况决定的，其中包括：工人的平均熟练程度，科学的发展水平和它在工艺上应用的程度，生产过程的社会结合，生产资料的规模和效能，以及自然条件。"②这说明生产力的形成取决于科学的发明广泛应用于生产的工艺，因而马克思非常重视科学及其在生产中的应用，他认为"生产力中也包括科学"。

在《资本论》中，马克思还把简单协作、分工协作，以及自然力都归为生产力发展的要素，认为"大工业把巨大的自然力和自然科学并入生产过程"。马克思运用历史唯物主义的思想和方法从生产力的内涵、要素、结构等方面形成了系统的生产力思想，超越了之前单纯从财富角度研究生产力，而从探索人类社会发展规律的视角构建生产力理论。新质生产力以马克思历史唯物主义为指导，坚持马克思主义生产力理论和方法，以新科技革命和产业革命为背景，立足中国式现代化和高质量发展的时代需要，立足世界和中国两个维度，从生产力现代化转

---

① 《马克思恩格斯文集》（第七卷），人民出版社2009年版，第1000页。
② 《资本论》（第一卷），人民出版社2018年版，第210页。

型角度对马克思主义政治经济学的生产力理论进行了创新发展。

生产力理论，是马克思恩格斯整个科学理论体系最为基本的方面，"是历史唯物主义的最根本的理论基石"①。马克思恩格斯正是在认识世界并改造世界的过程中，以生产力理论构建了科学的历史观，并以此为工具正确认识了隐藏在历史表象下、从未被发现的客观规律，从而为我们正确理解历史发展动力奠定了科学的基础。

经过辩证唯物主义和历史唯物主义洗礼的生产力概念，和生产关系构成辩证统一关系，二者的矛盾运动成为推动人类历史进程的基本力量。作为政治经济学的一个科学范畴，生产力不是外在于人类社会的一种"异己"的力量，而是一个历史社会范畴。如果说古典经济学生产力学说是对农业生产时代的历史回应，马克思主义生产力学说是对大机器工业化发展时代的科学回应，那么新质生产力学说则更体现对新的信息时代科技创新驱动下的产业革命做出时代性、历史性回应，使马克思主义生产力学说更具经济技术发展的时代化新特征。从物质生产力本身发展历史进程来看，实质上是新的生产力逐渐改造和替代"旧"的生产力的迭代式升级过程。②

马克思指出："各种经济时代区别，不在于生产什么，而在

① 郭杰忠：《实践和发展：马克思主义生产力理论研究》，江西人民出版社2008年版，第1页。

② 刘伟：《科学认识与切实发展新质生产力》，《经济研究》2024年第3期。

于怎样生产，用什么劳动资料生产。"①从人类社会发展的历程来看，生产力在总体上呈现不断进步的趋势，并遵循着一定的规律。在生产力整个发展历程中发生过几次重要变迁，从根本上改变了人类社会发展进程，推动人类社会实现了重大跃迁，进入全新的社会形态和生活方式。

马克思恩格斯认识到物质生产的社会关系本质，从生产力与生产关系相互作用的角度，对古典政治经济学的生产力范畴进行了批判性吸收和发展，从"社会生产力"的视角揭示了生产力的本质。依据马克思主义政治经济学原理，生产力被普遍视作"人们在劳动生产中利用自然、改造自然以使其满足人的需要的客观物质力量"②。概括地讲，正如马克思恩格斯所说："生产力当然始终是有用的、具体的劳动的生产力"③，因此，生产力是具体劳动生产财富即使用价值的能力④，是"一切社会变迁和政治变革的终极原因"⑤。总而言之，通过对经济思想史中生产力范畴演变的考察，生产力概念存在包括自然生产力（以土地、水为代表）、劳动生产力、资本生产力、社会生产力等不同内涵和质态的理解与阐释。马克思指出："在历史发展的

---

① 《资本论》（第一卷），人民出版社2018年版，第210页。
② 徐光春主编：《马克思主义大辞典》，崇文书局2017年版，第58页。
③ 《马克思恩格斯文集》（第五卷），人民出版社2009年版，第59页。
④ 卫兴华：《关于生产力与生产关系理论问题的研究与争鸣评析》，《经济纵横》2010年第1期。
⑤ 《马克思恩格斯全集》（第25卷），人民出版社2001年版，第395页。

每一阶段都是与同一时期的生产力的发展相适应的。"①因而，对生产力范畴的理解和认识也是在历史阶段与条件的演变中不断深化的。

（三）新质生产力体现马克思主义生产力理论的创新和发展

生产力理论是马克思主义政治经济学的基本理论和重要范畴。物质资料的生产是人类社会存在和发展的基础，生产力是人类改造自然时从事实践活动的生产能力。生产力是由很多因素共同决定的，其中包括工人的平均熟练程度，科学的发展水平和它在工艺上应用的程度，生产过程的社会结合，生产资料的规模和效能，以及自然条件。可以看到，生产力是一个复杂的系统性概念，基本要素是劳动者、劳动资料和劳动对象。

另外，自然、管理、科技等要素在生产中也起到了重要的作用。在《资本论》中，马克思还把协作作为生产力的要素，"结合工作日的特殊生产力都是劳动的社会生产力或社会劳动的生产力。这种生产力是由协作本身产生的"②。马克思把自然力也作为生产力发展的要素，认为大工业把巨大的自然力和自然科学并入生产过程，如利用水力、风力发电，利用太阳能等。

马克思尤其重视科学技术及其运用，认为科学技术属于生产力的重要组成部分，他强调生产力中也包括科学。在马克思

---

① 《马克思恩格斯选集》（第一卷），人民出版社2012年版，第204页。
② 《资本论》（第一卷），人民出版社2004年版，第382页。

看来，生产力不仅以物质形态存在，而且以知识形态存在，自然科学就是以知识形态为特征的一般社会生产力。科学技术也可以直接参与生产过程，成为直接的生产力，主要通过转化为劳动者的劳动技能，物化为劳动工具和劳动对象的方式实现。正如马克思所说，固定资本的发展表明，一般社会知识，已经在很大程度上变成了直接的生产力。马克思揭示了科学技术对人们的生产和生活方式带来的巨大改变。马克思指出，自然科学和现代科技正通过工业日益在实践上进入人的生活，改造人的生活，并且劳动生产力是随着科学和技术的不断进步而不断发展的。为此，恩格斯强调，在马克思看来，科学是一种在历史上起推动作用的、革命的力量。

生产力不是静态的，而是发展和变化的，生产力的发展是社会历史发展的物质基础，是人类社会发展的决定性力量。人们所达到的生产力的总和决定着社会状况。生产关系必须适应生产力发展的状态，当生产关系与生产力发展不相适应时，就会出现矛盾，就会阻碍生产力的发展。因此，生产力与生产关系的矛盾运动构成了社会形态发展的根本动力。

新质生产力是马克思主义生产力理论同新时代我国生产力发展实际相结合的产物，是马克思主义生产力理论的中国化时代化的最新重要理论成果。新质生产力的产生符合生产力与生产关系运动规律。在新一轮科技革命和产业变革的时代背景下，传统生产力已然无法突破技术制约继续提供经济发展的新动能，而随着我国在大数据、人工智能、第五代移动通信技术、量子科技、生物技术等领域不断取得颠覆性技术突破，新质生产力应运而生。新质生产力的形成必然要求与新的生产关系相适应，围绕创新驱动推进体制机制变革，使生产关系更好地适应新质生产力的发展。中国特色社会主义基本经济制度的不断成熟、社会主义市场经济体制改革的不断完善，特别是新型举国体制和新的科技体制，为新质生产力的发展提供了有力保障。

新质生产力理论继承和发展了马克思"生产力中也包括科学"的观点，更加强调科技创新为引领，突出技术、信息、数据等新型生产要素在推动社会生产力发展中的核心作用。科技创新作为一种渗透性要素，是新质生产力的内生动力，必须融入生产的每一个环节，与其他生产要素结合起来。科技与传统生产要素的融合可以进一步提升劳动者的技术水平、丰富劳动资料的内容、扩大劳动对象的范围，有利于社会生产力进一步发展。

新质生产力理论继承和发展了马克思关于人与自然关系的思想，强调新质生产力本身就是绿色生产力，必须牢固树立和践行绿水青山就是金山银山的理念，坚定不移走生态优先、绿色发展之路。一方面，传统工业化不可持续性的发展模式加剧了自然资本和生态恢复力的枯竭；另一方面，传统支撑中国经济增长的例如劳动、资本等要素在新型全球化时期已不具备比较优势。[1]

新质生产力理论继承和发展了马克思关于生产要素及其有机结合的观点，强调新质生产力以劳动者、劳动资料、劳动对象及其优化组合的跃升为基本内涵。发展新质生产力必须不断提高劳动者素质，广泛采用数字化智能化的生产工具，不断扩大新能源和新材料的使用范围。同时，通过对各种要素资源的优化整合，催生新产业、新业态、新模式，推动生产力水平的整体跃升。

小结

在漫长的历史长河中，从农耕文明到工业社会，从马尔萨斯陷阱到东西方文明大分流，人类文明总是伴随着一系列的标志性事件发生进步。科学，作为"最高意义上的革命力量"，将生产力的发展又一次推向新高度。从人类文明发展史来看，生产工具经历了石器、铜器、铁器、机器直到当代数字智能工具；动力演进经历了从自然力（人力、畜力、风力、水力等）到机械力（热力、电力等）直到当代的算力，产业体现经历了

---

[1] 柳学信、曹成梽、孔晓旭：《大国竞争背景下新质生产力形成的理论逻辑与实现路径》，《重庆大学学报》（社会科学版）2024年第1期。

渔猎、农耕、工业、服务业。

尤其是工业革命以来，第一次工业革命以蒸汽机为标志的机械化技术为突破，带动纺织、交通运输、煤炭、钢铁等资源型产业生产力发展；第二次工业革命以电力为标志的电气化技术为突破，带动汽车、飞机等重工业和石化等能源产业发展；第三次工业革命以电子计算机、人工合成材料等信息化技术为突破，带动电子信息、移动通信、互联网等信息产业和新技术、新装备、新能源、新医药等高新技术产业发展；第四次工业革命则以大数据、云计算、物联网、区块链、人工智能等数字技术为突破点，带动数字科技、能源科技、材料科技、生命科技和先进制造业为代表的战略性新兴产业实现生产力飞跃。[①]在马克思主义经典作家的论述中，未来社会应当以"生产力的巨大增长和高度发展为前提"。"新质生产力"论从物质生产力发展的历史进程上对新一轮工业革命做出理论回应，既是对马克思主义生产力发展学说的运用，又是对新时代生产力演进规律的揭示。

[①] 洪银兴：《发展新质生产力 建设现代化产业体系》，《当代经济研究》2024年第2期。

第二章

古代中国何以超越西方：农业时代生产力

PRODUCTIVITY

农业的诞生是人类社会生产力发展史上第一次具有革命性意义的进步，也是人类最终摆脱野蛮走向文明的转折点。农业的出现影响了社会的意识形态和组织方式、改变了经济结构、加速了文化的交流与融合，农业也是文明形成和发展的重要基础。我国是古代世界上最早最大的农作物起源地，农业的产生，可以追溯到我国人类文明最初产生的时候，自从两河流域出现人类聚落开始，中国农业最早期的雏形也随之而来。中国在蒸汽时代到来之前长达3000年代表了世界农业的最高水平。这主要取决于中国古代农业几次技术的突破和农业生产力的遥遥领先。

一、农业的起源、传播与影响

（一）勤劳革命：从刀耕火种到农业诞生

在过去的一万年里，气候变暖导致世界大多数地区人类活动特征和生存状态发生改变。正是这样的气候条件，以及对火的使用，为人类从事固定的农业生产创造了条件。人类由依赖自然赐予的狩猎-采集生活逐步过渡到以种植和家畜饲养为主，农业活动成为人类改造和适应自然环境并维持社会生存的最主要经济活动。人们用火来清理土地，使谷物长得更好。在这些更为稳定的生存条件下，人们终于学会了一些基本的生产技能，比如制陶、烧砖、冶金等。正是这些技能所生产出的产品，为社会的运转和延续提供了燃料。

农业是由采集发展起来的，从采集到农业的转变发生在大约公元前9500年至公元前8500年。至距今7000—5000年的新石器时代晚期，农业生产取代狩猎-采集，成为北方先民生业经济的主导。在仰韶文化早段的半坡与史家期，粟、黍的总数已经占据了出土植物种子总数的61%，而在仰韶文化晚期已多达41000余粒，占出土植物种子总数的99%，处于绝对主导地位。人类的耕种改变了地貌。他们通过挑选淘汰和重新播种改变了小麦和大麦等特定作物。[1]赫拉利在《人类简史》中指出，有农业成就的人类社会生产力革命，主要是基于小麦、水稻等农作物的大规模生产来代替自然提供的野生食物，从而结束了狩猎和采集时代。[2]

---

[1]〔德〕埃瓦尔德·弗里：《十八个时空中的世界史》，赵涟译，社会科学文献出版社2021年版，第50页。

[2]〔以〕尤瓦尔·赫拉利：《人类简史》，林俊宏译，中信出版社2017年版，第75页。

耕种改变了人类，让人类从人口稀疏的狩猎者和采集者变成了改变环境的、人口密度高的生态系统改变者。[①]在这种生产方式下，劳动工具得到较大改进，实现了原始生产力到农业生产力的转变。钱学森在《第六次产业革命和农业科学技术》一文中指出："第一次产业革命是农业、牧业的出现，在一万年以前的原始公社时期。人从完全依靠采集、猎取自然界的野生果实和动物产品为生活的生产体系，转入了发展农业和牧业。"[②]

与采集–狩猎不同的是，耕种行为的付出与回报之间存在较长的时间差。从播种到收获需要守候和管理农作物的生长，所以耕种行为与定居生活密切相关。定居化生活模式的建立，往往伴随着重大的社会—经济层面的变迁。定居生活可为人们提供稳定的栖居环境，更好地照料栽培作物的生长，同时又限定了人群活动范围，刺激了人口的增长，使得社会群体更为迫切地需要去提高局域范围内的食物产量。当人们无法通过强化采获野生食物资源以满足食物需求量时，发展与扩大农业生产便成了首选之计。[③]此外，定居生活引起了社会组织方式的重大转变，人们需要通过仪式、经济再分配等手段强化社会互动，从

---

① 〔英〕马特·里德利：《创新的起源：一部科学技术进步史》，王大鹏等译，机械工业出版社2021年版，第229页。

② 钱学森：《第六次产业革命和农业科学技术》，《科技进步与对策》1985年第1期。

③ 赵潮、吴锦程：《农业起源与社会转型的三种模式——以中国北方、西亚与墨西哥高原的比较为视角》，《考古与文物》2023年第3期。

而产生对剩余食物资源生产的更大需求。

农业与采集–狩猎活动相比具有三个特点：第一，人类居住模式的改变导致人群结构和关系发生重大变革，社会发展出现根本性变化；第二，农业活动创造发明了许多生产工具，提高了生产效率，产生多样的驯化动物和作物，提供了稳定的食物供应及储存，推动了人口增长；第三，农业促使劳动分工、导致商品交换，对阶级、法律、宗教、文字、城市与国家的出现等有积极作用，成为文明诞生的重要基础。世界主要古文明的发源地如埃及、巴比伦、印度、中国等，无不与农业发展密切相关。

考古证据表明，农业起源与扩散，并非是一蹴而就的"革命"，而是经历了漫长的发展过程。约1万年以前，农业在西亚、中美洲和东亚几乎同时独立出现。西亚两河流域的"肥沃新月形地区"是小麦、大麦、亚麻、多种豆科植物与绵羊、山羊、黄牛、家猪的驯化中心。中美洲地区南北跨亚热带、热带多种气候区，中部高原与沿海低地海拔差巨大，玉米、南瓜、马铃薯、甜薯和花生等植物，以及美洲驼、羊驼和火鸡等动物逐步被驯化，使得该地区形成独立的农业体系。

中国是东亚农业起源的关键地区，孕育了世界上唯一连续演化发展的中华农耕文明。距今6000年前后是中国农业起源过程的完成阶段，农耕生产逐步取代采集狩猎，最终以农业为主导经济的农业社会正式建立。中国有两个确切的农业起源中心：

黄河流域以粟、黍为代表的北方旱作农业起源中心，长江中下游地区以水稻为代表的南方稻作农业起源中心。①

数千年间，农业从起源中心向外扩散，逐步传播到世界上大多数地区，成为人类文化交流与融合的重要途径，也是经济转型、人口增长，以及文明起源和发展的重要基础。

农业的扩散和传播促使不同起源的驯化植物和动物（含思想和技术）实现了交流和融合，构建一种全新的、多样化的农业系统，极大增强了人们适应环境的能力，构成社会发展的重要动力和经济基础。②例如，我国河西走廊位于古丝绸之路上，处于东、西亚两个农业起源中心的连接点。这些来自中、西亚的农作物的传入，对新疆绿洲灌溉农业系统和农业多样化的形成具有重要促进作用，对亚洲中部绿洲城邦国家的形成和人口增加意义重大，为汉代"丝绸之路"的开通提供了重要基础。

水稻是世界上最重要的粮食作物之一，养活了全球近一半人口，对文化和文明发展有着深刻影响。关于稻作起源时间、地点和动因的研究开始于20世纪40年代，先后有印度起源说、东南亚山地起源说、云南–阿萨姆起源说、长江中游起源说、长江下游起源说、长江中下游起源说等不同学术观点。直到20世纪70年代，中国浙江河姆渡遗址发现7000年前的古稻，将稻作

---

① 李小强：《农业的起源、传播与影响》，《人类学学报》2022年第6期。

② Liu, X. and Jones, M. K., 2014, "Food Globalisation in Prehistory: Top Down Or Bottom Up?", *Antiquity*, 88（341）：956-963.

农业的起源地逐渐转移到中国。随后，湖南玉蟾岩遗址、江西仙人洞-吊桶环遗址和浙江上山遗址最早稻谷遗存的发现，更将稻作起源的发生地聚焦到中国长江中下游地区。至此，稻作农业起源中心地位基本得以确认，中国是最早孕育出水稻的区域。①

经历了酝酿、萌芽、确立、快速发展和稳定发展几个阶段后，中国早期农业成为主导性的生产方式，导致人口增加、聚落发展。华北地区、黄淮地区的农业水平始终处在发展前列，为中原王朝的诞生奠定了经济基础。长江流域的稻作农业则在龙山时代后期陷入低潮，直到东周之后才又表现出强劲势头。②稻是一种需水量较大的农作物，北方地区气候干旱，田地多为靠天吃饭的雨养田，有水源灌溉之处才能种稻，故而北方的稻作分布与河湖之分布基本一致。稻分水稻与旱稻两种，其区别为"水稻必需水田，旱稻则需水较少"，对水的不同需求也形塑了二者具有明显差别的稻作技术。人们还创造性地发明了"架田"。所谓的架田就是用木架装上土壤肥料，再种上庄稼，漂浮在水面上。③

---

① 何炳棣：《黄土与中国农业的起源》，中华书局2017年版，第1~20页。
② 张居中、陈昌富、杨玉璋：《中国农业起源与早期发展的思考》，《中国国家博物馆馆刊》2014年第1期。
③ 张程：《脆弱的繁华：南宋的一百五十年》，新华出版社2021年版，第67页。

21世纪初发现的距今7000—6000年浙江余姚田螺山遗址，持续10年的考古挖掘为我们勾勒了一幅临水而居的村落、成片的稻田、精美的生活器具、适于稻田耕作的农具、大量的水稻遗存，以及种类繁多的水生动物遗存，田螺山遗址的考古发现为我们勾画出一幅饭稻羹鱼的江南水乡农庄景象。①除了水稻遗存，在田螺山遗址还发现了可食用野生植物的遗存，包括菱角、芡实、橡子等。

（二）中国与欧洲的重农主义

中国作为世界文明古国之一，历史悠久，从事农业生产活动的时间亦最早。自古以来粮食问题就关系到国家的存亡，以耕织结合的农业是人们生活的物质资料的基本来源，这决定了农业是中国古代传统社会具有决定性的生产部门，也导致了重农思想的产生。

战国时期，魏文侯任用李悝为相主持变法。李悝的变法中提出了"尽地力之教"的思想，他认为农业是财富的唯一来源，"治田勤谨则亩益三斗""不勤则损亦如之"，目的是发展农业，粮食的生产和家庭纺织业是国家致富和百姓生存的唯一基础，即"农伤则国贫"，只有搞好农业才能使国家富裕。秦国商鞅极度重农，首次将农业称作"本"，他说："圣人知治国之要，故

---

① 赵志军：《农业起源研究的生物进化论视角——以稻作农业起源为例》，《考古》2023年第2期。

令归心于农"惟圣人之治国作壹、抟之于农而已矣"。他提出了"农本论"和"农战论"的重农思想，强调农业是积累和国家财政收入的源泉。孟子以"仁政"为根本的出发点，创立了一套以"井田"为模式的理想经济方案，最先把土地问题作为封建制度的根本问题加以了阐述并描绘了一个建立在土地国有化基础上的封建生产方式。提倡"省刑罚、薄税敛""不违农时"等主张。要求封建国家在征收赋税的同时，必须注意生产，发展生产，使人民富裕起来，这样财政收入才有充足的来源。

先秦时期的农本理论，在《管子》一书中有了最为丰富的表述，"有地不务本事，君国不能一民，而求宗庙社稷之无危，不可得也"；"地者政之本也，是故地可以正政也"，强调了土地是国政的基础。《管子》一书中的"农本论"比商鞅的"农本论"有了进一步的发展，它将农业分为五谷、桑麻、六畜、瓜果、蔬菜等生产部门并更深入地分析了农业理论。本书中认为土地和劳动力是财富生产过程中的两个主要因素，相互结合不可或缺，还积极主张从生产力本身的各因素去促进生产的发展，而且生产发展的决定因素是劳动力，"天下之所生，生于用力，用力之所生，生于劳身"。

宋太祖赵匡胤秉承汉唐以来重农传统，明确提出"农为政本，食乃民天"的口号。乾德二年（964年），在《劝农诏》中强调"朕以农为政本，食乃民天，必务稿以劝分，庶家给而人足"。为了加强劝农效果，宋太宗赵光义（本名"匡义"，避其兄赵匡胤名讳）又重新恢复籍田之礼。先于雍熙四年（987年）颁布《有事东郊籍田诏》预告来年将举行籍田大典，以期制造举国上下之"重农"氛围，强调"王者握图御极，膺骏命于上穹；务稼劝农，庇蒸民于率土"。

宋代统治者为了保证"重农"思想能充分发挥其应有效能，在充分借鉴前代做法的基础上，创设出了一套独一无二的"职带劝农"之法。在"重农"思想的指导下，政府想方设法、不遗余力地在全国范围内推广农业技术。在欠发达地区，官员们使人将耕作图示画在街门的外墙上，并印刷有关书籍、张贴布告。如南宋淳熙七年（1180年）发布的地方公告："大凡秋间收成之后，须趁冬月以前，便将户下所有田段一例犁翻，冻令酥脆。至正月以后，更多著遍数，节次犁，然后布种。自然田泥深熟，土肉肥厚，种禾易长，盛水难干。禾苗既长，秆草亦生，须是放干田水，仔细辨认，逐一拔出，踏在泥里，以培禾根。其塍畔斜生茅草之属，亦须节次芟削，取令净尽，免得分耗土力，侵害田苗，将来谷实，必须繁盛坚好。"

中国古代思想尤其是经济思想对法国重农学派及西方近代经济学说有重要影响。尼尔森在《小麦战争：谷物如何重塑世界霸权》一书中认为，18世纪初的法国重农主义者是第一批强调一个国家有责任促进农业、改善土壤和尽量减少农民税收的经济学家。但重农主义者是研究古代世界的学者，他们在很大程度上借鉴了中国的"亚圣"孟子的著作。①谈敏认为，"重农学派的经济学说之受中国古代经济思想的影响，绝非浅显狭窄。而是相当广阔深入。大部分重要的重农主义理论，都在不同程度上留下了中国思想的印记。在这些印记中，有的是完全根据中国思想的启发而创为新说；有的是以接受中国观念为主而辅之以若干西方论据；也有的是用中国的例证去加强或充实重农学派原有的论点，或是基于西方的某些传统而补充中国的类似资料为佐证"②。

重农学派赞扬中国的重农思想。魁奈说：在欧洲有某个王国（法国）还未认识到农业或必须为耕种土地而预付的财富的重要性，"相反，在中国，农业总是受到尊重，而以农为业者总是获得皇帝的特别关注"③。为此，他在讨论中国的"基本法"时，曾专辟"农业"一节，集中论述了他所掌握的这方面资料，实际上是向人们勾勒出一个遵循自然秩序原则的农业国典范。用他的话来说："不管哪一个时代，无人能否认此国（中国）是世界上为人所知的最美丽、人口最密而又最昌隆的王国。"④

在这些具体的重农措施中，特别令魁奈感兴趣的，就是传

---

① 〔美〕斯科特·雷诺兹·尼尔森：《小麦战争：谷物如何重塑世界霸权》，黄芳萍译，中译出版社2023年版，第7页。

② 谈敏：《重农学派经济学说的中国渊源》，《经济研究》1990年第6期。

③ 《魁奈经济著作选集》，吴斐丹等译，商务印书馆1997年版，第247页。

④ 《魁奈经济著作选集》，吴斐丹等译，商务印书馆1997年版，第54页。

说的中国每年于春季所举行的籍田礼仪。他在书中详细记述了中国农村举行类似这种礼仪的整个过程。在重农学派看来，中国皇帝亲手扶犁，这是表示他们重农的一个突出标志。因此，在米拉波经魁奈指导而写成的《农业哲学》第四版的第一章封面，特地设计了一幅表现中国皇帝在耕地行列中的装饰图案，以此寄托他们的重农思想。因此，季德和利斯特在分析重农主义者以中国皇帝最能代表他们的理想君主时，也说中国皇帝"作为天子，他代表着'自然秩序'即天命。作为一个崇尚农业的君王，他每年庄严地亲手扶犁一次。他的百姓实际上是自己管理自己，就是说，他按照习俗和礼仪统治他们"。至于重农学派先后促成路易十五及其王太子仿效中国皇帝郑重其事地举行亲耕的籍田仪式，更是将倡导中国式的重农思想推向高潮。

　　如果从重农学派以中国作为重农的典范这一线索出发进行考察，还可以发现中国历代文献中有关重视农业特别是对农业生产财富性质的大量论述，与重农学派的纯产品学说赖以成立的若干理论依据，颇相吻合。中国古代学者一贯将农业生产看成富国富民之本，如谓"农伤则国贫""非力本农，无以富邦""本修而民富""本富为上"等。这里以农业是否遭受破坏还是得到扶植和加强，作为判断国家贫困或富裕的主要标志，实际已隐含着唯有农业生产才能提供剩余以使国家致富的意思，而剩余概念正是纯产品学说的基本特征。

　　特别是在来华传教士最为活跃的明代，许多中国学者为阐扬农业的重要性而提出各种理论依据，诸如把农业看作"能生天地不生之材"，即唯一创造财富的生产部门；其他经济部门只是将农业所生产的财富"互相取予"，不能生产财富；以农致富不同于其他部门之"取资于人"，被说成是"取资于天"的纯粹自然赐予；工之"成材"与商之"均物"，或有助于农之"生财"，或仅担负转移财富的流通职能，二者系出自农业领域，"工与贾则农之自出"，均不能成为财富生产的来源等。很显然，魁奈的"纯产品"学说，正是建立在与这些中国古代思想相类似的理论观点的基础上。[①]

二、人口、经验与农业技术

（一）人口的爆炸式增长：粮食产量的有效提高

人口的增长往往会推动技术的革新，特别是需要在固定面积土地上产出更多食物和其他必需品的情况下。700年，农民开始向更温暖湿润的地区迁移；900年后，由于北方时局动荡，这一过程加快了。到1000年，黄河流域已不再是中国最主要的人口聚集地。而恰是在南方，虽然土地面积更小，却需要以农

---

① 谈敏：《法国重农学派学说的中国渊源》，上海人民出版社2014年版，第238~246页。

作物哺育比北方多1倍的人。结果便是水稻种植区出现了一系列惊人的创新，人们利用有限的土地资源产出了相对而言非常多的粮食。新的水稻品种的引进，加上插秧等技术的推广，以及铁钉耙等水稻种植专用工具的使用，使农作物产量大幅度提高。①

从人口数量来看，唐代鼎盛时期，最高达到8000万；北宋末期（12世纪初），首次突破1亿大关。②到1580年，至少又增长了50%，大概在1.6亿至2.5亿之间。所以从发展的眼光来看，并且忽略13和14世纪的人口锐减及随后的恢复，我们可以说：在耕地面积没有相应的大规模扩张的情况下，正是宋代最优秀的技术在全国范围内的传播，养活了日益增长的人口。这就是中国当前众多人口所仰赖的基础。③

在古代中国乡村社会，"影响农民选择所种植农作物的主要因素，除了自然条件的适应外，还要考虑作物本身特性，一般产量较高的作物更受欢迎，同时抵抗自然灾害能力较强、宜于

①〔英〕阿诺德·佩西、〔英〕白馥兰：《世界文明中的技术》，朱峒樾译，中信出版社2023年版，第42页。

②葛金芳：《中国经济通史》（第5卷），湖南人民出版社2002年版，第111~140页。

③〔英〕伊懋可：《中国的历史之路：基于社会和经济的阐释》，王湘云等译，浙江大学出版社2023年版，第118页。

备荒的作物也较容易推广"①。哥伦布发现美洲大陆后，由印第安人栽种的玉米、甘薯、马铃薯、木薯，以及各种美洲豆类等农业作物开始传往其他大陆。美洲作物具有耐贫瘠的特点，使以前不能耕种的土地得到利用，从而增加了粮食产量，对明清时期中国粮食供应紧张状况起了重要的缓解作用，当然也间接促进了人口迅速增长。在弗兰克看来，正是由于这些高产作物的出现，"红薯、南瓜、蚕豆，尤其是马铃薯和玉米，在欧洲和中国极大地增加了农业收获量和生存可能性"②。例如，玉米的引进，使得中国在16世纪之后人口激增，到1910年，中国人口已在4亿左右。随着郑和下西洋，甘薯在16世纪后期分多次传入中国。③

清康熙朝"滋生人丁，永不加赋"以及其后雍正朝"摊丁入亩"赋税政策的实施，使得自秦汉以来中国土地对人口的承载量上限被打破，中国人口在康熙初年（1662年）只有2100万，到康熙五十九年（1720年）人口已经过亿，乾隆二十年（1755年）人口突破2亿，至清道光年间中国人口已达4.1亿，人地矛盾凸显。清代人口比明代增加2倍左右，耕地则仅增加1

---

① 王思明等：《美洲作物在中国的传播及其影响研究》，中国三峡出版社2010年版，第61页。

② 〔德〕贡德·弗兰克：《白银资本：重视经济全球化中的东方》，刘北成译，中央编译出版社2008年版，第99页。

③ 〔美〕艾尔弗雷德·W.克罗斯比：《哥伦布大交换：1492年以后的生物影响与文化冲击》，郑明萱译，中信出版社2018年版，第109页。

倍上下，并且在人口达到峰值的晚清时期，人均耕地只有3.3市亩~3.5市亩，已经接近了人们公认的传统农业生产条件下的最低耕地需求，即所谓"温饱常数""饥寒界限"的水平。①

在农业社会，人口的增长和繁多，固然是自然条件优越的结果，主要的还是整体生产力、特别是粮食生产发展的结果。无论是统治者还是农民为了解决衣食问题，必将想方设法提高土地的利用效率。以全球视角来看，美洲粮食作物大规模在欧洲、亚洲、非洲等地区传播，极大改善了旧世界的粮食作物格局，促成17世纪开始出现的世界人口爆炸式的增长。②布罗代尔在讨论资本主义的发展历程时曾指出："无论何时何地，不限于十五至十八世纪那个时期，每当人口增长超过一定的水平，人们就势必更加地依赖植物。"③例如，马铃薯具有产量高、营养成分丰富等特点，且马铃薯播种易成活、对土壤要求较低。

到18世纪时，"马铃薯已几乎成为（爱尔兰）农民唯一的食物"。对于英格兰来说，马铃薯的引进与推广，不仅导致了猪的饲养量的增加，而且马铃薯也部分取代谷物而成为人们的食物。大约在17世纪的中后叶，萝卜开始在英格兰南部和东部各郡种

---

① 史志宏：《清代农业生产指标的估计》，《中国经济史研究》2015年第5期。

② 周红冰、沈志忠：《20世纪前全球化进程中的农业因素——从地理大发现到工业革命》，《中国农史》2018年第3期。

③〔法〕费尔南·布罗代尔：《十五至十八世纪的物质文明、资本主义》（第1卷），施康强译，商务印书馆2017年版，第118页。

植。由于萝卜的种植，土壤的肥力增强了，农民的收益也增加了。[①]而在中东欧地区，由于18世纪数次大饥荒的发生，普鲁士、匈牙利，以及俄罗斯均开始大规模推广马铃薯的种植。欧洲在15—16世纪之间人口增长的25%～26%是来自新大陆作物土豆的引种。

（二）经验的传承：古代农书编辑

中国自古以农立国，几千年来，重农思想既是中国传统社会的基本国策，也是中国传统社会中的价值观。自春秋战国始，重农思想就是诸子百家构建其学说体系的理论基础和主要目的。"为神农之言"的农家学派，更是以"播百谷，功耕桑，以足衣食"的特点有别于其他诸子学说。《汉书·艺文志》载："农家者流，盖出于农稷之官。播百谷，功耕桑，以足衣食。故《八政》一曰食、二曰货。孔子曰：所重民食。此其所长也。"

可见重农思想是农家学派的主旨思想与基本主张。他们认识到农业是维系民生的源泉，是确保国家长治久安的物质基础，甚至有可能成为国家兴替、政权更迭的关键。古代农书是古代文献的重要组成部分，数千年流传，是古代农业发生与发展的真实记载，呈现中国古代农业文明形成、发展、成熟的时代轨迹。中国古代农业文明的演进从刀耕火种原始农业向精耕细作、全面发展、成熟的农业体系转化，通过农具更迭、物种更换、

---

① 刘金源：《农业革命与18世纪英国经济转型》，《中国农史》2014年第1期。

治理更替、观念更新上的一系列转变，逐渐完善与成熟，记录农业大国强弱兴衰之岁月年轮，演绎"天人合一"、丰衣足食之理想追求。①

农业自诞生之日起就产生了与之相应的具体操作方法与技能，即农业技术，但作为指导农业操作原理和知识体系的农业科学，却较农业技术的产生年代晚得多。中国传统农业科学的形成大致出现在社会大动荡、社会生产关系大变革的春秋战国时期。中国农业已由木石并用时代进入铁犁牛耕初步推广时代。此时期农家及作为农业科学载体的农书和有关农学文献已经出现，中国农业所特有的精耕细作技术系统初成，传统土壤学、农业气象学都已基本建立起来，以"三才"为核心的农学思想也已形成，这都是中国传统农业萌芽与形成阶段的重要标志，同时也是中国古代农书萌芽与形成的奠基阶段。②

春秋战国时期是诸侯争霸、社会大动荡的时期，同时也是社会生产力得到迅速提升的时期，出现了如春秋时期齐国的管仲，战国时期魏国的李悝、吴国的吴起、秦国的商鞅等一大批有远见卓识的思想家和政治家，他们从富国强兵的目的出发，先后提出了重农思想和重农政策。社会大变革的春秋战国时期，

---

① 吴平：《古代农业文明进程中的古农书发展研究》，《出版科学》2023年第5期。

② 莫鹏燕：《中国古代农书研究综述——兼论从编辑学视角研究中国古代农书的意义》，《出版广角》2015年第11期。

身处社会变革的各个阶层都从本阶层的思想认识出发，提出自己对社会变革的主张和看法，思想文化空前活跃，出现了百家争鸣的局面，"为神农之言"的农家学派也是其中之一。

秦汉时期，中国传统农业继续发展并臻于成熟时期，黄河流域旱地精耕细作体系基本形成，反映到农书的发展上就是以《氾胜之书》《四民月令》等为代表的一批传统农学经典大量涌现。统一的中央集权大帝国使得统治者有能力和时间进行大规模农田水利建设，也使得铁犁牛耕得到普遍推广，从而促进农业生产迅速地恢复和发展，北方的精耕细作技术逐步趋于成熟。在此背景下，作为传统农业主要载体的农书较先秦时期的农学著作有了长足进步，主要表现为农业技术的基础扩大、内容丰富、体系更加完备。这一时期总结和推广农业生产知识与经验的农书大量涌现。

《氾胜之书》是汉代农书的代表之作，该书的出现标志着黄河流域旱地耕作技术日趋成熟。较之先秦，《氾胜之书》所涉及的植物更加广泛多样，技术方法更加翔实系统，耕作原则、播种日期、种子处理、作物栽培、收获、留种和贮藏以及区种法、耕田法、种麦法等至今仍有借鉴意义。《四民月令》则是农家月令体裁农书首创的标志之作。月令体农书最早是以政府按月安排其政务，同时指导农业生产的手册性质的官方月令，《四民月令》是参照《礼记·月令》的形式写成，其内容只是对各种生产和社会活动提供指导性意见，与《礼记·月令》这种官方月令体裁（带有强制性国家政令性质）农书不同，"四民"就是以民家为本，以家庭为单位按"月令"（即以一年十二个月的时令为基础，后又细化为二十四节气）形式来安排各种农事活动。

魏晋南北朝时期是中国历史上第一次大分裂的动荡时期，《齐民要术》是中国农学史上的一座里程碑，系统总结6世纪以前黄河流域农牧业生产经验（以北方旱地精耕细作技术为主）的经典农学著作，它是我国现存最早、最完整、最系统的古代农业科学著作，同时也是世界上早期农学名著之一。在《齐民要术》中，中国已形成育种、繁种和保纯复壮相结合的类似现代种子田的系统选育法，大大领先于世界。《齐民要术》又有通过种子保藏和播前处理（水选、晒种、药物、拌种和浸种催芽等）提高种子的生命力的记载。这些都是传统农业作物种子技术臻于成熟的标志。在园艺、花卉、桑植、林业，以及部分大田作物生产中普遍采取扦插、分根、压条、嫁接等无性繁殖技术，其实践的广泛和成果的丰硕可谓举世无双。

到了隋唐两宋时期，是中国农学全面发展的时期，也是中国历史上经济发展最快的时期，在黄河流域以北方旱地精耕细作为主要内容的农学体系已臻于成熟。伴随着南方水田耕作体系的形成，隋唐两宋时期的农学著作大量涌现，其数量是此前一千多年农书数量总和的4—5倍以上，其研究对象主要是以南方水田农业为主，出现了介绍江南地区所使用的主要农具的构造与功能的《耒耜经》，以及以南方水田为主兼顾旱谷、桑蚕为主要内容的南方综合性农书。①其中《陈旉农书》是南方综合性农书中的代表之作，不仅强调了农业生产技术，还强调了农业经营管理，视角更为宏观；将蚕桑作为农书对象开拓了农书研究领域，也成为后世农桑并举的榜样。印刷术的发明使农书得以更为广泛地流传，所起的作用也更大。北宋天禧四年（1020年），宋真宗下诏将《齐民要术》和《四时纂要》予以刊刻，并授予地方官员，命其宣传推广，这就是现存最早的农书刻本（北宋崇文院本）。

由于元、清两代均为少数民族入主中原，促使南北方各民族之间的农业生产技术更广泛地交流、融合、共同发展。明清时期，由于商品经济的不断发展，中国出现了资本主义萌芽，农业部门内部的分工更细，以茶叶、蚕桑等为代表的经济作物发展迅速，在江南和沿海地区形成了集中产区。这一时期的农书编辑无论在数量上还是质量上都已达到前所未有的高峰。元明清时期的农学著作，在数量、种类或质量上都达到了前所未有的高度。例如，中国历史上第一部真正意义上兼论南北的全国性农书，即王祯的《农书》（一般称为《王祯农书》）。《王祯农书》论述广泛，南北方农业兼收并蓄，②分《农桑通诀》《百谷谱》《农器图谱》三大部分。《农桑通诀》系关于农业的总论，

---

① 邱志诚：《宋代农书考论》，《中国农史》2010年第3期。
② 丁建川：《〈王祯农书·授时图〉与二十四节气》，《中国农史》2018年第3期。

包括农业史、授时、地利、耕垦、耙耢、播种、锄治、灌溉、收获等。《百谷谱》专门叙述各种农作物、菜蔬、瓜果、竹木等的种植法。《农器图谱》共有306幅农具、纺织机械图，每幅图后附有文字说明，详细介绍其结构、使用方法。

明朝时期，有据可查的农书就为1383种。[①]《农政全书》是古代农业文明发展至成熟阶段的典型代表。作者徐光启，是士大夫、读书人，也是农学家、科学家。收集整理明前农书资料、记录试验过程，在陈子龙后续整理下，这部被誉为"古代农业百科全书"的经典之作得以问世，并在"农政"中发挥了重大作用。清代最有代表性的农书是《授时通考》。这是一部官修的综合性农书。书名取自"历象日月星辰，敬授人时"，表明朝廷对适宜的耕种时令十分看重，敬告民众共同遵守。

中国古农书伴随着古代农业文明发展经历了启蒙、初成、发展、成熟等若干阶段。古农书对古代农业生产中的观念意识、技术手段、物种类型来龙去脉的记录，既是农业生产事实呈现，也是农业文明从启蒙到发展、从个体到群体、从区域到疆域、从自发生产到举国推进的完整风貌。上至官府朝廷颁布实施的重农政策及举措，下至平民百姓选种嫁接施肥耕作，牵涉面广，跨学科多，充分展现了古代中国农业生产力的面貌。

---

① 王达：《中国明清时期农书总目》，《中国农史》2001年第1期。

（三）农业技术的进步：作物驯化、水利设施与土地肥料

人类诞生伊始，野生动植物就是其生活资料的主要来源。在相当长的时间里，人类只能利用现成的动植物及其产品。人类的驯化活动改变了这种状况，一些野生动植物转变为人类可控的生物自然生产力，严格意义的农业从此产生。驯化就是把自然界的野生动植物物种转变成"家养"的"品种"的过程。驯化是人类对环境曾经作出的一项最为重要的干预。[1]

原始人驯化的对象首先是在他们生活的环境中对环境具有天然适应性，而又能为人类提供有用产品的野生动植物。这些物种对当地环境的天然适应性是自然选择的结果。因而驯化是在自然选择基础上的人工选择。驯化了的动植物不同于它的野生祖先，具有更加适合人类需要的性状，并在人类的直接管控下发展。人类在驯化野生动植物的过程中，要积累该物种有利于人的性状，淘汰其不利于人的性状，这就必然导致对该物种品种的选育。农业再生产要求在其产品中留取下一定生产周期所需种子和种畜，同时，品种会退化，需要复壮和更新，这些需要不仅促进了品种的选育，而且决定了品种选育工作要持续进行。原始人还突破本地既有生物种类的局限，通过交换等途径从外地引进自己需要的物种和品种，并把它们改造得适应本

---

[1] 〔美〕埃里奇·伊萨克：《驯化地理学》，葛以德译，商务印书馆1987年版，第1页。

地的风土条件。这是对生物自然生产力的一种再创造，它与物种驯化和品种选育过程十分相似和紧密相连。①

中国是目前家养动植物的主要驯化地。按照苏联植物驯化学家瓦维洛夫的理论，中国是世界上四大重要的家养动植物的驯化中心之一。他的著作《主要栽培植物的世界起源中心》中涉及 666 种栽培植物，他认为其中有 136 种起源于中国，占比 20.4%。中国为世界驯化了稻米，早在新石器时代，水稻已经普遍地分布在长江流域及广大华南地区。最早的驯化、栽培水稻的历史，大概可以往前推到将近 10000 年的时间。早在 2000 年前，水稻就传入朝鲜、越南、日本，之后传入东南亚、欧洲、美洲等地，如今水稻的种植已遍及全球，是世界上分布最广的作物之一，已成为全世界一半人口的主粮。但是科学家利用植硅体碳十四测年和形态鉴定新方法，揭示出距今约 10000 年前水稻在长江下游地区就开始驯化。考古学家在江西万年县仙人洞和吊桶环上层遗存中发现了距今 14000—12000 年前的少量类似人工栽培稻的植硅石，这些都证明中国的确是世界上最早驯化稻米的国家。

以宋代水稻品种的空前繁多与选优改良为例，北宋西昌县（今江西省泰和县）至少有 46 个水稻品种，其中籼粳稻 21 个、

---

① 李根蟠：《自然生产力与农史研究（下篇）——中国传统农业利用自然生产力的历史经验》，《中国农史》2014 年第 4 期。

糯稻25个。①仅南方宋代方志记载的水稻品种就有212个，为西晋《广志》所记载的南方13个水稻品种的16倍。②西晋《广志》记载的13个品种均属早稻。"唐宋时代形成了早、中、晚稻的不同品种类型。"③耐旱早熟高产的"占城稻"的推广，对于南方、北方所有旱地、高地稻作生产带来广泛的积极影响；耐水早熟高产的"黄穋稻"的推广，对于南方水稻生产带来较大的积极影响。在宋代"这场农业革命之中，早熟稻起了主要作用"。水稻品种的增多，主要是广大农民人工选择、积极优化的结果。④稻作比粟作和麦作产量高1倍左右。

五代末至北宋初年，福建商人在"占城"（今越南）发现了一种优良稻种——"占城稻"。占城稻的一大优点是早熟，我国原有稻种，从插秧到成熟，要经过150天左右，加上秧苗在苗床还需要1个月左右的时间，历时至少半年，所以一年之中很难收获两次。占城稻从苗床移植到稻田后，只需要100天就能收割，此后经过改良，成熟期更加缩短，甚至两个月就能从种到收。更为可贵的是，早熟的水稻可以摆脱江南地区梅雨、干旱、台风、秋霜等一系列的自然灾害，获得稳产高产，更让轮作和一

---

① 曾雄生：《中国农业通史·宋辽夏金元卷》，中国农业出版社2014年版，第526页。

② 梁家勉等：《中国农业科学技术史稿》，农业出版社1989年版，第403页。

③ 李根蟠：《中国农业史》，文津出版社1997年版，第225页。

④ 曾雄生：《中国农业通史·宋辽夏金元卷》，中国农业出版社2014年版，第527~537页。

年两熟制农业的发展成为可能。明初《苏州府志》记载："吴俗以春分节后种，大暑节后刈者为早稻；芒种节后及夏至节后种，至白露节后刈者为中稻；夏至节日后十日内种，至寒露节后刈者为晚稻。"农民们可以一年中种一季水稻，再种一季小麦，亩产量大大增加，休耕的次数也大为减少。而且稻田经常浸泡在几十厘米深的水中，避免了麦田因为水分大量蒸发造成的盐碱化问题，土地肥力可以基本保持稳定。

大部分的农耕社会都有不同形式的对水的治理。在西亚麦类地区和东亚稻作地区，水利工程尤为重要。①我们看到，农民们会挖沟筑渠，干旱时将河水引到田里，雨量大到可能淹没田地时又能把雨水引到河湖之中。修筑水库和池塘用于储水通常也是必不可少的。在需要水渠等水利灌溉系统的区域，以血缘甚至地缘为纽带的社会组织系统往往较为发达，因为这些工程都需要有超越家庭的合作方可进行。

中国历史上农业水利工程建设在世界上长期领先。水利是农业的命脉。从大禹治水的传说开始，中华儿女就在与水的利用与斗争中交互前行，能工巧匠们因地制宜地根据地利建造出井渠、飞渠、涵洞等各种坝堰，农田灌溉取水、输水、蓄水设施等也都达到了较高水平。始建于秦昭王末年的都江堰改变了

---

① 范可：《驯化、传播与食物生产类型的形成——人类学的视角》，《中山大学学报》（社会科学版）2018年第6期。

成都平原的自然条件，成为人所熟知的"天府之国"。宋朝时，在今广东省境内的西江与北江汇合处，一个叫桑园围的地方，开始兴建圩田。福建的莆田平原与两浙的宁波平原的主要开垦工程也始于宋代，同时在这些地方还修起海塘，以防止涨潮时海水涌入，损害土壤。而且在内地还建造陂塘，以将雨季来自山上的急流截存下来。在肥沃的太湖盆地，排水系统的完善是靠对吴淞江的疏浚和改道完成的，而这个工程也是在这一时期动工的。①

农业生产力的提高在很大程度上要归功于肥料的广泛使用。在游耕体系里，需要拥有每年实耕土地的八倍，土地耕作一年之后要休耕七年肥力才能恢复。那个时候，人们只能依靠草木的灰烬提供肥力，但很容易消耗掉。在不同的田地轮作而不焚烧林木植被是一种选项，然而如果土地年复一年地高产出使用，添加肥料就必不可少。一种做法是将有机质撒在田里，让其渗入土壤。动物的粪便和腐烂的粮食杂草等，都是有机肥料。更方便的做法是利用河流冲刷下来所沉积的淤泥。人工筑就的水利渠道等会使河流改道和改变流速，也会使淤泥沉积，从而提供给农耕者重要的新物质，以保证耕地肥力的可持续。如果欧洲的农业不是逐步从天然肥料（主要由当地耕作的牲畜所产生

---

① 〔英〕伊懋可：《中国的历史之路：基于社会和经济的阐释》，王湘云等译，浙江大学出版社2023年版，第112页。

的）转向商业化生产的化肥，农民学会使用由化学工业所生产的氮肥、钾肥和磷肥，其生产力的提高是难以想象的。

三、农业生产力：量的增长与质的缓慢进步

（一）内卷化的小农经济

我国传统农业采取小家庭分散经营生产模式，以家庭为生产、生活的主要单位。黄宗智则在《长江三角洲的小农家庭与乡村发展》一书中通过详细的田野调查与历史考据，指出"长江三角洲由于持续的人口增长带来的耕地不足，使家庭小农场通过借助家庭的辅助劳动力来进行雇工所不可能肩负的、低于基本生存回报的辅助性生产活动，选择种植和加工棉桑等经济作物。最主要的乃是棉花—纱—布和桑—蚕—丝的生产，它们按亩投入的劳动日总量分别达到水稻的18倍和9倍，但是农民的边际劳动报酬却在糊口的水平徘徊不前，体现出内卷化的经营方式并没有带来发展的增长。"①

沦落的佃户深受权贵地主和缙绅地主的压迫和剥削，封建依附关系在加深、加强，农民生产的积极性受到抑制。加上

---

① 黄宗智：《长江三角洲的小农家庭与乡村发展》，广西师范大学出版社2023年版，第9页。

"三饷"并收，赋役繁重，农民纷纷离开土地，抛弃原有家园，走上背井离乡之路。土地无人耕种，农业生产下降，农业经济逐渐走向衰落，以致整个社会经济出现萧条状态。[1]由于自耕农和半自耕农大量破产，供求关系出现断裂，由农业经济发展拉动的市场经济亦出现萎缩。手工业产品找不到出路，整个社会生产力处于衰落状态。

如果按照伊懋可的"高水平均衡陷阱"理论来解释的话，传统后期的中国生产力发展的方式，使得有利可图的发明变得越来越难。农业剩余产品递减，由此导致人均收入和人均需求下降；劳动力越来越便宜，而资源和资本越来越昂贵；耕作与运输技术已高度完善，接近于在没有先进的工业—科学投入（诸如良种、化肥或电力机驱动水泵等）的条件下所能达到的极限。出于上述原因，农民和商人的理性经营策略，都更趋于以下倾向：与其节约劳动力，不如去节约资源及固定资本。[2]值得注意的是，伊懋可的理论体系同样隐含着"欧洲中心论"色彩，与各种中国文明发展停滞论之间难免产生千丝万缕的联系。

粮食亩产量是反映农业生产力最直接的指标。通过粮食亩产可以反映出水利兴修、农田灌溉面积、土地改良、耕作制度

---

[1] 江太新：《对明清农业发展史研究中几个理论问题的思考》，《中国经济史研究》2016年第5期。

[2] 〔英〕伊懋可：《中国的历史之路：基于社会和经济的阐释》，王湘云等译，浙江大学出版社2023年版，第315页。

改革、农业耕作技术变化、种子改良，以及高产作物引进和推广等情况。按照当今市亩、市斤计算，战国中后期粮食亩产为216斤；秦汉时期粮食亩产为264斤；东晋南朝时期，粮食亩产为257.6斤；北朝时期，粮食亩产为257斤；唐代粮食亩产为334斤，比汉代增长26.6%；宋代粮食亩产为309斤，比汉代增长17%；元代粮食亩产为338斤，比汉代增长28%；明代粮食亩产为346斤，比汉代增长31.9%；清代粮食亩产为367斤，比汉时增长39.01%。①

　　根据罗贯一研究，两宋稻谷的产量平均每亩为2.2石，折合市斤为286斤，谷子每亩产量为1石，每石合市秤为130斤。如果宋代全国平均亩产约131.1市斤的话；元代全国亩产平均为187.5市斤，比宋代高42.87%；明代为297.6市斤；清代即以粮食生产为例，单位面积产量与农业劳动生产率两个主要指标，都达到了明时的最高水平。这充分说明除了部分战乱时期，从整体上看，中国粮食亩产是逐步提高的，也是一个朝代比一个朝代增加，中国农业生产力"停滞论"是不成立的。

　　清代农业在农具改良和生产技术上较之前朝代并无明显进步，但在土地资源的充分开发利用和先进的耕作制度与农艺技术的普遍推广上取得了空前成就。这两方面的成绩，一方面表现在传统农耕区土地的更充分开发利用和农耕区向山区及边地

---

① 吴慧：《中国历代粮食亩产研究》，中国农业出版社2016年版，第194页。

的扩张，其结果是大大增加了中国的耕地总量。另一方面表现在原来只在部分地区应用的诸如轮作、间作、套作、复种多熟等充分利用耕地的先进农作制度，以及与传统精耕细作农业相联系的包括土壤耕作、选种育种、田间管理、施肥、灌溉等在内的精细农艺技术在主要农耕区大面积的普遍推广，从而进一步提高了粮食平均亩产量。耕地的扩张与粮食平均亩产的提高大大增加了粮食总产量，养活了清代迅速增长的数量空前的庞大人口。①

中国传统社会以一家一户为经营单位，在南方水田耕作区，五口之家的农户所能耕种的面积一般在10亩左右。这10亩左右的土地往往没有连成片，东一块、西一块，每块耕地又分割得很小，大的三五亩，小的只有几分，甚至几厘而已。尤其是山区梯田，耕种面积小且不规则，农户耕种的几亩地分散在多处，有的相隔几里之遥。在这种经营方式下，一牛一犁的耕种方式给农户带来很大便利。同时，犁经过改良以后，已可以适应深耕细作的要求。在这种生产条件制约下，牛耕的普遍使用及延续有其历史的必然性。②

显而易见，小规模农业生产和家庭手工业相结合，构成中国封建社会内部坚固的经济特性，有着顽强的再生能力，这是

① 史志宏：《清代农业生产指标的估计》，《中国经济史研究》2015年第5期。
② 江太新：《对明清农业发展史研究中几个理论问题的思考》，《中国经济史研究》2016年第5期。

封建社会长期延续的终极原因。我国的小农生产是一种"农业和手工业、自给性生产和商品性生产双重结合"的模式。①这种模式能有效地利用农民仅有的生产要素，在维持我国众多人口的生活和开拓商品市场上发挥了重大的历史作用。但还须看到，小农自然经济适合当时社会生产力水平的生产结构，带来中国古代农业经济纵、横两种形式的发展，使之并非"超稳定"地一直停滞在一个水平上。

（二）从领先世界到落后时代

傅衣凌指出："明清以前的中国，也就是14世纪以前的中国，生产力是走在世界前头的，创造了光辉灿烂的科学文化，在工业技艺方面，有许多重大的发明、创造，如四大发明对世界文明的进步起了伟大作用。"②

对于农业社会而言，最为重要的是持续使用土地的能力，生产耐受力强且可靠的，相对来说更能提供热量及更容易储存的粮食。在保持地力方面，英国历史学家摩尔指出，在法国北部和英格兰，耕种者们率先认识到，在一块特定的土地上年复一年地种植同样的作物，会降低土地的肥力，于是他们让三分之一到一半的土地休耕。公元1000年以后，农民们开始轮作他们的庄稼。芜菁、苜蓿和谷物的轮作是一种流行的方式，有助

---

① 吴承明：《中国的现代化：市场与社会》，生活·读书·新知三联书店2001年版，第248页。

② 傅衣凌：《论明清社会的发展与迟滞》，《社会科学战线》1978年第4期。

于保持土壤的养分。这种做法对提高农作物产量非常重要，但传播缓慢，而轮作此时在中国已经广为人知。[1]

在中国，日益完善的水利灌溉和排放系统带来更高的产出。通过增加劳动投入提高了单位面积产量，水稻插秧种植加大了劳动投入，但带来了丰收。清朝还创建了一个复杂的粮食供给系统。在这个系统中，中央政府向地方官员收集关于粮价、气候和降雨的资料，以预测何时何地可能发生严重缺粮，以及研究如何作出反应。国家以常规的和非常规的手段干预食物供给状况。其工作的中心，是建立与维持一个储粮数百万吨的仓储系统。这些粮仓主要建立在县城和小市镇，代表着官方对人民物质福利的责任。这些做法在欧洲是完全无法想象的，更遑论能够做到了。[2]

中国在农具发明，提升农业生产力方面远远走在西方国家前面。犁是最悠久、使用最广泛的传统农具之一，它已成为中华农业文明的一个典型载体。铁犁最早出现在西汉时期，它的发明是一个了不起的成就，标志着人类社会发展的新时期，也标志着人类改造自然的斗争进入一个新的阶段。当铁犁在17世纪传入荷兰以后，引发了欧洲的农业革命。唐代南方"江东犁"

---

① 〔美〕韩森：《公元1000年：全球化的开端》，刘云军译，北京日报出版社2024年版，第3页。

② 〔美〕王国斌：《转变的中国：历史变迁与欧洲经验的局限》，李伯重等译，江苏人民出版社2010年版，第111页。

和宋代"犁刀""铁搭"的发明与推广，解决了南方土地垦耕困难问题，使南方低湿和丘陵地区都得到更加广泛的开发利用。

汉代北方土地垦耕的最普遍技术是使用长直辕犁的"二牛抬杠"，一般需要两头牛、一到两个人。在中华农耕文明历史中，"二牛抬杠"是农业技术的一次革命，是从人力到畜力的重大革命。唐宋时期改进发明的"江东犁"（曲辕犁）垦耕时一般只需要一头牛、一个人，劳动生产率大大提高。阿诺德·佩西和白馥兰也在《世界文明中的技术》一书中指出："农业文明时期的中国的技术水平无疑属于世界第一梯队。尤其是在冶铁、河运和农具制造方面。桥梁设计和纺织机械也在迅速发展。在上述这些领域，直到1700年左右，欧洲的技术才堪与11世纪的中国匹敌。"①

18世纪英格兰的"农业革命"乃是典型的农牧结合的农业模式，其至为关键的特色是种牧两业的结合。在此之前种牧两业是分开的，在自家所有土地上种植，在公有土地上放牧。但在18世纪的英格兰，公有土地多被私有化，促使私有农场的牲畜养殖大规模扩大，形成种牧在同一农场上高度结合型的农业。在同时期的中国，尤其是松江县地区的农业，则完全不同：它是最典型的单一式种植业，基本没有畜牧业。前者的农场规模

---

① 〔英〕阿诺德·佩西、〔英〕白馥兰：《世界文明中的技术》，朱峒樾译，中信出版社2023年版，第39页。

是 600～900 亩，后者在 18 世纪松江则才 6～12 亩。前者具体表现于农业中马匹所占的关键位置，并且被较广泛用于耕种。马匹则少见于中国农业，主要牲畜是猪、耕牛，但绝少用更昂贵的马。①明清两代农业经营在地主制经济体制下，只能是商品经济与自给经济相结合的体制，同时由于农民经济的单薄，又抑制了商品经济的发展，因此出现了发展缓慢甚至停滞不前的现象。

这是因为中国传统农业技术措施可以分为两类：一类是改善农业环境，另一类是提高农业生物自身的生产能力和对它的利用率。农业技术还属于古代经验型。但是在中国封建社会的小农经济下，自耕农缺乏农业科技创新的条件。这个时期农业技术的发展进步，是广大农民长期的生产实践、亲自体验、外在观察、经验积累的结果，未曾跨越现代科学和技术的门槛。②历史数据表明，从 18 世纪中期开始，英国的产出有了惊人的增长，而中国的增长温和、平缓，直到 19 世纪末才进入瓶颈。从农业增加值总量来看，英国增长了 4 倍以上，而同时期中国仅翻了一番。

在其初始阶段，东方精熟的传统农业生产方式与西方新兴的工业化进程之间并没有拉开太大的距离、形成显著的绩效差

① 黄宗智：《重访"大分流"：澄清中西历史和现实中两大不同农业演变模式》，《东南学术》2023 年第 3 期。

② 姜锡东：《宋代生产力的发展水平》，《中国社会科学》2022 年第 7 期。

异，甚至在经济总量、人均财富与对外贸易方面仍有某些比较优势。如果没有英国殖民者以"罪恶的鸦片贸易"去抵消贸易失衡并由此引起的鸦片战争，中国或将继续沿着其既有的路径前行并且孕育出具有中国特色的近现代发展模式。但是以世界大格局而言，中国毕竟在近代化进程中未能抢得先机，以至于后来又输在起跑线上。

小结

人类社会不断演变，从农耕社会到工业社会，再到数字社会和智能社会，经济结构不断改变，农业对国内生产总值（GDP）的贡献比重不断下降。但是这绝不意味着粮食地位的彻底改变和衰落。只要这个世界还是碳基人类主导，这个亘古不变的规则就还会继续下去："酵母菌生于粮食，养于粮食。人们种植粮食，收割粮食，选出麦粒和酵母菌混合制作粮食，从而养活自己。"[1]

党的二十大报告首次提出"加快建设农业强国"。农业生产力的提高在于农业供给保障能力强、农业竞争力强、农业科技创新能力强、农业可持续发展能力强和农业发展水平高。具

---

[1]〔美〕斯科特·雷诺兹·尼尔森：《小麦战争：谷物如何重塑世界霸权》，黄芳萍译，中译出版社2023年版，第4页。

体来看，农业科技革新催生了现代农业产业变革，农业发展呈现了一、二、三产融合的特征，产业链条持续延伸，基因化、数字化、工程化、绿色化、营养化成为农业产业发展的新方向。合成生物学、干细胞育种等颠覆性技术推动细胞工厂、人造食品等新业态，个性化营养与健康衍生出食品定制新产业，基因工程、智能装备极大压缩了农业的自然属性，全链条协同创新推动农业生产绿色低碳、可持续发展新态势。

第三章

工业革命如何发生：蒸汽机时代生产力

PRODUCTIVITY

　　第一次工业革命，起源于 18 世纪的英国，标志着人类社会从传统的手工业时代迈向现代工业时代。这场革命以其创新的技术、强大的生产力和深远的社会影响，被誉为人类文明史上的一个重要里程碑。工业革命是人类发展史上的一个重要阶段，创造了巨大生产力，使社会面貌发生了翻天覆地的变化，实现了从传统农业社会转向现代工业社会的重要变革。由于蒸汽机的发明及运用成为这个时代的标志，因此历史学家称这个时代为"蒸汽机时代"。

一、农业生产力向工业生产力的演进

（一）超越马尔萨斯陷阱：技术进步带来的长期影响

　　工业革命之前的世界具有马尔萨斯陷阱特征。在马尔萨斯看来，如果人口以几何级数增长，而粮食等生活资料仅以算术级数增长，那么这两者将经常性地失衡，人口数将超过经济的承载能力。马尔萨斯为使"两个级数"理论更为合理，后来在

《人口原理》第二版中又引入土地肥力递减规律来论证自己的观点。在一定范围的土地上，由于土地生产潜力的限制，增加投入并不一定能增加粮食产量，反而是在超出土地肥力承载限度之后收益还会出现递减趋势，这一规律的提出有力地支持了生存资源按算术级数增加的假设。

他在《人口原理》中说，"我认为，我可以正当地提出两条公理。第一，食物为人类生存所必需。第二，两性间的情欲是必然的，且几乎会保持现状。……一旦接受了上述两项公理，我便可以说，人口的增殖力无限大于土地为人类生产生活资料的能力。人口若不受到抑制，便会以几何比率增加，而生活资料却仅仅以算术比率增加。懂得一点算术的人都知道，同后者相比，前者的力量多么巨大。"①对马尔萨斯而言，这种严酷的计算展示了人类发展的铁律，人口规模会通过两个机制对资源存量做出适应：正面抑制机制，当社会的人口增长超出食物生产时，饥荒、疾病和战争的频率将增加，导致死亡率上升；预防抑制机制，生育率在匮乏时期会下降，例如通过延迟结婚和采取避孕措施等，即他所说的人口有"增加到超出生存手段"的永恒的趋势。

对于两种限制人口增长的手段，马尔萨斯更倾向于预防抑制。他曾在书中提道："既然按照自然法则，人口的增长总要受

①〔英〕马尔萨斯：《人口原理》，朱泱等译，商务印书馆1992年版，第6页。

到某种抑制。所以，与其鼓励人口增长，然后让匮乏和疾病对其加以抑制，还不如从一开始就让预见和担忧来抑制人口：预见到自己养家糊口有困难，担心丧失自理能力而陷于贫困。"①他认为，人的生育行为和无理性的动植物不一样，动植物的繁殖能力完全出于本能，只要有足够的空间和食物养料，就会肆意繁衍。而人的生育受理性影响，并不完全屈从于自然规律，人类具有理性决策的能力。

从马尔萨斯理论渊源衍生出来的早期发展经济学，则把不发达状态视为一种"贫困恶性循环"，其特征是人口增长产生对资源和产出的稀释作用。在《增长的极限》一书中，作者连篇累牍地向世人发出警告：由于人类对于经济增长毫无节制地追求，全世界将很快因为人口过剩而陷入停滞。"在一百年之后，绝大多数重要的不可再生资源都将变得极其昂贵。"②该书甚至推断，伴随着新发掘的铜矿，需求的飙升将会在48年内耗尽世界资源。人口增长将会导致"严重的土地短缺"。人类排放所有污染物的速度都在"成指数倍增长"。

从唯物史观的角度来看，马尔萨斯人口论的最大问题在于没有把人口、土地等生产要素放在综合层面的生产力层面上加以看待和考察。也就是说，马尔萨斯眼里的人口问题只是一个

---

① 〔英〕马尔萨斯：《人口原理》，朱泱等译，商务印书馆1992年版，第32页。

② 〔美〕德内拉·梅多斯：《增长的极限》，李宝恒译，四川人民出版社1983年版，第19页。

单纯计算的问题，而不是一个社会历史观的问题。马克思主义政治经济学的基本原理表明，生产力由劳动者、劳动资料和劳动对象构成。其中，人是生产力的首要因素和最为根本的力量，没有人就谈不上生产力的存在、发展和提升。长期以来，"人多力量大"被用来形容人口数量在生产力中的重要地位。人口数量的增加，意味着劳动力数量的增加；劳动力数量的增加，意味着生产力的增加。在古代社会，由于生产力中所蕴含的科技水平十分低下，因而人口数量和人口规模就自然而然地形成了生产能力，人口数量的增加也就意味着生产能力的增加，人口规模越大也就意味着生产能力越大。所以，越是上溯历史，人口数量和人口规模就越是与生产力的高低成正比。

然而"人多力量大"是有条件的，人多未必力量大。近现代以来，随着科技的进步和生产力的发展，人口数量的增长并不必然代表着生产力的增长。尤其是在当代，只有具备一定科技含量的人口，即"人力资本"才会形成优质生产力；只有与社会经济相适应的适度人口，才是优质生产力。一言以蔽之，科技含量越高，力量才越大。进入工业社会以来，科技蕴含的威力已被人们普遍认可，这是不争的事实。没有科技含量或科技含量较低的生产力，即使人口数量再多，规模再大，也是落后的生产力。①恩格斯在1844年的《政治经济学批判大纲》中凸显了科学技术对于解决生活资料的作用。他说："科学，它的进步和人口的增长一样，是永无止境的，至少也是和人口的增长一样快。"②

第一次工业革命的发源地是英国，一般认为18世纪中叶飞梭和珍妮纺织机的发明揭开了工业革命的序幕，而直到1830—1860年英国第一次工业革命才正式完成。工业革命的完成给西欧乃至世界经济带来的一个重大变化，是由于机器在生产中大规模的应用，使得技术进步开始成为驱动生产效率提升的一种肉眼可见的动力源泉。而在此之前的漫长时光中——哪怕是在工业革命萌芽的18世纪——技术对经济效率的作用是缓慢且微弱的，正如诺贝尔经济学奖获得者斯蒂格利茨所说："技术与学习带来的进步在18世纪的经济中并没有发挥什么作用。"③

然而当工业革命的成就蔓延开来以后，在实现工业化的国家中每年人均GDP新增数量的构成，除了由贸易与国际分工导致的制造业占比提升外，还增加了技术进步带来的劳动生产率或全要素生产率的提高。当然，前者依然是人均产出提升最主

---

① 赵晓磊、赵磊：《中国式现代化的人口格局：人口红利抑或人才红利》，《河北经贸大学学报》2023年第6期。

② 《马克思恩格斯全集》（第1卷），人民出版社1956年版，第621页。

③ 〔美〕约瑟夫·斯蒂格利茨：《美国真相：民众、政府和市场势力的失衡和再平衡》，刘斌等译，机械工业出版社2020年版，第8页。

要的来源。有数据表明，1830—1860 年英国的全要素生产率的增长率为 0.33%[1]，而 1820—1870 年的人均 GDP 年增长率为 1.26%[2]。显然此时技术进步的作用虽然已经显现，但全要素生产率的增长率还非常之低，尚不足以构成人均 GDP 增长最主要的来源。

工业革命开启了工业文明，在这个过程中，生产力提高的效果使欧洲跨越"马尔萨斯陷阱"，实现人口倍增式的膨胀，也使得地球上多数人的生命不再是托马斯·霍布斯口中的"肮脏、野蛮和短暂"，欧洲人的生活品质同传统社会相比有天壤之别。在1800年之前的1000年左右，人们出生时的预期寿命一直在35岁左右，1800年后，人们的预期寿命已翻了1倍多，最发达地区的人均收入提高到过去的20倍，全球平均收入也提升了14倍。工业国家的婴儿死亡率大幅下降，食物变得更好、更丰富，休闲时间不仅更多了，而且范围变得更加广泛了。工业革命从根本上改变了人类的生活体验。人类历史上第一次看到，技术进步带来长期生活水准的提高。[3]

---

① Antràs, P. and Voth, H. J., 2003, "Factor Prices and Productivity Growth During the British Industrial Revolution", *Explorations in Economic History*, 40（1）：52-77.

②〔英〕安格斯·麦迪森：《世界经济千年统计》，伍晓鹰、施发启译，北京大学出版社2009年版，第272页。

③〔英〕邓肯·韦尔登：《英国经济史：200年的繁荣与衰退》，曾敏之译，中国科学技术出版社2023年版，第14页。

实践和理论已经证明，自人类进入工业社会以来，尤其是在科技迅猛发展的当代，较多的初始人口意味着更多的知识创造，更多的人使用知识，更多的人分担知识的实施成本。正如李强总理在十四届全国人大一次会议答记者问时所指出的："我国人口增长由正转负，有人担心人口红利会不会就此消失，我看没那么简单。人口红利既要看总量，更要看质量，既要看人口，更要看人才。我国有近9亿劳动力，每年新增劳动力都超过1500万，人力资源丰富仍然是中国的突出优势。更重要的是，我国接受高等教育的人口已超过2.4亿，新增劳动力平均受教育年限达到14年。可以说，我们的人口红利没有消失，人才红利正在形成，发展动力依旧强劲。"①

增加劳动力数量，并不等价于提高劳动生产力；依靠增加人口数量来刺激供求，提高的供求只能是数量上的平面扩张，而非结构上的有效升级。未来的"中国制造"不是劳动密集型，而是技术密集型。经过新中国70余年的艰苦奋斗和不懈努力，我国农业科技现代化取得长足发展，使粮食生产能力和总产量大幅度提高。国务院2019年发布的《中国的粮食安全》白皮书显示，中国人均粮食占有量达到470千克左右，比1949年新中国成立时的209千克增长了125%，高于世界平均水平。中国式现代化通过科技现代化推进农业现代化，不仅成功解决了14亿

① 《李强总理出席记者会并回答中外记者提问》，《人民日报》2023年3月14日。

多人口的吃饭问题，提高了居民生活质量，而且为推进工业现代化和整个国家的现代化奠定了坚实的基础。在全面建设社会主义现代化国家的新征程上，我们要坚定不移地贯彻实施科教兴国战略、人才强国战略、创新驱动发展战略，破解人口规模巨大的现代化种种难题，不断优化人口发展战略和教育发展战略，推进教育高质量发展，全面提升规模巨大国家的人口素质和人力资源质量，为现代化建设提供源源不断的发展潜能、动能和势能，以教育的高质量发展保障和推进经济的高质量发展。

（二）能源革命：煤炭开采与蒸汽机的发明和使用

杰里米·里夫金在《第三次工业革命：新经济模式如何改变世界》一书中把当前世界范围内以新能源和可再生能源取代传统化石能源的新型能源体系变革提升为"第三次工业革命"[①]。历史上数次重大的经济革命都是在新的通信技术和新的能源系统结合之际发生的。新的能源系统会加深各种经济活动之间的依赖性，促进经济交流，有利于发展更加丰富、更加包容的社会关系，伴随而生的通信革命也成为组织和管理新能源系统的途径。从而把新能源技术和新通信技术的革命及相互融合作为每次工业革命的驱动力和特征。

从 16 世纪末到 17 世纪初，由于煤需求的扩大，对煤的开采

---

① 〔美〕杰里米·里夫金：《第三次工业革命：新经济模式如何改变世界》，张体伟等译，中信出版社 2009 年版，第 71 页。

和运输提出了更高的要求。煤大量开采首先要解决的是如何从矿井深处排除积水，为此，人们设计出各种排水机械。这些机械最初用畜力或水力驱动，随着采煤业的空前发展，早期用以驱动机械的水力及畜力已无法应对矿井排水问题，煤炭工业对发明一种低成本的机械动力提出了前所未有的需求，这就导致新式排水装置——蒸汽机在英国起步。

蒸汽机的发明与改良不是一蹴而就的，先后经历了近一个半世纪的集体性技术改良。蒸汽机的历史意义是巨大的，它完成了产业集中，使工业发展归于统一。[①]正如恩格斯所言，"17世纪和18世纪从事制造蒸汽机的人们也没有料到，他们所制作的工具，比其他任何东西都更能使全世界的社会状态发生革命"[②]。早期蒸汽机的使用是由英国煤炭工业的扩张引发的。17世纪初，英国人开始探索用蒸汽解决矿井排水问题。1698年托马斯·塞维利发明无活塞式蒸汽抽水机，利用蒸汽压力抽取矿井水。这是人类继自然力之后，首次运用蒸汽动力。1705年托马斯·纽科门取得了"冷凝进入活塞下部的蒸汽和把活塞与连杆连接以产生运动"的专利权，后经持续改进于1712年制成可实用蒸汽机，即纽科门蒸汽机。

早期的蒸汽机对廉价煤炭具有高度依赖性，只能在煤矿及

---

① 〔法〕保尔·芒图：《十八世纪产业革命》，杨人楩等译，商务印书馆2011年版，第269页。

② 《马克思恩格斯选集》（第三卷），人民出版社2012年版，第999页。

附近地区才会使用。罗伯特·艾伦指出："这种机器早在研发阶段就形成了依靠大量消耗煤炭维持运转的特性，到19世纪后也没有明显改观，使其应用范围受到很大限制，一旦离开产煤区，其运营成本令人不堪重负。"①此外，由于在国际贸易上的成功，伦敦人口在16世纪后期激增，造成燃料需求上升。这样，英国的煤炭工业因伦敦的经济、人口增长而起飞了。煤炭工业的发展为经济提供了低价格能源。

18世纪之前的英国，燃烧木材的化学能是当时的主要动力来源，能源短缺的问题出自生物能源的有限性，工业供能依赖于以森林为载体的薪柴，而森林、土地资源是有限的，有限的森林、土地资源无法支持大规模工业生产的能源需求。能源短缺不单纯指无法获取供暖的燃料，而是指短缺造成成本抬升从而抑制工业活动的投资与发展。因为木材除了用来做饭取暖之外，还对其他制造领域非常关键。房子、家庭用具、农具、容器，还有至关重要的船只。英国海军反应十分强烈，他们担心森林危机会严重影响海军舰队的发展。

煤的使用，不仅是一次燃料的变革，更是推动农业社会向工业社会转变的重要动力，以燃烧煤为动力的蒸汽机，是工业时代的前奏，它推动了社会各方面的发展，交通、工业生产等

---

① 〔英〕罗伯特·艾伦：《近代英国工业革命揭秘：放眼全球的深度透视》，毛立坤译，浙江大学出版社2012年版，第247页。

各大生活生产领域，尤其是工业生产中的钢铁冶炼，使钢产量历史性地大幅提升。为第一次工业革命的推行，提供了保障，为人们生活提供了方便，而随着工业化的推进，煤不仅仅作为燃料，更深入化学工业、纺织工业，为人类文明的进步提供新的力量。

从16世纪70年代开始，英国的煤炭消费剧增。1560—1800年间煤产量增长了66倍。其中1580—1660年王政复辟期间，伦敦的煤产量增长了20—25倍。据估计，大不列颠岛每年可产煤200万吨，约是世界其他地方总产量的5倍。[1]1800年前后，英国的煤产量远高于其他所有国家的总和。18世纪英国人生产生活所需的热能绝大部分是通过燃煤获得的，英国是当时世界上最独特的以煤作为主要燃料的地区。

以煤作为冶炼燃料导致钢铁产量增加，进而使铁丰富和便宜到足以普及一般性建设工程中。1779年在科尔布鲁克戴尔第一座铁桥落成，1787年威尔金森在赛文河下水了第一艘铁船，1788年法国在英国定制了40英里长的铁管用作供水管道，19世纪铁缓解了欧洲建筑业和造船业的木材短缺。原本英国在钢铁生产方面的劣势，短短几年内就变为全欧洲公认的优势。正是基于相对低成本的煤炭燃料，英国钢铁业才取得了如此巨大的

---

[1] Malanima, P., 2006, "Energy Crisis and Growth 1650-1850: The European Deviation in a Comparative Perspective", *Journal of Global History*, 1（1）: 101-121.

进步。英国不仅进入了蒸汽时代、煤炭时代，同时也进入了钢铁时代和机器时代。[1]英国工业革命最显著的三大标志——煤炭、蒸汽机和钢铁形成了相互促进的三角关系，一切都朝着近代大工业的方向前进。

城市对煤的需求越大，煤矿发展就越迅速，烧煤带来的污染与社会问题，也越来越严重。伦敦的城市上空，总是笼罩着一层厚厚的煤烟。那时候的人们记载，旅行者远在几千米之外，还没有看到伦敦城，就能闻到煤烟的味道了。如果回到17世纪的英国煤矿，因为开采技术限制，大部分的煤矿条件都很简陋。煤矿工人在狭窄的巷道中工作，随时可能遭遇坍塌、毒气、爆炸、地下水。但是在巨大的利润面前，这些问题都被忽略了。

煤作为可替代能源具有一定的偶然性。正如法国历史学家布罗代尔阐释工业革命时指出，"这一革命决定性的、纯属英国本土的特征是煤的应用越来越广，烧煤成为英国经济的主要特征。这不是深思熟虑后的选择，只是因为煤弥补了英国一个明显的弱点"[2]。英国较早采用易获取且储藏丰富的煤作燃料并用于冶铁，使其在工业革命早期在采煤和冶铁上占据优势。[3]在改

---

① 刘晓君、张迪：《全球化视野下英国工业革命再审视》，《自然辩证法研究》2022年第2期。

② 〔法〕布罗代尔：《15至18世纪的物质文明、经济和资本主义》（第3卷），施康强、顾良译，生活・读书・新知三联书店1993年版，第640页。

③ 〔美〕斯塔夫里阿诺斯：《全球通史：从史前史到21世纪》，吴象婴等译，北京大学出版社2006年版，第489页。

进煤炭开采和运输的过程中，诸如蒸汽机和铁路运输等新发明相继登场，煤炭的用途愈加广泛和重要。煤炭业和冶金业构筑了支撑机械工业成长的基础。在这一系列连锁反应中，煤炭的独特功效将英国与世界其他地区区别开来，英国独有的依靠廉价煤炭能源支撑经济发展的模式，取代了传统的有机能源模式，这种能源方式的转变为英国提供了先机。

　　蒸汽机作为"超越一切的发明"，为资本主义工业发展提供了源源不竭的动力，同时也使人类告别以木柴为主的有机能源，进入化石能源时代。正因如此，彭慕兰才用煤炭资源的丰富性来解释工业革命的起源。在这方面，英国与中国有着明显不同。中国的地理因素阻碍了从木材到煤炭的早期转变，因为中国的产煤区主要集中在西北和东北地区，离最有经济活力的长江三角洲相距甚远。[①]18世纪末，资本、劳动力高度密集、商业与短途贸易高度发达的中国江南地区，遭遇了工业发展中的最大瓶颈——资源与生态危机。其瓶颈表现为手工业与制造业需要的燃料无法自给，巨大的人口压力无法实现土地密集型农产品种植，导致技术革命的落后。相反，英国作为17至18世纪海洋拓殖最成功的国家，率先突破了生态瓶颈，本土的大量浅层煤床解决了能源不足的问题，北美殖民地的广袤良田解决了土地限

---

　　① 〔美〕杰里·本特利、〔美〕赫伯特·齐格勒：《新全球史：文明的传承与交流（1000—1800年）》，魏凤莲译，北京大学出版社2014年版，第52页。

制，资本主义取得了长足发展。

二、大工业的诞生与世界市场的开辟

（一）工业的发展

现代化首要的特征是生产力的极大发展，即同一劳动量能够生产出更多的使用价值。自工业革命以来，现代工业、科学和技术革命的推动力呼唤出社会劳动中蕴藏的庞大生产力，促进与之相适应的生产关系的形成，由此引发生产方式的根本变革。这种现代工业生产方式的确立引发了经济与社会的跳跃式发展与波浪式前进，使国民财富持续加速增长，使一国真正进入现代化进程之中。

在18世纪中期以前，世界上大多数国家的人均经济增长率都很小，小到几乎分辨不出来。曾经在很多个世纪中，全世界的人均收入并未发生实质性的变化。在第一次工业革命后的200年里，英国的人均经济增长率超越了人类历史上的最高水平，并且一直保持着高增长态势。

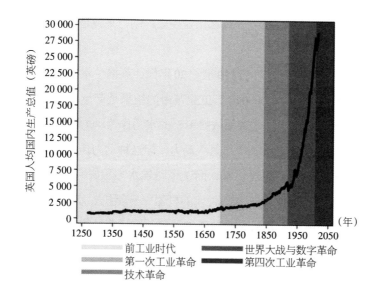

图3-1　英国人均国内生产总值（1270—2017年）

资料来源：〔澳〕尼古拉斯·约翰逊等：《自动世界：第四次工业革命经济学》，张淼译，中国科学技术出版社2023年版，第39页。

工业革命带来了工业产品的机械化生产。机器代替了成百上千人的劳动，但是机器也需要动力。在18世纪之前，没有充足的能源和大马力的机器，尽管有那么多小型的、通常非常精巧的技术革新，工业生活注定只能处于半静止的状态。这种工业被一种古朴的经济制度困住而不得动弹：低得可怜的农业生产力，费用甚高而原始的运输系统，以及很不充足的市场。只有劳动力是超充足的。①那么工业主要的动力来源是什么呢？答案是水力。

从18世纪60年代到19世纪20年代，英格兰水车的数量从70000台增长到120000台。工业革命的结果是产生了大量的机器、作坊和工厂，这些都依赖单一的水力作为动力的来源。尽管早在1781年就有人使用蒸汽动力，但这种动力传播到整个不列颠的工厂还要等很多年，而这个时候水力正好满足了需求。事实上，大多数工业革命时代的机器——骡机、水力纺纱机、自动织布机，以及后来的鼓风炉和自动锻锤都是依赖水力作为动力的。②

曼彻斯特是世界上第一个工业城市。它用了100年的时间，从18世纪早期的一个小市镇飞速发展成为具有世界意义的工业大都市。在19世纪中期，英国号称"世界工厂"，世界上的出口商品绝大部分由英国生产。1880年，英国制造的产业商品占到世界总量的23%，而法国、德国和比利时一共才占到世界总量的18%。③英国工业革命被广泛描绘成是由一些关键性发明创造构成的。随着自动纺纱机的使用，工人的劳动产量几乎是1780

① 〔法〕费尔南·布罗代尔：《文明史：人类五千年文明的传承与交流》，陆象淦、王淑英译，中信出版社2017年版，第394页。

② 〔英〕罗杰·奥斯本：《钢铁、蒸汽与资本，工业革命的起源》，曹磊译，电子工业出版社2016年版，第50页。

③ 〔英〕罗伯特·艾伦：《全球经济史》，陆赟译，译林出版社2015年版，第1页。

年的15倍，而当时克隆普顿发明的骡机首次应用于纺纱工业后的劳动产量是18世纪初印度手工纺纱机的370倍。骡机可驱动的纱锭数量从1788年的5万支增加到1811年的460万支。[①]

蒸汽机本身只是一个产品，但是以蒸汽机为代表的工业和产业系统以此作为基础开始形成，使人类社会的生产力与生产关系发生了本质性变化。在19世纪下半叶，商品和生产要素的市场在全世界范围内被整合起来。一战开始时，几乎没有与世界市场无联系的地方了。换言之，世界经济已经一体化了。[②]在整个18世纪，英国的棉纺织品出口增长了200倍，其中94%的增长发生在1780年后的20年中，这一阶段出口激增16倍以上，从1780年的35.55万英镑增加到1800年的585.4万英镑。在18世纪最后几年，不列颠群岛生产的全部棉布中的61.3%用于出口。1815年后，凭借这些出口，英国几乎在全球棉纱和棉布贸易中消灭了所有非欧洲世界的竞争对手。[③]也正是工人熟练程度的提高、企业与政府的大量投资和技术创新带来的生产率的快速提高，造就了二战后经济的增长奇迹。1948—1973年这26年中，除掉通货膨胀的因素，北美地区的劳动生产率翻了一倍，在欧

---

① 〔荷〕托马斯·克伦普：《制造为王：发明、制造业、工业革命如何改变世界》，陈音稳译，中国科学技术出版社2023年版，第105页。

② 〔日〕玉木俊明：《物流改变世界历史》，苏俊林等译，华夏出版社2022年版，第1页。

③ 〔美〕斯文·贝克特：《棉花帝国：一部资本主义全球史》，徐轶杰等译，民主与建设出版社2019年版，第16页。

洲达到了原来的3倍，在日本则达到了原来的5倍。①

（二）贸易打造的世界

历史学家斯塔夫里阿诺斯洞察到，自1500年以来，"世界经济一体化的趋势就不曾停滞"②。现代世界区别于前现代世界的一个根本区别是交互性，即随着人类认识水平的提高、技术的进步，各国各大洲之间的界限被打破，全世界越来越紧密地联系在一起。③"资产阶级，由于一切生产工具的迅速改进，由于交通的极其便利，把一切民族甚至最野蛮的民族都卷到文明中来了。"④这段《共产党宣言》中的精彩论述，深刻阐释了生产力和各国之间的交往关系是正向促进的，生产力越是发展，各国之间的分工关系越是复杂、深入，各国交往更为紧密。

随着新航路的开辟，机器大工业在促进技术革新、生产发展的同时，还使资本主义获得了极大的推动力，为世界市场的形成和发展起到了重要作用。"大工业建立了由美洲的发现所准备好的世界市场。世界市场使商业、航海业和陆路交通得到了巨大的发展。这种发展又反过来促进了工业的扩展，同时，随

---

① 〔英〕马克·莱文森：《大转折：危机因何而生 繁荣为何不可持续》，多绥婷译，民主与建设出版社2022年版，第9页。

② 〔美〕斯塔夫里阿诺斯：《全球通史：从史前史到21世纪》，吴象婴等译，北京大学出版社2012年版，第4页。

③ 〔美〕斯文·贝克特：《棉花帝国：一部资本主义全球史》，徐轶杰等译，民主与建设出版社2019年版，第16页。

④ 《共产党宣言》，人民出版社2018年版，第31页。

着工业、商业、航海业和铁路的扩展，资产阶级也在同一程度上发展起来，增加自己的资本，把中世纪遗留下来的一切阶级排挤到后面去。"①由于有了机器，现在纺纱工人可以住在英国，而织布工人却住在东印度。在机器发明以前，一个国家的工业主要是用本地原料来加工。例如，英国加工的是羊毛，德国加工的是麻，法国加工的是丝和麻，东印度和黎凡特加工的则是棉花，等等。由于机器和蒸汽的应用，分工的规模已使脱离了本国基地的大工业完全依赖于世界市场、国际交换和国际分工。最后，机器对分工起着极大的影响，只要任何物品的生产中有可能用机械制造它的某一部分，这种物品的生产就立即分成两个彼此独立的部门。②

比如，18 世纪时，煤矿和铁矿的位置决定了炼铁高炉的位置。如今，海上运输成本低廉，日本和韩国可以从澳大利亚和巴西购买所需的煤炭和铁矿石。资本主义大工业是超越了手工业和工场手工业的深刻的生产性变革，在助力资产阶级完成"把物质生产变成对自然力的科学统治"历史使命的同时，又天然地刺激了资产阶级不断扩大产品销路的资本欲望，驱使资产阶级"到处落户，到处开发，到处建立联系"③，最终资本"超越一切空间界限"的历史行动造就世界市场的形成以及民族国

---

① 《共产党宣言》，人民出版社 2018 年版，第 29 页。
② 《马克思恩格斯文集》（第一卷），人民出版社 2009 年版，第 627 页。
③ 《马克思恩格斯文集》（第二卷），人民出版社 2009 年版，第 35 页。

家的现代转向，世界开启了"全球文明"①。

（三）历史向世界历史的转变

马克思主义世界历史理论指明了人类社会的一体性和整体化发展大势，突出了全球发展的客观性和整体性，从宏观上探索人类社会发展的总体规律性。经济全球化提供了物质基础，推动历史向世界历史转变。

"世界历史"是在交往的发展中形成的，是生产力发展的结果。马克思恩格斯提出的"世界交往""世界历史""世界经济"等概念毫无疑问是对大工业产生的社会经济影响的最直接回应。马克思恩格斯在《德意志意识形态》中解释了世界历史的内涵："各个相互影响的活动范围在这个发展进程中愈来愈扩大，各民族的原始闭关自守状态则由于日益完善的生产方式、交往以及因此自发地发展起来的各民族之间的分工而消灭得愈来愈彻底，历史就愈来愈成为全世界的历史。"世界历史"是以生产力的普遍发展和与此有关的世界交往的普遍发展为前提的"。②

当时的商业和工场手工业都集中于英国，为其创造了相对的世界市场及随之而来的对英国产品需求的不断增加。工场手工业的生产能力显然已经不能满足不断增长的市场需求，旧有

①〔美〕帕尔默等：《工业革命：变革世界的引擎》，苏中友等译，世界图书出版社2010年版，第359页。

②《马克思恩格斯文集》（第一卷），人民出版社2009年版，第539页。

的生产力发生了变革。自然力的使用、机器生产、分工等①，极大地提高了大工业的生产力。"大工业创造了交通工具和现代的世界市场，控制了商业，把所有的资本都变为工业资本，从而使流通加速（货币制度得到发展）、资本集中。"②

正是在大工业发展的基础上，英国首次开创了世界历史，它把每个国家都卷入了世界市场，每个人需要的满足都要在世界范围内才能够实现。这就使得各个国家和地区再也不能维持那种保守的、闭关自守的状态，或主动或被动地随着大工业和殖民扩张而不断进入与世界的联系之中。分工也失去了其自然形成的性质的最后一点因素。并且在劳动的范围内，大工业用货币关系代替了自然关系，用现代大工业取代了自然形成的城市。

资本主义发展的不同阶段表明，世界历史是随着生产力的发展及其必然引起的分工和交往的发展而出现的。生产力的发展，必然要突破原有的自然性质的分工，引起分工的扩大，那么交往也会不断扩大。当一个民族的生产力发展及其引起的分工逐渐从民族内部走向世界，就必然会引起世界性的交往和交换，历史就成为世界历史。

由资本主义所开创的世界历史与全球化进程，对落后国家

①《马克思恩格斯文集》（第一卷），人民出版社 2009 年版，第 565 页。
②《马克思恩格斯文集》（第一卷），人民出版社 2009 年版，第 566 页。

发展的影响一方面是造成了落后国家对资本主义国家的依附性结构，落后国家在相当长的时期只能通过依附途径获得发展；另一方面是西方发达国家向落后国家展示了发展的未来——"工业较发达的国家向工业较不发达的国家所显示的，只是后者未来的景象"①。为此，在列宁看来，世界历史是各个民族和国家相互依赖、相互影响、相互作用的必然结果。作为一个系统整体，它有着超越于各民族和国家历史之上的"系统质"，各个民族和国家的发展不可避免地受其运动方向和规律的影响。具体到资本主义世界历史时代而言，"人类的整个经济、政治和精神生活在资本主义制度下就已经愈来愈国际化了"②。在这样一个普遍联系的社会中，必须从整体上把握社会的发展。

对于信息技术在当代世界历史实践中的普遍应用所产生的结果，马歇尔·麦克卢汉在《理解媒介：论人的延伸》一书中，把地球形容为一个"地球村"，提出"媒介即讯息"的思想。在发达的信息媒介面前，整个世界在时空范围内已经缩小为一个小小的地球村落。而这种信息的同步化性质，使不同地区的人们之间形成了一个紧密相连、相互作用的社区。③托马斯·弗里德曼则提出了"世界是平的"这一概念。他认为，从1492年哥

---

① 《资本论》（第一卷），人民出版社2004年版，第8页。
② 《列宁全集》（第23卷），人民出版社1990年版，第332页。
③ 〔加拿大〕马歇尔·麦克卢汉：《理解媒介：论人的延伸》，何道宽译，商务印书馆2000年版，第1页。

伦布远航到资本主义世界性经济危机、从两次世界大战到21世纪的全球化，世界规模从大型缩小为微型，全球化的发展从国家实力推动到跨国公司和工业革命推动转变为个人推动。个人依赖于软件和网络在全球化中能够获得更多的新的机会参与全球性的竞争与合作。①

习近平指出，充分尊重全球经济发展的客观规律，把握人类历史从闭塞走向融合的世界历史潮流，胸怀共同未来，才能为世界经济发展把好方向。在各国休戚与共的基础上努力实现世界的繁荣与和平。②全球生产力的发展应该是平衡发展、普惠发展，"大家一起发展才是真发展，可持续发展才是好发展"③。推动全球生产力更好更快发展仍然是世界历史进程的根本动力。全球生产力的发展不是抽象的数据增长和财富积累，而是一种建立在合作共赢、共建共享基础上的全球均衡发展。

在殖民主义时期和霸权主义时期，资本主义的出现推动了生产力发展，创造的全球财富比以往任何时代都要多，但这种发展是建立在不平等发展基础上的。发展中国家和不发达国家提供了生产力发展的人力、自然力和社会力量，但是享受财富

①〔美〕托马斯·弗里德曼：《世界是平的：21世纪简史》，何帆等译，湖南科学技术出版社2009年版，第9页。

② 习近平：《携手共进，合力打造高质量世界经济——在二十国集团领导人峰会上关于世界经济形势和贸易问题的发言》，《人民日报》，2019年6月29日。

③ 习近平：《论坚持推动构建人类命运共同体》，中央文献出版社2018年版，第255页。

的是压迫和剥削他们的西方发达国家，发展中国家同时还要承担环境污染、资源枯竭、社会动荡、失业和贫困等社会问题和环境问题。发展中国家和不发达国家付出了巨大代价，换来的只是更深的依附和不平等。这种不平等的发展是资本主义内在矛盾在全球的蔓延，终将导致人类社会走向死胡同。因而，只有破除由资本主导的世界历史发展进程的内在矛盾，才能真正实现全球生产力的普遍发展。

三、资本主义工业化的不满

（一）工厂制度与人的异化

工厂制度通过运用自动机器体系、制定严格规章制度、建立封闭生产单元，重塑了资本主义生产结构和秩序，为资产阶级最大限度地追逐利润奠定了重要基础。工厂制度作为具象的管理方式，需要借由工人身体来完成叙事。因此，工厂制度在促进生产发展的同时，还内含着对工人身体的形塑。工厂制度通过技术赋权、时间掌控、空间封锁和纪律威慑，使工人身体在劳动场域和生活场域中呈现工具化和节奏化倾向，陷入了

"苦难窟"，时刻处于"监视"之中。①

相较于工场手工业时期的机器的应用，机器工厂所运用的机器体系能够组织大量工人聚集在工厂中，配合机器的不间断生产，劳动生产率和劳动强度都得到了巨大的提升。正如马克思所说："在这里，代替单个机器的是一个庞大的机械怪物，它的躯体充满了整座整座的厂房，它的魔力先是由它的庞大肢体庄重而有节奏的运动掩盖着，然后在它的无数真正工作器官的疯狂的旋转中迸发出来。"②工人如生产资料一般不断被工厂主购入，并投入机器这个庞大的身躯中，最终生产出剩余价值。

工厂基本上均为全日制生产，整体呈现上工时间较早、下工时间较晚的趋势。工人基本上每天都要在早上4点或5点上工，直到晚上9点下工，工作时间经常长达15—16个小时，当夜班制度进入工厂制度后，工人的工作时间变得更长。不论工人前一天上工到几点，第二天工人必须按时抵达工厂进行工作，完成工厂主规定的工作量。《资本论》中列举了大量英国工厂中工人的工作状况，以批判工厂主用暴力剥削的手段要求工人形成严格的劳动纪律。如在壁纸工厂中，生产旺季估计是从10月初到翌年4月底，这段时期内劳动往往在工厂主的监督下一刻不能够停止。马克思引用了耶·李奇的话："去年（1862年）冬

① 解丽霞、王众威：《生命规训、身体反抗与工厂制度——〈英国工人阶级状况〉的政治哲学阐释》，《学术研究》2023年第11期。

② 《马克思恩格斯文集》（第五卷），人民出版社2009年版，第438页。

天，19个女孩子中，有6个因为劳动过度，害了病，不能上工。为了不让她们打瞌睡，我必须对她们大声喊叫。"[1]

在典型的工业革命年代，生产有了前所未有的增长，但增长带来的收益并未流向劳动者。1780—1840年间，工人的人均产量提高了46%，但相比之下，实际周薪仅上涨12%。考虑到1760—1830年平均工作时间增加了20%，相当一部分人的实际时薪其实下降了。[2]同时，即使英国的工资比其他大多数地方的工资更高，当时的人们仍担心机器会不断剥夺人们的工作。

工厂制度通过对工人身体的精心谋划，不断榨取工人的生命潜能。恩格斯指出："工业革命只是使这种情况发展到极点，把工人完全变成了简单的机器，剥夺了他们独立活动的最后一点残余。但是，正因为如此，工业革命也就促使他们去思考，促使他们去争取人应有的地位。"[3]机器的流水线生产作业，要求工人身体必须各就其位，按照机器节奏同步运动；罚款、解雇和体罚等手段，要求工人必须严格遵守"规定动作"，竭尽全力地工作。在高强度和超负荷的生产支配下，工人的"肉体"和"灵魂"遭受着双重迫害，不仅制造出了驯顺的肉体，使工

① 《马克思恩格斯文集》（第五卷），人民出版社2009年版，第286页。

② 〔瑞典〕卡尔·贝内迪克特·弗雷：《技术陷阱：从工业革命到AI时代，技术创新下的资本、劳动与权力》，贺笑译，民主与建设出版社2021年版，第139页。

③ 《马克思恩格斯选集》（第一卷），人民出版社2012年版，第89页。

人成为服务于生产的"有用力量"，而且还在工人身体上确立了一种持久的、无限制的支配关系，剥夺了工人之为人的基本资格。身体的受难唤醒了工人的仇恨意识，激起了工人的身体反抗行动。正是对工厂制度下身体悲惨遭遇的真实体验，使工人逐渐意识到了自己与资本家的阶级分界，强化了工人的反抗行动。

（二）发达国家主导下的不平衡世界市场体系

生产力的发展及由此带来的交往的普遍化是世界历史形成的动力。近代以来，西欧资本主义国家实行残暴的对外殖民侵略扩张和严酷的对内掠夺剥削榨取，血腥的原始资本积累成为世界近代史的开端。弗里斯在《国家、经济与大分流》中指出："接踵而来的西欧殖民扩张大大扩展了资本主义世界市场。1775年全世界1/7的人口约1.1亿人处于欧洲统治之下。1914年全球84%的地区都掌握在欧洲殖民者的强权手中，占领土地意味着使民众服从。"①资本无限自我增殖的欲望驱动着世界市场的形成。枪炮、病菌和钢铁武器既是欧洲殖民者征服美洲大陆的原因，"也使现代欧洲人能够去征服其他大陆的民族"②。历史地看，西方资本主义文明依靠暴力将世界各国文明强制卷入现代

---

① 〔荷〕皮尔·弗里斯：《国家、经济与大分流》，郭金兴译，中信出版社2018年版，第623页。

② 〔美〕贾雷德·戴蒙德：《枪炮、病菌与钢铁：人类社会的命运》，谢延光译，上海译文出版社2006年版，第58~59页。

化，发达资本主义国家主导的世界市场体系由此初步形成。

在贝克特看来，15世纪末的地理大发现及随之而来的跨大西洋贸易网络的建立开启了"战争资本主义"时代。欧洲凭借对远洋航行技术的掌握和武装航运的暴力，建立起一个全新的连接美洲、欧洲和非洲的贸易网络，其结果是创造了"一个组织化的、具有全球规模的等级分明帝国"[1]。美洲的欧洲殖民者没有掠夺到足够的金银，于是他们发明了一条新的致富路径：开辟种植园种植热带和亚热带作物，特别是甘蔗。这些种植园需要大量的劳动力，为了保证有充足的劳动力，欧洲人运输非洲人到美洲去，起初是数以千计，后来数以百万计。1500年后的三个世纪里，超过800万奴隶从非洲被贩运到美洲。起初，大部分是由西班牙和葡萄牙贸易商贩卖的，17世纪后，英国、法国、荷兰、丹麦和其他的贸易商也加入其中。仅在18世纪，他们就从非洲贩运了超过500万奴隶。

在资本原始积累时期，西方国家凭借对非西方国家的绝对优势和殖民征服，掌控了经济全球化的资本主义权力。这种资产阶级主导的世界市场体系必然形成两大板块，一个是宗主国；另一个是被殖民、被掠夺的附属国。西方资本主义垄断资本的扩张，使得外围国家的工业居于从属地位，中心和外围的差距

---

①〔美〕斯文·贝克特：《棉花帝国：一部资本主义全球史》，徐轶杰等译，民主与建设出版社2019年版，第7页。

会拉大。"在贸易关系中采取主动的是中心国家——中心国家把专业化的特定形式强加给外围国家。"①中心和外围的分工是中心所要求的专业化分工形式，外围的出口服从于中心的需求。西方开发的一系列机械产品和技术已经非常完整，而且限制在西方科学的范围之中，而西方和非西方文化之间的技术对话的可能性几乎为零。希望使用这些产品和技术的非西方国家似乎别无选择，只能接受现成技术的转让。

1776年，亚当·斯密同样清楚地指出了这一点："美洲的发现给欧洲各种商品开辟了一个无穷的新市场，因而就有机会实行新的分工和提供新的技术，而在以前通商范围狭隘，大部分产品缺少市场的时候，这是绝不会有的现象。"②1800年，全世界的产出中仅有2%用于国际贸易。到1870年，该比例已经提升了5倍，达到10%，1900年进一步提升至17%，到一战爆发前的1913年更是达到21%。这些交易的主要部分发生在工业化社会之间，但发展中经济体同样是工业国重要且日渐壮大的出口市场。这个时期形成的贸易格局特征鲜明：西北欧国家是制造品的净出口国，亚洲、非洲和拉丁美洲经济体的出口则主要是以农业为基础的产品及原材料。这是因为凡是资本主义工业发

①〔埃及〕萨米尔·阿明：《不平等的发展》，高铦译，商务印书馆2000年版，第218页。

②〔英〕亚当·斯密：《国民财富的性质和原因的研究》，王亚南译，商务印书馆1972年版，第214页。

展很快的国家，都要急于找寻殖民地，也就是找寻一些工业不发达，还多少保留着宗法式生活特点的国家，它们可以向那里销售工业品，牟取重利。①

1803年后，工业的迅速发展加剧了英国殖民的傲慢。几年前看起来很了不起的印度技术，现在也可以由英国工厂以更低的成本实现了。印度被说成是相当原始的，而且人们越来越认为它最合适的地位是为西方工业提供原材料，包括原棉和靛蓝染料，同时充当英国商品的市场。这一方针也体现在1813年前后的一系列事件上，彼时东印度公司放松了对贸易的垄断，使其他英国公司可以任意向印度出售制成品。由此，英国的廉价进口产品，加之对印度商人施加的层层阻碍、限制，统统侵蚀着印度的纺织业、炼铁业和造船业。这样一来，就使印度陷入了快速去工业化的过程中。②

至1900年，全球最富有和最强大的国家——历史学家艾瑞克·霍布斯鲍姆称为"赢家"，都是那些快速高效完成工业化，并最大限度地利用了全球贸易网络及自身的自然禀赋和人力资源的国家。这些工业帝国之所以能在世界经济中兴旺繁荣，是因为其最大限度地控制了全球市场与贸易路线，掌控着构建全球经济体系的基础设施并且从中获利。在1900年，这些"赢家"

---

① 《列宁选集》（第一卷），人民出版社2012年版，第279页。
② 〔英〕阿诺德·佩西、〔英〕白馥兰：《世界文明中的技术》，朱峒樾译，中信出版社2023年版，第348页。

包括大部分的西欧国家、美国，以及较晚实现工业化的俄国和日本。到1900年，拉丁美洲诸国和非洲、中东亚太地区的诸多帝国属地已经沦为工业资本主义世界的边缘地区。①

随着资本主义的发展，当前的国际分工格局已从20世纪70年代外围国家依靠热带农作物、原材料资源，以及简单初级劳动产品与中心国家高新技术工业产品之间的不平等交换，转换为发达国家生产离岸外包、发展中国家承接低端产业生产初级劳动密集工业产品，同时还承受了环境污染代价与被迫转移绝大部分劳动价值的极度不公格局。②

（三）西方物质文明与生态文明的冲突性

资本逻辑对自然界的统治意味着，只要能够促进资本增殖，就可以无所顾忌地开发和利用自然界。资本增殖与生态环境之间的矛盾之所以是对抗性的关系，是因为资本增殖以工业化生产为载体，而工业化生产则以大规模的物质资源消耗和废弃物排放为支撑，从而具有反生态的性质。③因此，工业革命也象征着生态灭绝和环境退化的一个历史里程碑，因为在工业化的过程中，地球成了进步的牺牲品。

---

① 〔新西兰〕马特耶·阿本霍斯、〔加拿大〕戈登·莫雷尔：《万国争先：第一次工业全球化》，孙翱鹏译，中国科学技术出版社2023年版，第43页。

② 肖玉飞、周文：《逆全球化思潮的实质与人类命运共同体的政治经济学要义》，《经济社会体制比较》2021年第3期。

③ 张红霞、谭春波：《论全球化背景下的资本逻辑与生态危机》，《山东社会科学》2018年第8期。

英国，作为第一次工业革命的发源地，但这也意味着，在19世纪的大部分时间里，它都是煤炭污染的主要来源。1850年，英国二氧化碳排放量占全球总排放量的60%以上，其人均煤炭消费量更是高达法国和德国的10倍。[1]在这个意义上，工业文明的生产和生活方式也暴露了惊人的破坏力，西方式现代化过程中对地球资源的掠夺性使用产生了环境污染和生态破坏、资源与能源消耗过度、气候变暖等难以逆转的后果。[2]

西方工业文明社会是自我毁灭的工业化的未来。[3]资本主义生产无限扩张的本性必然要求不断冲破生态系统的制约，对自然资源的掠夺性使用造成日趋严峻的生态危机。资本生产率的不断提高必然带来高利润率，高利润率又导致资本的高度积累。资本积累必然要求不断扩大投资和生产，弥补平均利润率下降所带来的损失，进而使资源的消耗和环境的破坏会越来越严重。

全球北方虽然推出层出不穷的"绿色新政"，试图在资本主义框架内抑制环境危机和实现绿色增长，但它们只是将应对气候变化的物质要素不断商品化，注定无法克服"占有私有化和生产社会化、资源私有化和污染公共化、消费无限化和资源有

---

① 〔美〕巴巴拉·弗里兹：《黑石头的爱与恨：煤的故事》，时娜译，中信出版社2017年版，第42页。

② 周文、施炫伶：《中国式现代化与人类文明新形态》，《广东社会科学》2023年第1期。

③ 〔美〕丹尼尔·贝尔：《后工业社会的来临》，高铦等译，新华出版社1997年版，第122页。

限性、经济全球化和利益阶级化"的多重矛盾，仍会复制化石能源时代乃至更早期的殖民手段，延续无限度榨取自然、剥削全球南方的侵入式发展路径。

美欧将清洁能源供应链的主要污染环节置于全球南方，其供应链不断扩大的行动正在导致不少发展中国家沦为"绿色牺牲区"，承担过度且激增的环境压力。[1]西方跨国矿业巨头主导亚非拉多国的矿产开发，把持大量优质资源的所有权和开采权，掠夺式开发全球南方的自然资源以攫取超额利润。资源国只能盲目地谈判，以微不足道的价格出卖资源，而外来企业则以低廉的成本带走巨额的财富。[2]同时，例如，钴、铜的开采活动不断侵蚀刚果（金）的森林和动植物生存空间。锂矿生产需要耗费大量水资源，而不少锂资源分布于全球南方的干旱半干旱地区，矿产开发加剧了当地的水资源危机。美欧总在强调矿产开发应执行环境保护的高标准，但它们只是将高标准落实到本国境内的项目，避免环境危害激发国内民怨，而对全球南方为清洁能源供应链付出的环境代价则视而不见，反而担心推广严格环境标准会提高产品成本、压缩全球产能和威胁西方供应链

---

① 张锐：《清洁能源供应链与美欧绿色殖民主义扩张》，《国外理论动态》2023年第6期。

② Mavhunga, C. C., 2023, "Africa's Move From Raw Material Exports Toward Mineral Value Addition: Historical Background and Implications", *Mrs Bulletin*, 48（4）：395-406.

安全。

长期以来，西方国家不断呼吁发展中国家扛起全球生态环境改善的责任，营造出西方引领全球生态文明建设的幻象。但是一方面，彼得·G.布朗等在《人类世的生态经济学》一书中指出，西方高度繁荣的物质文明是建立在牺牲其他文明发展的基础上的，"那些非西方文明其实只是在受到西方冲击并且纷纷效法西方以后，其生存环境才变得如此恶劣。因此，在迄今为止的文明进程中，最不公正的历史事实之一是，原本产自某一文明内部的污染恶果竟要由所有其他文明来痛苦地承受"①。另一方面，西方国家的碳中和承诺与现实行动间却存在明显反差。受制于地缘政治冲突加剧、缺乏能源自主能力和西方式民主弊端，许多欧洲国家纷纷放弃减排承诺，宣布重新启用煤炭发电。

2023年10月，德国宣布取消"2035年碳中和"承诺。接着在2024年1月，英国首相苏纳克官宣英国取消"2035年碳中和"承诺，并表示，不能让英国人为了保护地球而破产。因此，寄希望于西方工业文明担负起引领全球生态文明建设和世界可持续发展的重任成了不可能实现的目标。

---

① 〔加拿大〕彼得·G.布朗等：《人类世的生态经济学》，夏循祥等译，江苏人民出版社2023年版，第3页。

小结

　　1835年，托克维尔在发表了他关于美国社会的精辟分析之后，来到了曼彻斯特。他这样描述这个世间罕见的城市所具有的双重面目："人类工业最汹涌的污水从这条肮脏的排水沟中流出，使整个世界变得富饶。纯金也从这条污秽的下水道流出。在这里，人类获得了前所未有的发展和无以复加的粗野；在这里，正上演着文明的奇迹：文明人又变回了野蛮人。"①英国的工业革命一开始，对资本密集型和能源密集型产业的投资就快速提升了生产力水平，创造出一系列技术、革新和增长。同时，由于英国日益增长的市场需求和健全的专利制度，促使大量技术工人琢磨发明创造，率先在英国拉开了工业革命的序幕。随着技术革新的进行，工业革命开始朝着工厂制度、交通运输、时间观念乃至社会运行模式深入展开，成为一次生产制度、基础设施和社会观念的全方位变革。英国工业革命不仅极大地改变了英国，也推动了世界面貌转变，对人类文明发展产生了深远影响。

---

① 转引自〔英〕艾瑞克·霍布斯鲍姆：《革命的年代：1789—1848》，王章辉译，中信出版社2014年版，第73页。

第四章

西方兴起：大分流的真相

PRODUCTIVITY

古代中国在历史上的辉煌成就值得我们经久传颂，但为什么中国在近代经历了长达数百年的衰微和停滞？众所周知，中国在历史上曾长期是世界第一大国，根据经济史学家麦迪森的估计，元朝的GDP曾占到世界的1/3，比欧洲的总和还要多。直到明朝初期，中国世界第一大国的身份依然未得到挑战，明成祖朱棣还多次派出远洋船队，出使周边国家，宣扬国威。那时的中国不仅GDP总量大幅领先，而且在绝大多数主要的科学技术领域也一直将其他各国甩在后面。为什么拥有如此辉煌经济成就的古代中国，最后却没落了？为什么当时技术创新优势明显的古代中国，最后却未能率先进行工业革命？为什么最早具备资本主义萌芽条件的古代中国，却未能实现由封建主义向资本主义的转变？而上述的问题最开始在李约瑟编纂的《中国科学技术史》里就已提及：在15世纪之前，中国古代的科学创造走在世界的前列，远远超过西方国家，但是这些科学为什么止步于经验阶段？16世纪以来，西方国家建立了能够影响世界秩序形成的近代科学，但是近代科学没有在中国走在世界前列的科学基础上建立，没有建立的原因是什么呢？这两个问题被学者们称为"李约瑟之谜"。

究竟是什么原因使得中国和西方世界在15世纪以后的经济发展历程上，呈现两条截然不同的道路？中西方历史大分流的成因一直是困扰国内外学术界的一项重大难题。

一、解释李约瑟之谜的主流理论

（一）制度、体制假说

诺斯在《西方世界的兴起》将西方兴起的源头定位于中世纪，他认为有效率的经济组织是经济增长的关键；一个有效率的经济组织在西欧的发展正是西方兴起的原因所在。[1]中世纪欧洲的封建主义"政治上是碎化的""缺乏大规模秩序"，但使人们具备了选择上的多样性。这也就构成了欧洲最终能形成其独特制度的必要条件。一系列有利于现代经济增长的因素在中世纪的欧洲逐渐显现，包括相对自由的城镇经济活动、黑死病后庄园制度的瓦解和生产市场化、能够强化财产权的代议制产生、有益技术进步的基督教信念。

诺斯的制度变迁理论不仅能解释长期经济绩效，也可应用

---

[1] 〔美〕道格拉斯·诺斯、〔美〕罗伯特·托马斯：《西方世界的兴起》，贾拥民译，中国人民大学出版社2022年版，第7页。

于解释科技创新，即当政治和经济上的既得利益者认为制度改变能带来益处时，便会倾向于改变制度以达到知识和科技创新；反之，如果科技创新会产生失去现有权力的风险，拥有权力者便会利用制度设计来阻碍创新和经济变革，且精英手握的资源越多，阻碍创新的激励便越大。①在位者对既有制度的偏好使僵化的制度抑制了科技的发展，这可能是中国没有萌发工业革命的主要原因。阿诺德·佩西和白馥兰同样指出："纵观全局，可以说1150年的时候，中国、伊斯兰国家和西欧所代表的三种文化都明显对机械抱有特别的兴趣。虽然欧洲在这方面是最不发达的，但到了公元1300年，欧洲技术的发展速度已经超过了其他地区，而且有了新的方向。欧洲的社会和政治体系没有中国那样的大一统制度，也正因如此，分割欧洲的小王国中，有许多地方性的创意中心。"②

西欧的多国竞争和代议制共存的政治结构，恰恰在某些方面解决了困扰着中国这样的统一集权帝国基本的激励机制和信息问题。这也能解释西欧经验可以观察到的战争动员和国家能力之间的正相关关系，在具有强大商业或财产利益的代表的城

---

① Acemoglu, D. and Robinson, J. A., 2000, "Political Losers as a Barrier to Economic Development", *American Economic Review*, 90（2）：126-130.

② 〔英〕阿诺德·佩西、〔英〕白馥兰：《世界文明中的技术》，朱峒樾译，中信出版社2023年版，第257页。

邦国家或者城市联邦国家（例如意大利北部和荷兰）中，战争动员导致了查尔斯·蒂利所说的资本密集型道路的兴起。这与沙俄和奥斯曼帝国所实行的强权政治类型形成了鲜明对比，在这种强权政治下，商业精英的利益被抑制和削弱，并且代议制度的存在十分微弱，甚至根本不存在。在资本密集型的治理路径中，战争动员加速了以国债和商业税收为标志的金融和财政机构的发展。①

中世纪的西欧技术进步处于"相对扩张的时代"②，而随后爆发的资产阶级革命为突破型技术进步方式扫清了政治上的障碍。国家重构战略扩充了战略匹配科技的待转化范围，创造发明专利权的明晰、贸易市场力量的激发，以及科技网络化支持平台（皇家学会）的建设，构成技术变革横向互补、纵向积累过程的加速力量。在"工商为主、农业为辅"的经济发展模式下，从新技术中尽获好处的统治阶层没有任何兴趣抵制工厂、机器，而资本主义经济生产方式通过供给企业家、工人、研发人员的利益共享机制，重塑了工商业科技进步上限的扩容动力。以理性、现世为要义的宗教改革乃至资本主义精神的兴起，释放出了强大的认知转换力量，并汇集成足以与中国相区别的

---

① 马德斌：《中国经济史的大分流与现代化：一种跨国比较视野》，徐毅等译，社会科学文献出版社 2020 年版，第 31 页。

② 厉以宁：《资本主义起源研究：比较经济史研究》，商务印书馆 2003 年版，第 153 页。

"科学、哲学、发明和革新激情"①。

在金观涛看来，儒家正统的意识形态、以儒家正统训练的官僚政治和中国以地主经济为主的经济形式之间所形成的"超稳定结构"的变迁，以及对于中国封建社会长期连续性问题的解释。在传统社会，除了天灾、疾病等自然因素造成生产力停滞外，经济不能增长的主要原因是市场经济的发展及科技的应用缺乏价值动力和道德上的终极正当性，它发展到一定程度就会和社会制度及主流价值系统发生冲突，不得不停顿下来。现代社会完成了价值系统的转化，科技的无限运用及市场机制无限扩张获得了史无前例的正当性和制度保障。②

金观涛等的基本观点是，这个由经济、政治和意识形态所形成的社会均衡会由于以下几种破坏性原因而发生变迁：第一是皇权的放大与权力金字塔的扩展；第二是土地的兼并；第三是官僚、地主、恶霸的横行。但与此同时，这个超稳定结构的存在还有赖于以下所谓的修复机制：第一，调整家庭关系的宗法家庭；第二，调整知识分子与国家关系的儒家国家学说。结果，中国封建社会就会在这种破坏性原因，以及修复机制的相

---

① 〔美〕罗斯托：《这一切是怎么开始的：现代经济的起源》，黄其详、纪坚博译，商务印书馆1974年版，第23页。

② 金观涛：《历史的巨镜》，法律出版社2015年版，第15页。

互作用下而陷入周期性的兴衰中。①他们对李约瑟之谜的解释是，西欧资本主义的确立经过了萌芽、萌芽结合、斗争和取代三个阶段，而在中国，资本主义萌芽的第一阶段（宋以前）是存在的。但第二阶段的资本主义萌芽结合阶段却被遏制和破坏了，因此第三阶段就和西欧出现了本质上的差别。

这一理论假说还有一些延伸发展，比如有研究从"科举体制"视角出发。林毅夫认为，传统的科举制度培养出了一批长于诗词典章而短于机械器物的官僚。一方面，他们的知识结构不足以发展出现代科技；另一方面，在官僚体系里，站在捍卫自身利益的立场，他们也不会鼓励，甚至会排斥与"往圣绝学"相左的知识。这种机制使中国的技术进步内生化，僵化的科举制度是导致人力资本配置失衡的主因。②科举制度始于隋朝，终于清朝，着重于句读之学，在功名的激励下，有才能的人都着力于四书五经，排挤了科技创新的人力资本投入。

也有研究选择从产权视角切入。戴维·兰德斯认为中国是唯一有机会在技术发展上与西欧媲美甚至超越西欧的国家，但是中国错失良机，其中很重要的一点就是中国缺乏自由的市场

---

① 金观涛、刘青峰：《兴盛与危机：论中国社会超稳定结构》，法律出版社2011年版，第203页。

② Lin, J. Y., 1995, "The Needham Puzzle - Why the Industrial-Revolution Did Not Originate in China", *Economic Development and Cultural Change*, 43（2）：267-292.

机制和制度化的产权，私营企业总是受到政府的干预。[1]黄仁宇也认为由于中国历来缺乏私有产权，创新者缺乏激励，在无法获得利润和回报的情况下，少有人愿意从事科技创新。[2]在英格兰，国王亨利八世依靠议会下院维持其统治，结果使土地财产权在普通法体系下成长起来。臣民能够参与国家决策，就能制定保护财产权的规则。只有财产权利得到保障，现代经济增长才能出现。这就是诺斯强调的那个时期代议制政府发展的关键作用。

寇宗来等则认为专利制度是导致近代中国与欧洲在知识积累和技术进步模式上产生巨大分野，进而导致产业革命在欧洲而非中国发生的关键所在。[3]在专利制度出现之前，不管是中国还是欧洲，其技术进步都主要是商业机密所驱动的。由于无法共享各自私有的技术知识，人们的创新效率都相对低下，在中西方也没有太大的差异，中国对欧洲的人数优势将转化为中国对欧洲的创新优势。然而，当英国（乃至欧洲）首先建立了现代专利制度之后，情况就发生了根本性转折。专利制度以法律方式解决了商业机密保护下市场拓展与技术可占有性之间的内

---

[1] Landes, D. S., 2006, "Why Europe and the West? Why Not China?", *Journal of Economic Perspectives*, 20（2）: 3-22.

[2] 黄仁宇：《资本主义和二十一世纪》，生活·读书·新知三联书店1997年版，第15~38页。

[3] 寇宗来、石磊：《理解产业革命发生在英国而非中国的关键——李约瑟之谜的专利制度假说》，《国际经济评论》2009年第2期。

在矛盾，为技术与市场的结合注入了强大的动力。与此同时，人们为申请专利保护而公开披露的技术知识，在欧洲社会形成了一个庞大的公共知识库，这又极大地提高了欧洲社会技术创新的累积性和人均效率，这使得欧洲在技术水平（创新总量）上迅速赶上并超过中国。

制度决定论听起来颇具说服力，因为中国几千年来的大一统政治体制及官本位传统的确成为影响人们经济、文化、社会活动的重要因素。但是为什么这种大一统、中央集权的政治和官僚体制在 14 世纪以前能够容忍中国在经济、科技和文化方面的大发展，但为什么到 17 世纪之后就不能容忍经济发展和科技进步呢？在前文的论述中，我们已经指出中国是世界上最早孕育出水稻的区域，也是东亚农业起源的关键地区，孕育了世界上唯一连续演化发展的中华农耕文明。[①]在精耕细作的生产方式、择精取华的育种技术、审时相物的物候历等方面，中国远远超过同时代的其他国家。

（二）地理区位与资源禀赋假说

地理大发现被很多历史学家认为是东西方分野的关键性因素。地理大发现使欧洲人在 16 世纪末对世界陆地面积的了解，比 14 世纪时增加了 5 倍，这些新增的面积迅速成为欧洲国家的殖民地，而且欧洲国家还将旧大陆的许多土地变成了自己的殖

---

① 何炳棣：《黄土与中国农业的起源》，中华书局 2017 年版，第 1~20 页。

民地和半殖民地。同时，1500—1650 年由新大陆流入欧洲的金银使欧洲的金存量增加了约 5%，白银存量增加了 50%。地理大发现极大地扩展了市场规模，市场规模的扩大通过劳动分工促进了经济增长，带来了 16 世纪欧洲的繁荣。

16 世纪欧洲的繁荣和经济中心的转移说明地理大发现为欧洲，特别是为西欧提供了经济增长的良好契机。然而 16 世纪的繁荣并没有延续到 17 世纪，也没有扩展到所有欧洲国家。地理大发现使欧洲的贸易中心从地中海移到大西洋，造成了意大利诸城邦的衰落和西北欧国家的兴起，但是大西洋沿岸的西北欧国家也没有从地理大发现中获得同等的收益。16 世纪到 18 世纪，欧洲经济中心（乃至世界经济中心）在西班牙、荷兰、英国先后更迭。同时，西欧国家并没有在市场扩大之后都延续了人口增加的趋势。17 世纪只有英国、荷兰等国家的人口一直在增长，而法国、意大利、德国等国家出现了人口增长停滞，甚至是下降的情况，表明马尔萨斯的预言又重新回来了，"布罗代尔钟罩"依然没有打破。①

彭慕兰在《大分流》一书中比较了中国的江南和欧洲最发

---

① "布罗代尔钟罩"是布罗代尔在研究古代经济史时提出的一个问题，即"为什么市场与交换长期存在但是却像是被扣在一个钟罩里，既不消失也不增长？关键问题是要弄清楚那种我毫不犹豫地将之称为资本主义的社会部门为什么好像生活在一个与世隔绝钟罩里？它为什么无法扩展到占领整个社会……（为什么）资本快速形成只可能在某些部门中发生，而没能发生在当时的整个市场经济中"。

达的英格兰两地的传统经济的主要指标后，认为中国和欧洲之间社会经济的"大分流"是在 1800 年以后才出现。此前中国在人口、农业、手工业、收入及消费等传统经济的主要指标方面与欧洲并无明显的差异。两地之所以在 1800 年以前相似而在以后分流，是因为两地在处理共同遇到的生态危机时所面临的形势、发展模式和机遇不同。中国由于边缘地区的发展，使其没有形成像西方那种中心与边缘的关系，因此中国没有成为英格兰。英格兰则不一样，英国有极易开采的煤矿和广大的海外殖民地，这对缓解英格兰中心地区的生态压力，使其避免发生生态危机，并最终使英格兰摆脱了一系列生态方面的制约，走出了和中国的江南不一样的道路。李伯重认为难于获得大量能源，是 16 世纪以来长江下游经济发展的主要制约因素之一。他也指出了煤资源的局限，以及由此而致的冶金工业规模的狭小。对于农户而言，最普通的燃料来源是木柴和秸秆。

贾雷德·戴蒙德同样认为地理环境是国家发展出现不同路径的重要原因。欧洲的海岸线蜿蜒曲折，并且近海岛屿的数目非常之多，而我国的海岸线平滑有序，基本上没有大的岛屿在近海分布。因此欧洲的地理环境有助于竞争性的小型国家的诞生，而我国的地理环境则更适合形成大一统的国家，这也决定了两个区域不同的发展模式。"中国在地理上的四通八达最后却成了一个不利条件，某个专制君主的一个决定就能使改革创新半途而废，而且不止一次地这样做了。相比之下，欧洲在地理上的分割形成了几十个或几百个独立的、相互竞争的小国和发明创造的中心。如果某个国家没有去追求某种改革创新，另一个国家会去那样做的，从而迫使邻国也这样去做，否则就会被征服或在经济上处于落后地位。欧洲的地理障碍足以妨碍政治上的统一，但还不足以使技术和思想的传播停止下来。欧洲还从来没有哪一个专制君王能够像在中国那样切断整个欧洲的创造源泉。"①

　　文贯中在贾雷德·戴蒙德的基础上作了进一步的拓展和深化，他指出，地理禀赋是影响早期文明演变及不同文明形态下科学革命萌芽、发展、分化最为重要的外生因素。②宋朝时的中国因逐渐失去中原肥沃丰厚的土地，大大降低了长期以来政府赖以生存的土地税收，而又因为北方持续的战争和赔款需要，政府的财政入不敷出。在这种背景下，政府无奈之下将商业活动在民间推广，并且原本由国家统一控制的对外贸易也允许民间开展。于是，在宋朝由于各方面的历史原因而出现了新的发展形式。比如，对外贸易日趋活跃，航海路线大幅增加，民间经济得到了快速发展，新的经济体制也层出不穷，技术的创新进程也在不断加快。但是这些新的经济形式在清朝到来之后发

---

　　①〔美〕贾雷德·戴蒙德：《枪炮、病菌与钢铁：人类社会的命运》，王道还、廖月娟译，中信出版社2022年版，第512页。

　　②文贯中：《中国的疆域变化与走出农本社会的冲动——李约瑟之谜的经济地理学解析》，《经济学（季刊）》2005年第1期。

生了根本性的改变。

明朝和清朝，在其统治中期之前人口和土地比例的周期性改变，使得我国不需要进行大规模的改革，也无需费多大的力气去努力寻求一条全新的赖以生存的道路，就可以延续几千年来的有着扎实基础的农业生产道路。同时伴随着疆土的扩增及人口的迁移，中原的人口逐步向周围迁徙，城市化水平降低，技术发展更加缓慢，我国失去了内向生长的动力。该假说重视隶属于不同文明分支的文化基因，认为文化的力量是在偶然与历史的共同作用下被激活的，地理禀赋是诱发科学革命众多外生变量的终极约束条件，而非绝对决定因素。

地理区位与资源禀赋决定论也有其理论死角。也就是说，它们不能解释为什么制度条件、地理环境条件相似而其他条件不同的社会会走上不同的发展道路。比如，中国的长江三角洲地区从地理位置上类似于西欧，但为什么西欧走上了现代增长的道路，而长江三角洲却没有？学者们也许可以说，那是因为它们的制度体制不同（比如制度决定论和小农经济制度内卷论）。但为什么18世纪同样处于中华文化、制度机制下的长江三角洲出现了经济大繁荣，而不是其他地方？

（三）文化决定论

文化决定论认为，中西方在文化及其衍生下的价值观念、思维方式等方面的表现，是诱发或者阻碍现代科学技术体系与资本主义生产方式形成的决定性因素。在邓肯·韦尔登看来，从16世纪和17世纪开始，在整个欧洲发展的启蒙运动和随后的"文人共和国"为现代经济增长拉开了关键序幕，在印刷术和分裂的政治制度（与中国相比）的帮助下，反叛者甚至是"异端"的思想家们找到了一个可以继续写作的庇护所，科学和理性得以在欧洲蓬勃发展。[①] 戈罗德尼琴科和罗兰也认为个人主义文化氛围更容易为技术创新提供超额回报，从而提升技术创新的绩效。[②]

这一假说的代表学者是马克斯·韦伯。通过《新教伦理与资本主义精神》，韦伯考察了资本主义早期的发展历程，发现那时资本主义能够得到较快的发展是与对宗教伦理规范的遵循有密不可分的关系。在韦伯看来，正是新教文化推动下发展起来的资本主义创造了"人类历史上空前发达的生产力"。资本主义精神是个体的、近代的和欧美的，它具体的代表者是工业中产阶级。工业中产阶级的典型代表不是利物浦和汉堡的那些风度翩翩的绅士（其商业财产是世袭而来的），而是曼彻斯特和西法利亚的那些多在非常普通的环境中靠个人奋斗而发财致富的暴发户。他们精打细算又敢想敢为、节制有度、讲究信用、精明

---

① 〔英〕邓肯·韦尔登：《英国经济史：200年的繁荣与衰退》，曾敏之译，中国科学技术出版社2023年版，第45页。

② Gorodnichenko, Y. and Roland, G., 2011, "Which Dimen-sions of Culture Matter for Long-Run Growth?", *American Economic Review*, 101（3）：492-498.

强干、全心全意地投身于事业中，并且固守着严格的资产阶级观点和原则。[1]

韦伯认为儒家思想是中国人集体主义观念的重要来源，其主旨在于被动地适应世界，因此在技术竞争方面可能会落败于西方发达国家。李约瑟认为儒家从本质上表现为一种保守的伦理观，由于过度关注人文主义而抑制了科学技术的发展。平民阶层如果想成为政府官员就必须熟悉儒家典籍，并通过科举考试，科举制度不仅抑制了商人的逐利行为，而且由于轻视工匠的地位导致技术难以改良。但是文化决定论在如下的历史事实面前就会不攻自破。

首先，被韦伯推崇的"资本主义精神"真的会对长期技术创新和经济发展产生根本性的影响吗？欧洲天主教与新教地区的经济发展都指出：无论是有宗教变革的地区，还是没有宗教变革的地区，都能经历相同的经济变化。思想信仰与经济变化之间的关联，实在非常复杂。[2]为什么同样受儒家伦理、文化影响的日本和中国在面临西方的经济和科技压力时会出现完全不同的反应？

其次，为什么中国在古代能够长时期超越西方，但在近代

---

[1] 〔德〕马克斯·韦伯：《新教伦理与资本主义精神》，林南译，译林出版社2020年版，第23~26页。

[2] 〔美〕王国斌：《转变的中国：历史变迁与欧洲经验的局限》，李伯重等译，江苏人民出版社2010年版，第27页。

却又落伍了？难道是中国的文化、意识形态、价值观念发生了变化吗？显然，历史实践表明中国的意识形态和文化影响在长期内保持相当的稳定性，也就是说由于其他更重要的因素的变化改变了中国社会的本质。

在儒家思想复兴的同时，宋代也涌现出一系列令人瞩目的科技成果．洪焕椿对宋代的科技成就进行了总结①，主要包括以下几个方面：在数学领域，发现了二项式定理中系数计算的基本规律，并探索出了二次方程的求根方法；在化学领域，探索出了用铁置换铜的方法；在建筑学领域，对建筑流程和工艺进行了总结；在医学和解剖学领域，对不同类型的创伤及其导致的死亡进行归纳总结，为医疗急救和法医勘验提供了文献支持；发明了一系列的实用技术，例如活字印刷术和水车等。

金观涛等对中西方科技发展史进行了比较研究，认为在公元前4世纪左右，中西方科技水平接近。在公元前1世纪左右，西方科技发展呈下降趋势，中国科技发展平缓上升。在4世纪左右，西方科技发展止跌回稳，中国科技发展水平仍然平缓上升。12到15世纪，西方科技上升速度明显增加，但仍未超越中国。从16世纪到19世纪，西方发生了科学技术革命，并开始在科学理论和技术等领域全面超越中国。②因此，如果儒家抑制技术创

---

① 洪焕椿：《十至十三世纪中国科学的主要成就》，《历史研究》1959年第3期。

② 金观涛、樊洪业、刘青峰：《历史上的科学技术结构——试论十七世纪之后中国科学技术落后于西方的原因》，《自然辩证法通讯》1982年第5期。

新的论断成立，那么无法解释中国科技曾领先西方1600年这样的客观事实。

（四）高水平均衡陷阱假说

中国古代就曾拥有极其辉煌的经济成就，据安格斯·麦迪森的统计数据，中国一直到19世纪20年代初期的经济总量都是全球第一，GDP总量超过全球总量的三分之一。可是根据1913年的统计数据，中国的人均GDP和GDP总量却与西欧远远拉开差距。

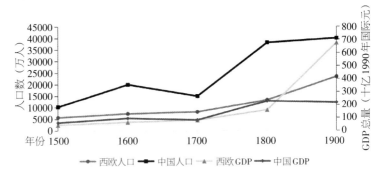

图4-1　中国与西欧历史比较：人口和经济总规模

资料来源：〔美〕安格斯·麦迪森：《世界经济千年统计》，伍晓鹰、施发启译，北京大学出版社2024年版。

一种观点认为，相较于欧洲，近代中国处于政府的高压管制之下，劳动分工受到人为束缚，国家可以肆意剥夺人民的私有财产，阻断了市场的自然发展，把资本主义萌芽扼杀在摇篮里。另一种影响比较大的解释是，中国出现了资本主义萌芽，却没有形成良好的市场经济制度，长久的"闭关锁国"将中国从前进的列车上甩掉。

在伊懋可看来，中国没有产生工业革命的原因不是资本不充足与市场受限，也不是政策缺陷与缺少大型的私有企业。这些几乎每一种常被历史学家们视为促使西北欧发生工业革命的基本要素，也都在中国出现了。17、18世纪中国的鲜明特征是人口膨胀造成的这种高水平的农作与运输技术和低水平的人均收入并存的局面。

由于许多环环相扣的原因，中国传统后期经济中的投入—产出关系几乎不可能通过内部力量发生改变。[①]在技术和投资两方面，中国农业的亩产量差不多已经达到其在没有工业—科学投入的条件下可能达到的极限。因此，人口的增加，使得超出满足糊口之需的农业剩余产品的数量也随之持续减少。除了满足糊口之需的那些产品以外，人均剩余产品的不断下降，当然也意味着对其他物品的有效需求也在不断地下降。近代以前的水运，也同样已接近其效率之巅，因此依靠削减运费来增加对于产品的需求，其可能性微乎其微。

传统后期的中国经济力量发展的方式，使得有利可图的发明变得越来越难。农业剩余产品递减，由此导致人均收入和人

---

① 〔英〕伊懋可：《中国的历史之路：基于社会和经济的阐释》，王湘云等译，浙江大学出版社2023年版，第312页。

均需求下降；劳动力越来越便宜，而资源和资本越来越昂贵；耕作与运输技术已高度完善，难以再做简单的改进。出于上述原因，农民和商人的理性经营策略，都更趋于以下倾向：与其节约劳动力，不如去节约资源及固定资本。中国巨大的但几乎是静态的市场，没有创造出那种生产体系中的"瓶颈"，而正是这样的"瓶颈"，最有可能会激发人们的创造灵感。

人口过多给中国人的生活造成了重压，使之处在保守政府的严格管制下静止不变，尤其是阻碍了技术进步。李约瑟曾审慎地考察了中国科学的发展历程，他评论说，中国的"有机的"世界观实际上倾向于今天的科学，与19世纪结束之前盛行一时的牛顿的机械主义世界观形成了对比，这种世界观构成了西方科学的根基。

然而非常奇怪的是，在中国，技术的发展跟不上科学的发展。出现这种状况的一个主要原因无疑是中国人力资源太过丰富。中国不必发明机器来节省人力：它是由地方性的人口过剩产生的贫穷的永久性受害者。[①]赵冈和陈钟毅也指出，明清以来，由于人口快速增长，人均耕地面积减少，虽然单位耕地面积的产量上升，但农业人口的平均产量却逐渐下降，农业的剩余粮食不足以支撑城市的发展，所以导致大城市的发展

---

① 〔法〕费尔南·布罗代尔：《文明史：人类五千年文明的传承与交流》，陆象淦、王淑英译，中信出版社2017年版，第215页。

停滞。①

表4-1　中国的人均可耕作土地面积（2—1887年）

年份	耕地面积（百万亩）	人口数量（百万）	人均耕地（亩）
2	571	59	9.68
105	535	53	10.09
146	507	47	10.79
976	255	32	7.97
1072	666	121	5.50
1393	522	60	8.70
1581	793	200	3.97
1662	570	72	7.92
1784	1776	268	6.63
1812	943	295	3.20
1887	1154	426	2.71

资料来源：〔英〕伊懋可：《中国的历史之路：基于社会和经济的阐释》，王湘云等译，浙江大学出版社2023年版。

立足伊懋可的理论，姚洋修正了伊懋可的高水平均衡陷阱，除考虑经济规模之外，亦加入了工业部门，进一步提出高水平均衡假说。他认为"中国之所以会陷入高水平发展陷阱中，是因为中国极高的人地比例导致了土地投资的回报高于工业投资的回报"②。另外，他还注意到了伊懋可没有提到的两个关键性

① 赵冈、陈钟毅：《中国经济制度史论》，新星出版社2006年版，第359页。
② 姚洋：《高水平陷阱——李约瑟之谜再考察》，《经济研究》2003年第1期。

的条件：一个是工业规模经济的存在，假如工业不存在规模经济，那么对于两个原始资本相同、农业技术水平一致，而仅是初始人口数目有差异的经济体而言，这两者在经济发展上最终会趋于动态一致；另一个则是人口增长处于马尔萨斯陷阱的边缘，假如人口增长脱离了马尔萨斯陷阱，那就代表着人口的增多会带动增长率的提升。换句话说，他认为，农业生产对工业部门并没有潜在的需求。

高水平均衡陷阱假说背后的理论基础乃是希克斯诱致性技术变迁理论。任何经济体系都不可避免地面临各种约束，包括制度约束、资源约束和技术约束。面对这些约束，人们的反应可以是"消极"的，即在约束不变的情况下进行最优化选择；人们的反应也可以是"积极"的，即不是被动地接受这些约束，而是试图通过自己的努力去削弱甚至消除这些约束。这样，高水平均衡陷阱假说的实质就是，面对人地比率约束，中国社会做出了消极反应，陷入了"内卷化"的泥潭；而欧洲社会则做出了积极反应，产生了技术进步和工业革命。

高水平均衡陷阱假说利用土地—人口—技术之间的内在经济关联解释了工业革命之后中国和西欧的经济发展分岔，但这种假说不能解释宋朝时疆域相对于唐朝的缩小及由此引起的人地比例恶化条件下，科技进步反而更加迅速的原因？另外伊懋可有关中国人口自唐宋以后线性增长的事实也与历史事实不符。事实上，如果按照中国的疆域变化来代替中国耕地面积的数据，那么高水平均衡陷阱就只能解释明清后半期的经济发展困境，却不能解释两朝中期以前的情形。

正如林毅夫所认为的，从剩余的多少来看，如果人均耕地越多剩余就越多，那么从2世纪直到10世纪人均耕地在减少，意味着剩余也在减少。如果剩余减少是导致技术变迁缓慢的原因，那么9世纪到10世纪的技术变迁速度应该比它之前的时期更慢。但是8世纪以后中国技术变迁的速度是不断加快的，所以这些资料与"高水平均衡陷阱"的逻辑推论不一致。到14世纪时，中国的科技创新速度日趋缓慢，耕地面积在这段时间内却在增加，剩余也在增加，这也与"高水平均衡陷阱"理论的推论不符。因此，从历史数据来看，"高水平均衡陷阱"理论与历史资料并不一致。[①]此外，这种假说从本质上看是一种资源和技术决定论，忽视了中国问题的制度重要性及与技术、资源之间的复杂性和相互交织的特征。

（五）其他流行假说

林毅夫从"技术发明方式的转变"这一视角重新探讨了"李约瑟之谜"。[②]不管在前现代社会或是现代社会，技术发明的机制本质上都是依靠"试错和改错"。在18世纪中叶工业革命以前，不管是在中国或是西方世界，新技术的发明一般来自直接

---

① 林毅夫：《解读中国经济》，北京大学出版社2014年版，第38页。

② 林毅夫：《李约瑟之谜、韦伯疑问和中国的奇迹——自宋以来的长期经济发展》，《北京大学学报》（哲学社会科学版）2007年第4期。

从事生产的工匠或是农民在生产过程中偶然的偏离常规方式的试错的结果而发现。到了18世纪的工业革命以后，技术发明首先转为发明家有意识的"试错和改错"的实验的结果。到了19世纪以后，发明家的实验则更进一步转为在现代科学引领下的实验。在工业革命前以工匠和农民的经验为主要来源的技术发明，是生产过程的副产品，而非发明者有意识的、具有经济动机的活动结果。其创新主要依据经验对现有技术作小修正而产生。

从概率的意义上讲，一个国家的人口规模越大，各类发明者"试错和改错"的实践经验越多，技术发明和创新的速度就越快，经济发展的水平也就越高。中国的人口总量自古以来一直远高于欧洲，这种人口数量使得中国在技术发明上具有优势，中国古代官员的流动、农书的印发、产品和劳动力的自由市场流通等先进的社会经济制度则间接加速了新技术扩散。中国因此维持了一千多年的领先于西方和世界各个文明的地位。但是这种以经验为基础的技术发明方式，随着技术水平的不断提高，技术发明的空间将会越来越小，技术创新和经济发展的速度不可避免地终将趋于停滞。

欧洲在前现代社会由于人口规模相对中国为小，工匠和农民的数量和相伴随的生产实践的经验也相对较少，因而在前现代社会的经验型技术创新中处于劣势。但是在15、16世纪的科学革命后，实验方法被广泛运用，"试错和改错"的次数不再局限于具体的生产实践，因而大大增加。更为重要的是，由于科学和技术的结合日益紧密，特别到19世纪中叶，科学已在技术发明中起到非常重要的作用，使得技术发明遭遇到瓶颈时，能够经由基础科学研究的努力，增加对自然界的认识，打破技术发明的瓶颈，扩展新技术发明的空间，而使得技术创新的不断加速成为可能。

熊秉元等从知识存量这一新视角重新讨论了"李约瑟之谜"。①自西汉开始，历代都有编修前代史书的传统，直至清朝，共有正史二十四部。"二十四史"是由官方专门的修史机构编修，其中的艺文志或经籍志记录了当时存录的文献，可以近似代表前朝显性知识的总体，而非随机抽得的样本，这是我们了解整个时代知识存量的可靠途径。二十四史中载有书目的正史共有六部，包含《汉书》《隋书》《旧唐书》《新唐书》《宋史》《明史》，以卷为单位统计各朝代的文献总量。

中国的知识存量从西汉至宋朝，即使人口数随着战乱影响有所增减，但书籍存量一直稳定增长。宋朝末年，虽然人口数相较于西汉末年仅增长约400万，但知识存量却达到顶峰，数量已为汉代的9倍。宋朝之后，人口大量增长，知识的总体增长不似宋朝鼎盛，知识存量不增反减。进一步根据书目中的分类，

① 熊秉元、叶斌、蔡璧涵：《李约瑟之谜——拿证据来?》，《浙江大学学报》（人文社会科学版）2018年第1期。

可以统计科技类文献的数量，并计算科技类文献的比例，即科技类书籍在经史子集所有书籍中所占的比例。

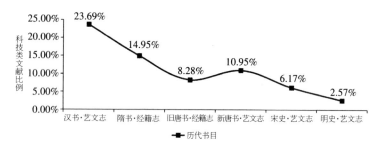

图4-2　历代科技类文献比例的变化趋势

　　图4-2显示，科技知识的比例从汉朝开始一直趋于下降，尽管《新唐书》中科技知识比例略有回升，但与汉朝和隋朝相比仍有明显的下降。从汉朝至宋朝，知识存量不断增加，但科技知识的比例不断下降。特别是宋代以后，知识存量与科技知识比例呈现同时下降的趋势，说明了宋代之后中国科技发展逐步停滞的史实，这与李约瑟之谜的时间点基本吻合。当中国处于宋、元、明、清停滞期的同时，西欧诸国历经文艺复兴、启蒙运动和工业革命而成为世界科技知识的创新中心。尤其是在工业革命后，知识体系发生了质变，中西知识彻底分流。

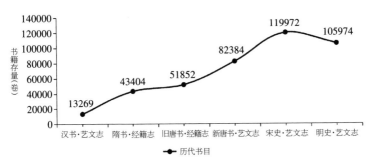

图4-3 历代书籍存量的变化趋势

艾伦将高工资和低能源价格的经济因素作为驱动技术创新动力，由此导出工业革命的致因。他明确说："如果我们对比当时主导经济体中工资率和能源价格，就容易理解为什么工业革命发生在18世纪的英国。通过比较，不列颠明显是一个高工资、廉价能源经济。"①这两个因素在经济运行中发生的相互作用创造了技术创新的动力。由于高工资和低煤价的特点，英国的生产者愿意更多使用煤炭燃料、少使用劳动进行生产，或者说的范围更广些，更愿意多用资本而少用劳动。

由此，对能源利用技术的需求最终"导致了18世纪的技术突破"，最突出的代表就是蒸汽机的不断改进。出于相同的理由，纺纱机和动力纺纱技术也得到改良和发明。一场利用煤的技术革命引发了工业革命。2011年，罗伯特·艾伦又发表论文

---

① Allen, R. C., 2015, "The High Wage Economy and the Industrial Revolution: A Restatement", *Economic History Review*, 68（1）：1-22.

对自己的观点进行了新的集中阐释，开宗明义道："经济刺激的重要性是工业革命的一个原因，工业革命的本质是新技术。"[①]

此外，还有蔡昉将李约瑟之谜定位在"马尔萨斯贫困陷阱阶段"的关键环节，认为能够诱致出不同资本积累激励机制的制度差异是引起中西方技术水平与人均收入分化的根本原因。[②]皮建才认为权威委托机制的失灵是中国失去工业革命机会的原因。[③]韦森基于斯密的分工理论，认为晚清帝国经济发展的停滞是在巨大的人口压力下的制度内卷、市场分工无力深化、科技发展缓慢，以及社会腐败等诸因素相互作用的一个必然结果。[④]背后的逻辑在于技术的发展、交通技术的改进，降低了全世界进行劳动分工的交易成本，但如果没有不同国家、组织进行相应的制度协调、磨合、接触、合作，就不可能有世界范围内市场的扩张，世界范围的劳动分工和生产专业化就不可能得到如此迅猛的发展。

[①] Allen, R. C., 2011, "Why the Industrial Revolution was British: Commerce, Induced Invention, and the Scientific Revolution", *Economic History Review*, 64（2）：357-384.

[②] 蔡昉：《理解"李约瑟之谜"的一个经济增长视角》，《经济学动态》2015年第6期。

[③] 皮建才：《权威委托机制与李约瑟之谜：基于文献的批判性思考》，《经济科学》2009年第6期。

[④] 韦森：《斯密动力与布罗代尔钟罩——研究西方世界近代兴起和晚清帝国相对停滞之历史原因的一个可能的新视角》，《社会科学战线》2006年第1期。

陈平则是构建了一个由地理、文化、经济等多维动态过程组成的耗散结构系统理论框架，利用"环境涨落—农业经济结构变迁—技术结构变革"的演化机制解释李约瑟之谜。[①]汪川和赵亚奎则在盖勒的统一增长理论框架下，着重刻画了马尔萨斯阶段"人口数量—技术进步—收入分流"的动态影响机制，进一步追溯了制度、地理等因素通过人力资本积累、技术进步对收入分流可能产生的间接影响。从土地分配制度、政体形式抵制人力资本投资与工业技术形成的角度解释了近代技术停滞现象。[②]

而在布罗代尔看来，"在西方之前很早的时候，中国就已以优雅和先进的形式掌握了科学的基本原理，但没有达到决定性的阶段，因为她从未出现激励欧洲向前的经济动力，即那种资本主义张力，它在赛跑的最后，或者在赛跑过程中，使欧洲能够迈过具有决定意义的门槛。那种激励，随着中世纪大型商业城市的产生，尤其是自16世纪起，早就为人感受到了"[③]。整个欧洲的力量，物质和精神的力量，合在一起造就了这一发展，这是在一个文明充分成熟并充分认识到它所担负的责任时采摘

[①] 陈平：《文明分岔、经济混沌和演化经济动力学》，北京大学出版社2004年版，第248~254页。

[②] 汪川、赵亚奎：《重视"李约瑟之谜"："统一增长理论"的视角》，《经济学动态》2011年第12期。

[③] 〔法〕费尔南·布罗代尔：《文明史：人类五千年文明的传承与交流》，陆象淦、王淑英译，中信出版社2017年版，第392页。

下来的文明的果实。

二、李约瑟之谜的新解答：基于生产力变迁

（一）农业生产力：小农经济的保守与缺乏创新

中国是一个农耕文明的国家，农业成为中国古代的经济基础和命脉。因此中国古代的科技大部分都是在为农业服务，如研究天文是为了制定历法，制定历法是为了掌握耕种的时节，研究数学是为了更好地计算土地面积和粮食的产量。中国古代的农学十分发达，中国历朝历代都有农书问世，如西汉的《氾胜之书》，北朝的《齐民要术》等。然而农业技术的发展很难会取得大的突破，以农业为基础的科技也不会取得大的成就。如南北朝出现了耕耙耱技术，唐代后期出现了曲辕犁，到现在依然还在使用。

漆侠认为我国封建时代的社会生产的发展，大体上经历了两个马鞍形的过程，且宋代是最高峰。①自春秋战国之交进入封建制后，社会生产力由于基本上摆脱了奴隶制的桎梏，因而获得了显著的发展，到秦汉时期便发展到了第一个高峰。魏晋以

---

① 漆侠：《宋代社会生产力的发展及其在中国古代经济发展过程中的地位》，《中国经济史研究》1986年第1期。

降，社会生产力低落下来，到唐有所恢复、回升，从而形成第一个马鞍形。在唐代经济发展的基础上，宋代社会生产力以前所未有的速度迅猛发展，从而达到了一个更高的高峰。元代生产急剧下降，直到明中叶才恢复到宋代的发展水平，这样便又形成了第二个马鞍形。从明中叶到清初，社会生产虽有所发展，但在一定程度上显现了迟缓和停滞，从而展现了中国封建制的式微和衰落。

在小农经济发展模式下，单家独户的生产方式无法从底层诱导出农业范围以外的资本积累动机，资源在农业领域的优先配置阻塞了工商业资本积累的规模报酬激励通道。在这一大环境下，农户具有自发抵制脱离土地、依赖规模生产、高成本技术变革的倾向。明清时期农户对丝业织机的持续排挤就引发了传统丝业的没落。官僚阶层借助官营、禁令政策能够直接控制创造发明、经验技艺的潜在收益，人为切断技术变革纵向累积与横向联动的环节。①

欧洲则是和中国走上了截然不同的技术创新之路。黑死病的肆虐让欧洲人开始寄希望于通过机械发明来节省劳动力；而在中国，小规模、低成本的技能密集型技术不断传播、改进，让中国在几个世纪中保持经济稳定增长。生产中心区日益增长

① 王津津、任保平：《重释李约瑟之谜：经济转型路径演化视角下的兴盛与衰落》，《经济学家》2016年第6期。

的人口压力使大量贫穷的移民前往山区或外省寻找无主的土地。在这种情况下，用机器代替人力是没有意义的，最佳策略是让人们习得当下最好的小规模农业和制造技术。①

小农经济下，自耕农缺乏农业科技创新的条件。我国传统农业采取小家庭生产模式，以家庭为生产、生活的主要单位，一家一户分散经营，农民日常劳作十分辛苦，《汉书·食货志》记载："今农夫五口之家……春耕夏耘，秋获冬藏，伐薪樵，治官府，给徭役。春不得避风尘，夏不得避暑热，秋不得避阴雨，冬不得避寒冻。四时之间，无日休息。"然而自耕农虽如此辛劳，亦难逃"豪富兼并，贫者失业"的命运。这说明小农经济模式下的农民虽终日劳作，但大多时候都只能解决温饱问题，有时甚至连温饱也难以满足。

同时小农经济具有自给自足的特点，不需要和外界进行交流，因此相对封闭。这个特点阻碍了农业技术和手工业技术之间的互动，导致中国的科技相对零散，难以成为体系。同时，小农经济的自足性也是明清时期采取"海禁"和"闭关锁国"的根源所在。英国的马戛尔尼使团访华的时候，乾隆曾说："我中原数万里版舆，百产丰盈，并不借资夷货。"这样闭门造车的政策最终造成了中西科技文化交流中断，加速了中国科技的

①〔英〕阿诺德·佩西、〔英〕白馥兰：《世界文明中的技术》，朱峒樾译，中信出版社2023年版，第356页。

落后。

我国古代同样缺乏农业科技创新的社会群体。一方面，我国古代国家统治者虽然重视农业生产，但多是停留于"劝课农桑"等政策鼓励层面；朝廷设置的农官也多是停留于"督课农桑"的角度，总体而言，国家决策层对技术工具的革新关注略显不足。另一方面，我国古代贫者为衣食所累，没有时间和精力去从事农业技术创新；而尚能满足基本生活需求的农耕家庭则强调"学而优则仕"，投入大量时间在四书五经上，鲜有直接从事农业生产者，遑论农业创新。

小农经济的保守性也是科技落后的一个根源。当生产力基本还停留在农耕文明时代的时候，通过经验得到的技术是可以满足人类的基本生产和生活需求的。但是这种经验始终无法将技术水平提高到一个新的高度，因为缺乏科学理论的指导。对于统治者而言，降低结党营私、勾结倭寇等分权风险远比发挥航海领域的技术优势更为紧迫。在工业革命后，西方国家的科学理论和技术紧密地结合在了一起，科学转化为生产力的速度空前加快了，因此科学成为第一生产力。

在18世纪，清朝统治者仍坚持一种农业的理想模式。这种理想模式出于一种美好的幻想：乡村居民勤力耕作，安居乐业；财富来自土地，由人与上苍共同分享；男耕女织的观念，唤起了一种和平安定、自给自足的感觉；繁荣兴旺表现为人口数量的增加，所有的人都能吃饱穿好；人人生活俭朴，较之财富分配不均更为可取，也更少危险性；大肆炫耀财富通常受到谴责，富人在道义上有义务帮助穷人，以避免过于偏离自给自足的理想模式。

加州学派的王国斌认为，"中国与欧洲历史变化的动力，包含着相同与相异之处，进而形成变迁的多重轨迹。中国与欧洲在工业化以前的时代有重要的相似性，即其经济发展的基础在于斯密型动力，包括愈来愈多的农村工业、生产力较高的农业以及扩大了的商业网络。这些相似点的存在，打破了以往那种把欧洲经济变化及中国经济停滞所作的简单对比"①。

农业经济向工业经济的转型既不存在欧洲中心论调下的西方最优路径，也不存在中国式的"历史遗产诅咒"，李约瑟之谜暗含的众多差异性表现无非是多样性路径选择下的副产品。如果说外部冲击能够创造经济转型的机遇，那么由系统内部制度、技术、结构层面的"历史依赖"与"策略构建"力量则构成实现这一"惊险跨越"所必需的回应、调整与创造冲动。

（二）工业生产力：技术创新范式的改变

在欧洲科学革命真正掀起之前，培根创立了实验科学，认为归纳法是获得普遍性原理的主要方法，而笛卡尔则认为演绎和推理是唯一正确的认识方法，通过思考，能发现理性上可认

---

① 〔美〕王国斌：《转变的中国：历史变迁与欧洲经验的局限》，李伯重等译，江苏人民出版社2010年版，第233页。

识的任何事物。他们为科学发现准备了思想和理论上的武器。牛顿在多个科学领域做出了贡献，不过他最重要的贡献是在其《自然科学的数学原理》中论证的万有引力定律。这个定律的意义在于它是一个可以适用于整个宇宙并且可以从数学上证实的科学定律。这个定律为后来各种机械的发明和使用奠定了科学基础。

18世纪初叶，美国的本杰明·富兰克林建立了电学理论。这个时期博物学的发展，使得人们对自然界有了更加全面地了解，建立起了植物学和动物学。在19世纪的前半个世纪中，化学取得了巨大的进步。这个时期还诞生了法国的洛朗·德·拉瓦锡、英国的约翰·道尔顿等一大批杰出的化学家。他们的工作使得人们对自然界的认识大幅提升，从元素和原子的层次理解了物质的构成，其研究成果大大推动了化学工业的发展和药物的发明。

这个时期的另一个伟大科学发现是从法国的让·巴蒂斯特·拉马克开始，到英国的查尔斯·罗伯特·达尔文和阿尔弗雷德·拉塞尔·华莱士，在18世纪中叶最终完成的生物进化和自然选择理论。这一时期科学革命的特点是，人类对物质世界的认识，从物体的外表进入了物质的内部，分子理论和原子理论成为我们理解物质的基础。物理学和化学的基本原理成为当时所有技术进步的基石。科学成为工业发展的主要推动力，同时成为人类社会发展的主要推动力。

可以这么说，从 16 世纪开始到 19 世纪中叶，在欧洲，科学家在天文学、物理学、化学和生物学等各个领域中各自实现了巨大的进步，使得人类对自然界和人类自身的认识得到了极大的深化。这些科学领域的发展，为技术的发展提供了理论原理，极大地推动了技术的发展。1769 年，英国的瓦特改进了蒸汽机，并在采矿、纺织和运输等行业得到广泛应用，这是科学和技术共同推动完成的一个伟大发明，完全改变了人类对生物动力的依赖。1866 年，德国人维尔纳·冯·西门子发明了发电机，1879 年，美国人托马斯·爱迪生研究成功具有实用价值的电灯，1888 年，美国人尼古拉·特斯拉发明了交流电动机，19 世纪 90 年代电流的远距离传输得以实现。在 18 世纪初叶发明的内燃机到 19 世纪后期已经得到很大程度的完善。

上述各项发明使工业获得了比蒸汽机更为便利的非生物动力，进入了电气时代和内燃机时代。这一时期的另一个重要发明是，信息的传递更为快捷。1844 年美国人塞缪尔·莫尔斯发出了第一份电报，1876 年美国人亚历山大·贝尔发明了电话，使得人们可以在瞬息之间将信息传递到万里之外，这种便利使得运输业、工业和金融业的发展如虎添翼。在这一阶段的后期，工匠的发明已让位于科学家的研究，代表着科学真正站上了历史发展领导者的地位。

科学革命的成果通过技术革命为工业的发展服务，帮助工业解决了其所遇到的各种困难。科学深刻地影响了人类对生活资料的生产和利用，建立起了现代大工业，极大地推动了人类社会的物质生产。以最先开始科学革命的英国为例，"直到16—17世纪，英国还是一个封建农业国，甚至从世界范围看还属于一个边缘性农业弱国。……但自进入18世纪，尤其是18世纪下半叶至19世纪上半叶，英国发生了生机勃勃的新产业革命即工业革命。工业革命首先从毛纺织业开始，推进至丝纺织业、棉纺织业，然后迅速推进到交通、采矿、冶金、建筑、制造等各个工业部门，工业的经济地位迅速超越了农业，英国成为世界上第一个迈入工业化的国家。到1860年，英国的人口虽然仅占世界人口的2%，但英国的钢铁产量占全球产量的53%，煤产量占全球产量的50%，原棉产量占全球产量的近一半，贸易量占全球贸易量的20%，拥有全球1/3的船舶和40%~45%的工业生产能力，成为名副其实的世界工厂"[1]。生产和贸易的发展，更直接的影响就是英国民众的生活水平有了极大的提高。

　　人们对物质世界本质认知的重大进步，往往会引起社会生产方式和生活方式的巨大改变，引发新的技术和产业，即引起物质生产技术的重大进步和诞生全新的产业。从量的积累到局部质变再到整体质变，属于每个时代和发展阶段的新质生产力都不可能瞬间达成。西方在18世纪和19世纪以后，每当遇到技术发明瓶颈的时候，可以通过对基础科学进行投资的方式来克

---

[1] 韩民青：《18世纪英国产业革命的若干启示》，《理论学刊》2024年第7期。

服这种瓶颈，使技术发明可能曲线不断右移，开发出新的技术发明空间。[1]天才头脑中的想法、科学家实验室里的试验、工程师绘制的图纸、工厂车间里的样机等，和社会生产力的质变还隔着很长的距离。

新质生产力造成的"创造性破坏"强调的只是新旧技术和新旧部门之间更替互斥的一面，但是新质生产力还包含了新旧技术和新旧部门之间互补融合的一面，这是由通用技术的基本特点决定的。新的通用技术转化为新质生产力，需要经历一个持续扩散、不断改进的渐进的过程才能实现。[2]

正是依靠新的观察手段、研究方法和数学工具，建立了化学、物理、生物等科学知识体系。这次科学革命为人们带来了新的机械、新的能源（包括蒸汽和电力），提供了机械化和自动化的工具及新的生产技术，形成了多次技术层面的革命，催生了多种全新的行业，再一次极大地提升了人们的生活质量，也从根本上改变了人类社会的生产组织形式，诞生了资本主义和社会主义等前所未有的政治、经济制度，建立起人类历史上的工业文明。[3]

---

① 林毅夫：《解读中国经济》，北京大学出版社2014年版，第47页。

② 方敏、杨虎涛：《政治经济学视域下的新质生产力及其形成发展》，《经济研究》2024年第3期。

③ 刘民钢：《人类历史上的三次科学革命和对未来发展的启迪》，《上海师范大学学报》（哲学社会科学版）2018年第6期。

三、他者镜像：西方中心论视角下的"欧洲奇迹"

（一）话语主导：历史解释权的争夺

欧洲的崛起触发了一场激烈的权力竞争，同时也是一场历史解释权的竞争。正如弗兰科潘所讲的，"伴随着资源和海上通道主宰权的争夺，人们也在重新强调某些可用于意识形态斗争的历史事件、思想和观念。重要政治人物和身着托加长袍的将军塑像被频频竖起，他们看上去都像是历史上的古罗马英雄；具有古典风格的辉煌建筑被不断兴建，象征着自己与古代世界的荣耀一脉相承。历史被扭曲、被利用，人们制造出一种假象，似乎西方的崛起不仅是自然天成、无法避免，而且是由来已久、顺势延绵"①。

在"西方中心论"的预设视角下，大多数的论者对李约瑟之谜的讨论都带有或多或少的"西方中心论"色彩，也就是很多的学者都在中国历史发展的长河中寻找不同于西方的因素，似乎那就是中国在14世纪以后落伍的根源所在。就像王国斌尖锐指出的，"他们都重在研究西方政治的不同传统，而将中国经

①〔英〕彼得·弗兰科潘：《丝绸之路：一部全新的世界史》，邵旭东等译，浙江大学出版社2016年版，第6页。

验置于一种次要的地位，着眼于中国经验是否符合西方，而非中国的实际。中国学者习惯于探寻中国与欧洲的不同之处，将此作为中国的失败（如在民主制方面）或无能（如在西方式的财政活动方面的表现）"①。正是有着这么一种理论预设，韦伯就认为中国缺乏新教伦理和资本主义精神（中国的儒家学说与此相悖），因而是中国在 14 世纪以后落伍的原因；中国缺乏政府对经济的支持，几千年来中国政府重农抑商、商人阶级地位低下；中国的地理地形造就了大一统的局面，不利于内部的竞争等。

斯特恩斯等人在《全球文明史》一书中，更是将欧洲主导世界进程的时段延伸至整个"漫长十九世纪"，1750 年到 1918 年间，发展中的欧洲帝国主义主导了世界历史的进程。在这期间，西方文明，包括北美大部分地区和西欧，经历了以新技术和新能源改变基本生产方式的工业革命。欧洲在世界经济中的主导地位已经势不可挡。与西方列强在陆地上的势力受到限制的现代早期不同，在这个时期，不再有哪个地区能够逃避欧洲或美国大举渗透的可能性。先前靠加强内部政治统一来抵制西方影响的非洲，这时被切割成一块一块的殖民地。新的西方霸权还表现为向中国和奥斯曼帝国等还没有成为殖民地的区域进

---

① 〔美〕王国斌：《转变的中国：历史变迁与欧洲经验的局限》，李伯重等译，江苏人民出版社 2010 年版，第 91 页。

行日益增强的商业渗透。最后，西方霸权还表现在，它要在各个文明中找到一些领导者来决定哪些西方制度和价值应该被模仿和怎样进行模仿。①

从当下的现实来看，西方中心论并没有消失，而是以一种新的包装继续影响西方对近代以来世界各国历史的解读，也深刻影响了非西方社会政治及知识精英的自我认知。其与二战前的西方中心论的最大不同在于，旧论认为只有欧洲人或者他们在欧洲之外的分支才有能力创造文明，并享有主权国家所应有的一切；新论则断称，欧美国家走过的路和代表的进步方向，适用于一切非西方国家——此即20世纪50至70年代盛行一时的"现代化理论"。②这种理论之所以是欧洲中心论的改头换面，是因为它把二战后欧美国家尤其是美国所流行的政治经济和社会制度，视为世界其他国家都应该效仿的样板。

马克思恩格斯早已反对在研究各民族发展道路问题时"使用一般历史哲学理论这把万能钥匙"，因为"极为相似的事变发生在不同的历史环境中"会引起"完全不同的结果"，他们主张"把这些演变中的每一个都分别加以研究，然后再把它们加以比较"，以便"找到理解这种现象的钥匙"。③1893年5月11日，恩

①〔美〕皮特·斯特恩斯等：《全球文明史》，赵轶峰等译，中华书局2006年版，第635页。

② 李怀印：《欧洲中心主义万变不离其宗》，《历史评论》2022年第4期。

③《马克思恩格斯文集》（第三卷），人民出版社2009年版，第466页。

格斯在对法国《费加罗报》记者的谈话中指出："我们是不断发展论者，我们不打算把什么最终规律强加给人类。"①党的二十大报告深刻指出："中国式现代化，是中国共产党领导的社会主义现代化，既有各国现代化的共同特征，更有基于自己国情的中国特色。"②

世界上没有任何两个国家的发展进程是完全相同的，每一种类型都有多种发展模式和实现方式，都是适合一定历史发展阶段、一定生产力发展水平的产物。在国外理论界始终存在一种观点，认为中国的成功不过是复制了20世纪60年代末至90年代日本及亚洲四小龙（韩国、新加坡、中国台湾、中国香港）的发展模式，本质上对拓展现代化路径并无独特贡献。这一论调试图否定中国式现代化对世界发展尤其是后发国家的巨大引领作用，本质上是对发展的主导权、话语权、解释权的垄断和争夺。如果我们不加以辨别，不给予纠正，就极容易陷入国外势力精心构建的理论陷阱之中，陷入国际舆论上的被动境地。③

①《马克思恩格斯文集》（第四卷），人民出版社2009年版，第561页。

② 习近平：《高举中国特色社会主义伟大旗帜 为全面建设社会主义现代化国家而团结奋斗——在中国共产党第二十次全国代表大会上的报告》，人民出版社2022年版，第22页。

③ 兰洋、王名扬：《中国式现代化对东亚现代化的超越及图景开创》，《理论探索》2022年第6期。

习近平指出："世界上没有纯而又纯的哲学社会科学。"①不论是西方主流经济学，还是中国经济学，都是在回答和解决各自所面临的社会重大问题时总结出来的。在肯定西方主流经济学为我国经济学研究提供了诸多可参考借鉴的研究方法和工具的同时，我们依旧要保持清醒的认知：西方主流经济学思潮是西方资本主义历史、经验的学理化和抽象化，它始终将捍卫资本主义生产方式和资本主义私有制作为理论立场。②习近平强调："我们要立足我国国情和我们的发展实践，深入研究世界经济和我国经济面临的新情况新问题，揭示新特点新规律，提炼和总结我国经济发展实践的规律性成果，把实践经验上升为系统化的经济学说，不断开拓当代中国马克思主义政治经济学新境界。"③因此，建设具有中国特色、中国风格、中国气派的中国自主的经济学知识体系是当代中国经济学学者的重要任务和使命。

随着中国的崛起，中国经济学也发展到需要原创理论与自主知识体系的全新阶段，构建中国经济学话语体系不仅是中国自身发展的需要，而且是时代的呼唤。但是当前中国经济学理

① 习近平：《在哲学社会科学工作座谈会上的讲话》，《人民日报》2016年5月19日。

② 周文、司婧雯：《中国自主的经济学知识体系：渊源、新议题与新方向》，《河北经贸大学学报》2023年第2期。

③ 习近平：《不断开拓当代中国马克思主义政治经济学新境界》，《求是》2020年第16期。

论研究进展与经济发展实践显得不太相称，政策—实践话语与学术—理论话语之间仍有割裂。中国经济学创新发展的基础还比较薄弱，对重大现实问题的研究也不够深入，特别是一些学者习惯于从西方经济学理论出发来分析研究中国经济问题，经济学发展还不能充分满足新时代我国经济高质量发展的要求。中国经济学也不能仅停留在抽象概念分析上，而要直面现实经济问题，成为学以致用的经济学科。①而且，中国经济学理论的创新和发展不是自发完成的，这需要无数经济理论工作者进行不懈探索、付出巨大的努力，致力于推进新时代重大理论和实践问题的研究，不断形成更为学理化和系统化的自主知识体系。②

用西方现代化理论的概念工具强行解释中国的现代化实践，存在着概念移植与概念误用的情形，缺乏必要的解释力与说服力。概念与理论是认识世界、把握世界的重要方式，理论只有正确解释实践才具有生命力。习近平明确指出："要加快构建中国话语和中国叙事体系，用中国理论阐释中国实践，用中国实践升华中国理论，打造融通中外的新概念、新范畴、新表述，

---

① 周文、唐教成、杨正源：《新时代以来中国经济学研究的概况、总体性判断与展望——基于经济学代表性期刊的文献计量分析》，《科技与出版》2023年第11期。

② 周文：《中国经济发展的伟大成就与经济学自主知识体系》，《江汉论坛》2023年第6期。

更加充分、更加鲜明地展现中国故事及其背后的思想力量和精神力量。"①在2023年6月的文化传承发展座谈会上的讲话中，习近平更是对当代哲学社会科学学者们寄予厚望："立足中华民族伟大历史实践和当代实践，用中国道理总结好中国经验，把中国经验提升为中国理论，既不盲从各种教条，也不照搬外国理论。"②

历史证明，社会变革的时代也是哲学社会科学变革的时代。人类社会发展的每一次重大跃迁，哲学社会科学都发挥着重要的引导作用。当前，人类社会正面临着"世界怎么了""人类向何处去"的世界之问和时代之问，亟待哲学社会科学从理论上进行深入探索。这为中国哲学社会科学的发展提供了时代契机和动力源泉。构建中国特色哲学社会科学归根结底在于构建中国自主的知识体系。中国自主知识体系的构建关键在于坚持马克思主义在意识形态领域的指导地位，不断推进马克思主义中国化时代化。

唯物史观是马克思的重要发现之一，生产力概念是唯物史观的重要范畴。在唯物史观的视域下，生产力是历史的、具体的、有条件的，随着现实的发展不断变化。新质生产力的提出正是在新一轮科技革命和产业变革的背景下，对马克思主义生

---

① 《习近平在中共中央政治局第三十次集体学习时强调 加强和改进国际传播工作 展示真实立体全面的中国》，《人民日报》2021年6月2日。

② 习近平：《在文化传承发展座谈会上的讲话》，《求是》2023年第17期。

产力理论的传承与发展，是中国特色社会主义政治经济学的重要组成部分。同时，这一概念是中国提供的重要的全球知识公共产品，为人类哲学社会科学的发展提供了中国话语、中国概念，是中国文化自信和文化自觉的生动体现。

新质生产力的提出，为我们推进和构建中国话语和中国理论提供了很好的示范。这一理论把马克思主义生产力理论与当代中国经济发展的实际相结合，深刻总结我国生产力发展的实践经验，把握世界生产力发展的客观规律，从实际出发进行理论总结、理论创新，不仅为推进中国式现代化提供了理论指导，而且具有重大世界意义。①

推进中国式现代化，最根本的是要实现生产力的现代化。加快形成和发展新质生产力，不仅有助于中国发展，也将为世界经济复苏和增长注入更多更强动力，为发展中国家实现现代化树立典范，使新质生产力理论成为引领世界发展的中国理论。我们用几十年的时间走完了发达国家几百年走过的发展历程，我国经济发展进程波澜壮阔、成就举世瞩目，蕴藏着理论创造的巨大动力、活力、潜力，要善于从我国丰富实践中提炼和升华理论，加快构建中国特色哲学社会科学，推动马克思主义理论的创新发展。

---

① 周文：《加快发展新质生产力的理论意义》，《红旗文稿》2024年第7期。

（二）揭开历史真相：西方国家生产力如何提高

经济学理论界一直有一种自由市场的神话：欧美国家走向发达完全是自由市场作用的结果，而政府在这一过程中仅起到"守夜人"的作用。因此，欧美国家是不存在产业政策的，其产业结构调整与转型升级都完全依靠自由市场机制。事实果真如此吗？针对这个问题，马克思早在《资本论》中就指出："18世纪的进步表现为：法律本身现在成了掠夺人民土地的工具，虽然大租地农场主同时也使用自己独立的私人小手段。这种掠夺的议会形式就是'公有地圈地法'，换句话说，这是地主借以把人民的土地当作私有财产赠送给自己的法令，是剥夺人民的法令。"[1]这从根本上揭示了资本主义制度的诞生就离不开政府力量这一本质。

历史不断地证明并将继续证明，产业政策在一国生产力提高过程中占据重要地位并构成政府开展经济治理的重要篇章。当今发达国家过去常常采用出口补贴和出口退税的方法来刺激出口并提供产业补贴，启动各种政府投资计划，尤其注重对基础设施及制造业进行补贴和政府投资。[2]使工业革命在英国、美国、法国、德国、日本、韩国、新加坡，以及许多其他地方成为可能的，并不是纯粹的自下而上的颠覆性制度变革，来支持

---

① 《马克思恩格斯全集》（第44卷），人民出版社2001年版，第832页。

② 〔英〕张夏准：《富国陷阱：发达国家为何踢开梯子？》，肖炼等译，社会科学文献出版社2009年版，第18页。

现代金融体系，而是自上而下的改良性政策调整，来通过"原始积累"支持原始工业萌芽和轻工业，并借由政府高度集中的统一权力和钢铁意志来支持全球商业市场的创造和与外国制造业的竞争。①

一个好的产业政策措施能防止失败的项目无休止地攫取社会资源，必须保证它们能及时被清除出补贴清单。在这里政府部门需要做的不是挑选优胜者，而是发现失败者。②正如《赶超：产业政策与强国之路》一书指出，西方经济腾飞没有产业政策是神话。③例如，在英、德、美三国工业化进程中，各国政府在对外层面均采取了积极进取的政策。保护主义在英国保护国内的棉纺织业的过程中扮演了重要角色。到 17 世纪末，由于棉纺织品进口和国内棉花产业都在扩张，欧洲的毛纺织和亚麻制造商纷纷向政府施压，要求保护他们免于与新崛起的棉产品制造商及来自印度的棉布的竞争。纺织业是欧洲最重要的制造业：棉纺织品的进口和生产给这个行业带来的混乱似乎威胁了纺织业的利益，并危害了社会稳定。

1685 年，英国对"所有印花棉布、印度亚麻及所有印度制

---

① 文一：《伟大的中国工业革命：发展政治经济学一般原理批判纲要》，清华大学出版社 2016 年版，第 138 页。

② 〔土耳其〕丹尼·罗德里克：《一种经济学，多种药方：全球化、制度建设和经济增长》，张军扩等译，中信出版社 2016 年版，第 101 页。

③ 周文：《赶超：产业政策与强国之路》，天津人民出版社 2023 年版，第 23 页。

造的丝绸制品"征收10%的关税。1690年，关税增加了1倍。1699年的《羊毛法案》禁止进口来自殖民地的羊毛制品，从而挤垮了爱尔兰具有竞争力的羊毛产业。1700年，英国禁止进口优质的印度棉制品（印花衣服），随后这个世界上最富效率的棉制品部门衰落了。1701年，议会规定进口印花棉布为非法行为，只能进口白棉布到英国来进一步加工，这极大地推动了英国棉布印染业的发展。1721年的一项法令甚至禁止人们穿着来自印度的白布染成的印花棉布的衣服。最终，售卖印度棉布完全成为非法行为。[①]到1873年，在印度棉纺织业全军覆没60年以后，大约有40%～45%的英国棉纺织品出口到印度。

美国的发展历史同样如此。为了建设一个世界领先的国家，汉密尔顿和杰斐逊等美国开国元勋可谓是不遗余力。汉密尔顿将建设一个强大的中央政府作为他的施政理想，他希望一个强大的政府能为国家的工业化提供支撑。1806年，时任总统的杰斐逊还是建议用国会财政盈余来改善美国的道路、隧道、河流、教育，及其他有助于美国繁荣和统一的重要根基。

正是一系列金融信贷、基础设施、关税保护、公民教育到工业制造的产业政策，为19世纪美国产业的快速发展创造了前提和条件。以美国的幼稚工业产业保护为例，正是由于美国政

---

① 〔美〕斯文·贝克特：《棉花帝国：一部资本主义全球史》，徐轶杰等译，民主与建设出版社2019年版，第49页。

府实施的关税保护——1820年至1931年美国的平均关税税率达
到了35%～50%，才使得美国的幼稚工业产业得以生存、战略
产业得以不断发展起来。①而基于对幼稚工业产业的保护性关
税、国家银行、国家基础设施投资的国家经济发展模式，被后
世的经济史学家们称为"美国体制"②。

关于美国经济起飞阶段的关税保护的重要性，美国前总统
威廉·麦金利（1897年至1901年任职）指出："我们成了世界
第一大农业国、矿产国与工业生产国，这一切都源于我们坚持
了几十年的关税保护制度。"③事实上当在二战以后，美国的工
业霸权地位已无可挑战时它才最终实施贸易自由化，开始其自
由贸易之路。然而应当指出，美国实践自由贸易的程度从未达
到英国在1860—1932年的水平。美国从未像英国那样实行过零
关税制度，而在使用"隐性"的贸易保护主义措施方面却更加
积极。这些"隐性"的贸易保护主义措施包括：自愿出口约束、
《多种纤维协定》下的纺织品和服装配额、农产品保护与补贴和
单边贸易制裁。

竞争优势离不开研发与创新，而研发创新活动的主体是高

---

① 〔英〕张夏准：《富国陷阱：发达国家为何踢开梯子？》，肖炼等译，社会
科学文献出版社2009年版，第17页。

② 贾根良：《国内大循环：经济发展新战略与政策选择》，中国人民大学出
版社2020年版，第46页。

③ 〔美〕托马斯·K.麦克劳：《现代资本主义：三次工业革命中的成功
者》，赵文书等译，江苏人民出版社1999年版，第345页。

质量的人力资源或高素质的劳动者。研究表明，社会劳动者的平均受教育年限与创新绩效呈现显著正相关，这意味着人力资本积累程度越高，创新出现的概率就越大。高质量的劳动力再生产离不开教育的普及，事实证明，政府对公共教育与职业技能培训的大力支持与财政投入，是降低全社会教育成本、提高平均受教育年限最为有效的手段之一。

在建立国家创新体系、打通产学研创新通道方面，依靠政府对社会资源进行组织和分配比市场自发组织的效率更高。对美国创新体制的研究表明，政府在生产性投资和创新活动中可以作为创新活动不确定性和风险的承担者，塑造和创造新的市场，引领私人企业的创新浪潮。因此，不论是促进科学技术创新转化为生产力和产业竞争力，还是构筑国家创新体系引导社会资源投入研发领域刺激创新活动，产、学、研一体化始终需要政府扮演规划者的角色、发挥引领作用，确保减少社会资源的浪费，从整体上降低创新活动产生的损耗和成本。

小结

弗里斯通过横向对比工业革命前后时期的中国与英国，指出："在许多重要的工业分支领域，例如纺织品、漆器和瓷器的生产中，中国的技术水平并不落后……两者的工业生产率在整体上也具有可比性，根本意义上的大分流是伴随着工业革命而出现的。"[1]李约瑟之谜并不是一个地理范围狭小、问题相对具体、时间跨度较短的小问题，而是一个牵涉中国和欧洲两个宏大地理区域，兼涉社会、经济、政治、历史、宗教、民俗、文化、地理、生态等诸多方面，不同种族、团体、国家共同参与并活动其中的宏大社会和历史演化问题。

任何试图运用某一种因素解释李约瑟之谜的企图都仅可能在点上、线上是有益的，绝不可能在面上和整体上是有益的。[2]以上所列的各种解释性假说固然有助于经济学家跳出狭隘的学科圈子，来从不同的视角审视李约瑟之谜这个宏大的社会和历史问题，但要对它做出比较圆满的解答，就必须将这些假说放在历史事实的面前逐一进行考量。李约瑟之谜作为中西方经济增长与形态演进过程中无法忽视的特征史实，不仅是对现代科技起源的诘问，同时也是文明转换背景下具有"制度变迁—技术进步—结构转变"运行机制的经济转型问题，其形成受到历史趋势与人类理性演进的共同作用。

①〔荷〕皮尔·弗里斯：《从北京回望曼彻斯特：英国、工业革命和中国》，苗婧译，浙江大学出版社2009年版，第76页。

②赵红军：《李约瑟之谜：经济学家应接受旧解还是新解？》，《经济学（季刊）》2009年第4期。

第五章

西方增长的起落：生产力方向的转变

PRODUCTIVITY

　　工业化是西方国家在近代崛起的关键因素。工业化带来了现代化，塑造了一个由科技上的发明创新及对变革的渴望所主导的世界。在工业化时代，内燃机、电力、电灯、室内管道、汽车、电话、飞机、空调、电视等一系列伟大发明和后续的增量式创新不仅推动了西方经济的高速增长，也彻底改变了西方社会的生活和工作方式。在整个 19 世纪，实现工业化较早或较快的几个大国就是赢家，而其他国家几乎都是输家。[①]然而正是这种功利主义的思潮，导致西方创新动力不足，走向去工业化，结果生产力一直处于低迷状态，并没有明显提升甚至反向发展，从而本质上都引出一个结论，即经济增长放缓，同时还伴随着不平等的加剧。

---

　　① 〔新西兰〕马特耶·阿本霍斯、〔加拿大〕戈登·莫雷尔：《万国争先：第一次工业全球化》，孙翱鹏译，中国科学技术出版社 2023 年版，第 39 页。

一、科技生产力：国家崛起的根本力量

（一）工业化与竞争优势

在 18 世纪，欧洲已经具备了工业基础、科技体系、代议制等东方所不具备的现代化的必要条件，而东亚无论是制度、科技、工业基础还是人均经济增长率都不足以摆脱马尔萨斯陷阱，也没有像早期英国和荷兰那样通过海外贸易来积累足够的贵金属和发展出强大的商人阶级，总之远未获得第一波现代化的"入场券"。[①]以军事技术革命为例，恩格斯指出，火器成为城市和以城市为依靠的新兴君主反对封建贵族的武器，城堡的石墙抵不住市民的大炮，市民的枪弹射穿了骑士的盔甲。[②]中世纪以后，西欧发生了多场军事技术革命。伊恩·莫里斯将技术和战争能力直接作为度量社会发展和文明程度的尺度。[③]杰弗里·帕克探讨了军事技术革命如何让欧洲获得相对于其他地区的优势。[④]威廉·麦克尼尔认为 17 世纪军事技术（包括科技和管理

[①] 黄振乾、唐世平：《现代化的"入场券"——现代欧洲国家崛起的定性比较分析》，《政治学研究》2018 年第 6 期。

[②]《马克思恩格斯选集》（第三卷），人民出版社 2012 年版，第 547 页。

[③]〔美〕伊恩·莫里斯：《文明的度量：社会发展如何决定国家命运》，李阳译，中信出版社 2014 年版，第 40 页。

[④]〔美〕杰弗里·帕克：《1560—1660 年的"军事革命"——一个神话?》，《新史学》2022 年第 28 辑。

技术）的提升对18世纪以来的社会变迁造成深远的影响。①

随着17世纪以后火枪的改进，热兵器逐渐代替了冷兵器。早期的火绳枪存在射速过慢的缺陷，在战斗中仅被零星使用。17世纪末至18世纪初，火器的射击速率大幅上升，但仍然需要通过步兵方阵和士兵间的协调来增加战斗力。燧石发火装置极大地提高了火枪发射速率，刺刀的发明又使得火枪手能发挥长矛手的作用。东西方战争能力的差距就是在18世纪初期逐渐出现的。根据莫里斯的估算，西方战争能力在16世纪大致增长了50%，在17世纪增长了100%，18世纪又增长了50%。相比之下，东方世界的战争能力增长很少。②这一技术进步深刻地影响了欧洲政局，成为一系列变革的开端。

正是工人熟练程度的提高、企业与政府的大量投资和技术创新带来的生产率的快速提高，造就了战后经济的增长奇迹。如果生产率增长放缓，国民经济提升家庭收入和创造就业机会的能力就会下降。在此过程中，政府发挥着特定作用。综观世界发展历史，英、德、美等西方大国在近代崛起的核心步骤乃是工业化的顺利完成。在此过程中，国家根据不同的国情对产业发

---

① 〔美〕威廉·麦克尼尔：《竞逐富强：公元1000年以来的技术、军事与社会》，孙岳译，中信出版社2020年版，第45页。

② 〔美〕伊恩·莫里斯：《文明的度量：社会发展如何决定国家命运》，李阳译，中信出版社2014年版，第181~188页。

展实施了各种干预措施。①如利用国家政权力量为产业发展营造有利的外部环境、通过立法手段促进公平有序的市场竞争、以科学技术变革推动产业振兴和发展、通过多种途径保持充沛的人力资源、建立和完善金融机制以为产业发展提供融资渠道等。

1948—1973年间，除掉通货膨胀的因素，北美地区的劳动生产率翻了1倍，在欧洲达到了原来的3倍，在日本则达到了原来的5倍。这轮增长趋势中，教育无疑起到了很大的作用，固定资产投资也有一定作用。然而最主要的驱动力却是技术上的革新和进步，工人们的工作效率因此得以提高。在经历了长时期的间断性增长之后，世界终于通过革新和创造的方式走上了富裕之路。对新设备的需求创造了更多的工作机会和对更先进的设备的需求。

1945—1973年间，美国工业设备的数量几乎翻了4倍。英国的投资支出，在20世纪50年代初占总支出的14%，到60年代末则高达21%。即便机器的效率已经相当之高，但是产出的不断增长使厂商对于工人的持续需求居高不下。日本的制造商在1955年雇了690万工人，到了1970年，工人数量增长到1350万。1947年，联邦德国汽车装配线的生产能力是每年8987辆车，在接下来的26年里，这一数字每年都在增长。随着劳动力从放羊和铲土豆中解放出来，使用昂贵的机器投入生产，他们所能创造的

① 周文：《赶超：产业政策与强国之路》，天津人民出版社2023年版，第27页。

经济价值也在不断提升，为国民经济的高速发展做出了贡献。①

　　图5-1展示了美国、英国、德国、法国和意大利1890年以来的累积自主创新。如图所示，在这一时期，特别是二战后，美国的累积自主创新持续高于其他国家。事实上，估计结果显示，近几十年来美国与累积自主创新第二高的国家之间的差距似乎在不断拉大。图5-1中还显示了法国和英国在二战前后自主创新趋势的一些有趣差异。法国在二战前是仅次于美国的自主创新主要强国。然而两次世界大战极大地破坏和延缓了法国的创新，其在二战后的几十年里虽然逐渐得到恢复，但到了20世纪90年代又陷入停滞。与之相对，尽管在二战中并没有经历欧洲大陆国家那种程度的灾难性破坏，英国的累积自主创新却在20世纪50年代以前一直落后于法国、德国和意大利。但在70年代初之后，由于成功保持住了自主创新的增长速度，英国的累积自主创新实际上已经超过了德国和意大利的相应水平，近些年几乎与法国持平。

---

　　①〔英〕马克·莱文森：《大转折：危机因何而生　繁荣为何不可持续》，多绥婷译，民主与建设出版社2022年版，第26页。

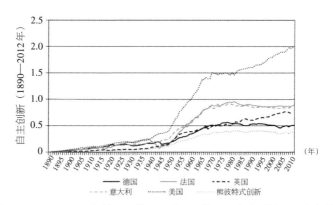

图5-1　1890—2012年美国、英国、法国、德国和意大利的累积自主创新

资料来源：〔美〕埃德蒙·费尔普斯：《活力：创新源自什么　又如何推动经济增长和国家繁荣》，郝小楠译，中信出版社2021年版，第85页。

创新是经济发展的不竭动力，而创新则集中体现于工业或制造业中，因为制造业是创新的载体。毋庸置疑，制造业是现代化社会技术创新的第一来源和基本动力。瓦克拉夫·斯米尔是这样评价制造业的："如果一个发达的现代经济体要想真正地实现繁荣富强，那么就必须有一个强大、多样和富于创造性的制造行业，它的目标是不仅能在资源约束下提供高质量产品的制造业，而且是能提供更多就业机会的制造业。"①

在世界经济格局中处于边缘地位的后发国家实现从前工业社会向工业社会的转型，必然会在经历相当一段时间的生产力

————————

① 〔美〕瓦克拉夫·斯米尔：《美国制造：国家繁荣为什么离不开制造业》，李凤梅等译，机械工业出版社2014年版，第4页。

和生产效率快速攀升过程后，经济增长方式逐渐转向内涵式发展，从而使自身和整个世界受益于发展转型的增长红利。"工业化"正是用来描述这种经济转型过程的概念。历史经验告诉我们，工业化是一个资本、技术不断增密的过程。资本和技术稀缺的问题，在工业社会发展到相当高度之前也必然长期存在。在开放的经济发展环境中，利用自身先天的资源禀赋与外部市场开展交换活动以进行资本和技术积累，可以有效解决工业化生产要素绝对稀缺的问题。但是"比较优势陷阱"的现实案例表明这种积累方式存在缺陷，试图借此将本国制造产业的资本有机构成整体性地提高到现代制造业的世界平均水平，进而一步到位地嵌入全球产业链、价值链，并在某一环节占据一席之地的想法，在现实中根本无法实现。

自然资源在国际市场上交换价值的大小取决于相关工业在世界市场上的规模，或者从更深层次上来说取决于世界总体生产力的发展水平。当一国先天的自然资源禀赋极为有利时，国家总是可以轻易通过市场机制从外部世界换取满足工业化资本积累需求的大量资源，但往往会诱发诸如"荷兰病"和"资源诅咒"现象，从而阻碍工业化转型；相反，当从外部获取的资源不足时，又难以将制造能力"整体"提升至现代工业水准，从市场竞争中获取足够利润，只能依靠消耗不可再生的资源禀赋，对其持续输血才能维持勉强的生存，这种制造产业充斥"僵尸"企业的情况最终也将导致工业化进程走向失败。关于这一点，拉美国家的教训极其深刻。众所周知，拉美国家在20世纪通过实施大规模进口替代战略实现贸易国际化，结果工业化发展进程反而受阻，工业化发展遭遇"滑铁卢"。

竞争优势在于使产品可以在市场上顺利完成"惊险的一跃"，从而打通扩大再生产的整个环节。产品的扩大再生产同样也是资本的扩大再生产，制造业的产业资本一旦拥有自我增殖的能力，就可以从沦为"僵尸"的阴影中摆脱出来，继续推进工业化进程直至完成转型。归根结底，达成这一切的关键在于提高竞争力，获取竞争优势。正如前文中提到的，从长期来看，只有生产力和生产效率提高才是竞争力的唯一来源。基于此，后发国家在工业化的进程中应该放弃将整个工业部门一步到位的转型路径，而是采用"以点破面"的办法，围绕精心选定的制造业领域集中资源进行突破。通过快速提高本国在有潜力的细分产业领域中的资本和技术密集度，进而提升产业竞争能力，获取竞争优势和市场占有率。

以扩张具有竞争优势的产品出口来带动国家生产力的内涵式增长，达致"技术和生产力水平提高—竞争优势强化—技术和生产力进一步提升"的正向循环，只有这样工业化转型的经济基础才能真正建立起来。林毅夫和张夏准曾对于国家"攀登发展阶梯"的过程中产业的发展是必须逐级而上，还是可以在产业政策帮助下适当跳过一些梯级的问题，进行过一次交流讨论。林毅夫在早年的比较优势理论上，提出反弹琵琶的理论；

张夏准围绕二战后日本、韩国成功崛起，以及其他后发国家落入发展陷阱经济停滞甚至倒退的经验教训，进行了深入剖析后，指出背离"比较优势"的产业升级道路在很多时候也具有可行性和必要性。①

从制造业的发展规律来看，"干中学"和"实践中创新"是制造业进步最主要的形式和动力源泉，因为"几乎所有工业领域的知识，尤其是工艺和技术，是属于那种无法形式化或公式化的实践性知识"，只能从生产过程中总结提炼并产生创新。因此，制造业规模与活跃程度是保障制造业创新能力的重要条件。而资本主义生产方式的客观规律决定了伴随着资本不断积累，资本有机构成提高必然导致制造业利润率趋于降低，将资本推向利润率更高的投机领域。由此，要维护制造业竞争优势必须充分发挥政府在宏观调控方面的重要作用，防止经济脱实向虚。此外，政府保障竞争优势的重要作用体现在对社会基础设施的有效供给，特别是对生产性基础设施的有效供给，这是保障制造业生产效率提升的物质基础。

同时，政府在促进产业集聚和塑造完整工业体系正外部性方面，可以发挥重要作用。尤其是后者对于增强产业竞争力进

---

① Lin, J. and Chang, H., 2009, "Should Industrial Policy in Developing Countries Conform to Comparative Advantage Or Defy It? A Debate Between Justin Lin and Ha-Joon Chang", *Development Policy Review*, 27（5）：483-502.

而形成国家竞争优势具有十分重要的意义。现代产业分工愈发精细化，产业竞争优势的培育是一个系统工程，需要上下游企业的紧密配合。在一个完整的工业体系中，不同领域的企业盈利能力区别很大，其中不乏盈利能力差但正外部性很强的一些支持性产业。这些产业如果遵循市场规律从国内转移出去，所带来的外部性损失会削弱工业体系中其他产业的竞争优势。此时，需要政府发挥作用，以产业政策和补贴予以支持，通过降低成本或提高收入的方式提高这类产业的盈利能力。扶植好、培育好这些产业，可以最大化提升国家竞争能力。①

（二）发达国家主导下的不平衡世界市场体系

发展不平衡是当今世界最大的不平衡。马克思深刻地指出，资本主义在全世界的扩张开拓了世界市场，推动形成了一个相互依赖的世界体系，但这种体系带有鲜明的国际分裂和等级压迫特点，这种体系使未开化与半开化国家不得不从属于文明国家，使东方不得不从属于西方。②列宁同样指出，为了追求世界霸权，帝国主义国家对外进行资本输出及疯狂地掠夺殖民地，使整个世界分成不平等的两极：一极是帝国主义宗主国，另一极是被剥削、掠夺，以及压迫的殖民地和半殖民地。③

---

① 周文、冯文韬：《经济全球化新趋势与传统国际贸易理论的局限性——基于比较优势到竞争优势的政治经济学分析》，《经济学动态》2021年第4期。

② 《马克思恩格斯选集》（第一卷），人民出版社2012年版，第405页。

③ 《列宁选集》（第二卷），人民出版社1995年版，第647页。

生产力的发展及由此带来的交往的普遍化是世界历史形成的动力。近代以来，西欧资本主义国家实行残暴的对外殖民侵略扩张和严酷的对内掠夺剥削榨取，发达资本主义国家主导的世界市场体系由此初步形成。在资本原始积累时期，英国的廉价进口产品侵蚀着印度的纺织业、炼铁业和造船业。人们越来越认为它最合适的地位是为西方工业提供原材料，包括原棉和靛蓝染料，同时充当英国商品的市场。由资产阶级主导的世界市场体系必然形成两大板块，一个是宗主国；另一个是被殖民、被掠夺的附属国。西方资本主义垄断资本的扩张，使得外围国家的工业居于从属地位，中心和外围的差距会拉大。到1900年，拉丁美洲诸国和非洲、中东亚太地区的诸多帝国属地已经沦为工业资本主义世界的边缘地区。①

自2008年国际金融危机以来，全球贸易持续萎靡，世界经济增长长期低速徘徊，全球经济增长动能持续不足。2008年国际金融危机既是全球化进程中所积累的问题和矛盾的集中爆发，也警示着西方所主导的经济全球化进程和格局中的结构性问题亟待解决。西方主导的经济全球化造成了全球财富分配的高度不公，形成了显著的南北发展差距。西方发达国家不仅毫不反思新自由主义全球化的弊端，反而转移矛盾嫁祸于人；美国更

① 〔新西兰〕马特耶·阿本霍斯、〔加拿大〕戈登·莫雷尔：《万国争先：第一次工业全球化》，孙翱鹏译，中国科学技术出版社2023年版，第43页。

是以此肆无忌惮地大搞单边主义霸凌行径，带头破坏世界多边贸易体制，掀起逆全球化的"浊浪"，利用霸权人为阻断全球产业链供应链，蓄意破坏全球分工协作体系和国际经贸体系。

随着资本主义的发展，当前的国际分工格局已从20世纪70年代外围国家依靠农作物、原材料资源，以及简单初级劳动产品与中心国家高新技术工业产品之间的不平等交换，转换为发达国家生产离岸外包、发展中国家承接低端产业生产初级劳动密集工业产品，同时还承受环境污染代价与被迫转移绝大部分劳动价值的极度不公格局。①发达国家之所以能在国际经济中具有较高的话语权，正是因为掌握了全球绝大部分的创新资源，创新竞争力遥遥领先于发展中国家。

长期以来，历届美国政府均致力于强化自身在高科技领域的竞争力，从而维系其世界领先地位。2021年8月，美国出台《芯片与科学法》，进一步强化了推动全球半导体产业链和创新网络，实现"美国中心化"和"去中国化"的战略意图，对全球芯片企业形成了"选边站队"的压力。②在芯片制造、第五代移动通信技术、光刻机等重点关键技术行业对中国进行围堵，

① 肖玉飞、周文：《逆全球化思潮的实质与人类命运共同体的政治经济学要义》，《经济社会体制比较》2021年第3期。

② 渠慎宁、杨丹辉、兰明昊：《高端芯片制造存在"小院高墙"吗？——理论解析与中国突破路径模拟》，《中国工业经济》2023年第6期。

执意减少甚至断绝中美在经济、社会、科技等各领域的联系。[①]
由于美欧发达国家凭借技术优势对后发国家进行技术封锁，实
施"脱钩断链"与"小院高墙"等一系列政策，全球产业链发
展逐步走入"短链化、区域化、本土化"发展进程，后发国家
在现代化过程中面临"卡脖子"、产业链供应链"断链"等难
题，给世界生产力带来严重负面影响，拉大全球发展鸿沟。

二、金融生产力：产业空心化的陷阱

（一）产业空心化的危害

第一次工业革命期间，英国廉价的进口产品，加之对印度
商人施加的层层阻碍、限制，统统侵蚀着印度的纺织业、炼铁
业和造船业。人们越来越认为它最合适的地位是为西方工业提
供原材料，包括原棉和靛蓝染料，同时充当英国商品的市场。
这样一来，就使印度陷入了快速去工业化过程。[②]20世纪50至
70年代的拉美国家采用"进口替代型"工业化模式，初步建立
了国民经济的工业基础，经历了经济发展的"黄金期"。然而

---

① 张薇薇：《美国对华"脱钩"：进程、影响与趋势》，《当代美国评论》
2021年第2期。

② 〔英〕阿诺德·佩西、〔英〕白馥兰：《世界文明中的技术》，朱峒樾译，
中信出版社2023年版，第348页。

1982 年拉美债务危机的爆发，促使拉美国家纷纷被迫接受西方债权国和国际组织的要求，放弃原有发展模式，采用全力扩大初级产品的生产和出口以争取外贸盈余以偿还债务。过早实施"去工业化"是导致拉美国家 20 多年来经济滑坡的最直接原因。①

从目前发达资本主义国家的产业结构比重来看，制造业比重普遍从 20 世纪 50 年代的 50% 下降至目前的约 30%。从就业人口占比来看，制造业从 20 世纪 50 年代的约 30% 下降至目前的 10% 以下。"去工业化"是引发"锈带"危机的直接原因，而根本原因则是在市场经济资本自由流动的条件下，企业为实现比较优势在全球范围内进行的资本转移与重组。当今美国的一系列社会问题，包括贫富差距、地域矛盾、右翼民粹运动兴起，都是产业空心化与过度金融化的后果。

伴随实体经济停滞所出现的资本主义的去工业化过程，使得金融资本内涵已经发生了变化，金融资本由"工业垄断资本与银行垄断资本的融合"转变为由借贷资本和虚拟资本组成，其职能由服务于职能资本向主宰职能资本异化，其性质更具有高利贷资本的性质，而不是为工业服务的金融资本，这就是与

---

① 周文、冯文韬：《经济全球化新趋势与传统国际贸易理论的局限性——基于比较优势到竞争优势的政治经济学分析》，《经济学动态》2021 年第 4 期。

资本主义去工业化相伴随的金融化。[①]

　　资本积累的金融化，是资本积累内在矛盾的发展形式，是资本积累在金融领域进行的又一次扩展。就如阿里吉所说，资本主义关注资本的灵活性和兼容性，资本的灵活性就是指资本增殖的能力，兼容性指的就是资本在不同时间和不同地点呈现的具体形式。[②]马克思指出资本积累会周期性地产生冲动，脱离实际商品的生产。生产过程只是为了赚钱而不可缺少的中间环节，只是为了赚钱而必须干的倒霉事。因此，"一切资本主义生产方式的国家，都周期地患一种狂想病，企图不用生产过程作媒介而赚到钱"[③]。

　　资本积累金融化并没有改变资本主义的本质，而只是改变了资本增殖的方式。不通过生产过程而要实现资本的价值增殖，就必须依靠哈维所说的剥夺性积累，即通过对国民收入的再分配和金融化积累方式等来实现资本的价值增殖，但"连接剥夺性积累和扩大再生产之间的纽带是由金融资本和信贷机构所提供的，而这一切则依然是由国家权力所支持的"[④]。剥夺性积累

---

　　①〔美〕迈克尔·赫德森、曹浩瀚：《从马克思到高盛：虚拟资本的幻想和产业的金融化（上）》，《国外理论动态》2010年第9期。

　　②〔意〕乔万尼·阿里吉：《漫长的20世纪：金钱、权力与我们时代的起源》，姚乃强等译，社会科学文献出版社2022年版，第5页。

　　③《资本论》（第二卷），人民出版社2004年版，第67~68页。

　　④〔英〕大卫·哈维：《新帝国主义》，初立忠等译，社会科学文献出版社2009年版，第124页。

的实现必须依靠国家权力的支持，体现为用公共资产及权力的私有化来实现国家对财产和收入的再分配。伦敦大学亚非学院的学者拉帕维萨斯指出，"金融剥夺"已经成为经济金融化后的资本主义国家的主要利润来源，流通领域已经成为利润来源的主要领域。

资本主义经济之所以金融化，最根本的原因就是资本主义的基本矛盾。资本主义基本矛盾使得生产相对过剩的经济失衡成为资本主义经济运行的常态，金融化成了缓解经济失衡的一种手段，通过资本向金融领域的转移，实体经济生产下降从而缓解生产相对过剩，同时又满足了资本的增殖性要求。约翰·福斯特指出："西方经济的金融化不是近几十年来经济增长缓慢的原因；相反，经济增长缓慢和资本缺少投资机会是金融化的原因。"①

金融化使得经济失衡从实体经济层面转移到了虚拟经济层面，主要表现为价值创造与资本增殖需求之间的矛盾。当这种矛盾积累到一定程度时，金融危机就不可避免了。但资本主义的生产资料的私人占有使得资本的流动完全取决于满足资本家增殖资本的目的，金融活动作为资本家的自发活动，是私人占有的具体体现，金融活动的高度社会化就是生产社会化的表现。

---

① 〔美〕约翰·B.福斯特、〔美〕罗伯特·麦克切斯尼：《垄断金融资本、积累悖论与新自由主义本质》，武锡申译，《国外理论动态》2010年第1期。

金融企业内部的有组织性、计划性同超越国界的全球性的无政府状态间的矛盾空前尖锐，缺乏有效的国际金融监管也是金融危机蔓延的重要原因。

在马克·莱文森看来，"美国的中西部地区，重工业的心脏，开始被称为'铁锈地带'，成了'去工业化'这一顽疾的第一批受害者。加拿大和欧洲也有自己的铁锈地带，英国的中部地区、德国的鲁尔工业区、法国和比利时的煤铁城市，都将很快与美国往昔的工业重镇一样破败凋零"①。因此，21世纪资本主义面对的挑战，是它进行颠覆性创新、推动企业家竞争的能力越来越弱。许多决定创新的因素在过去几十年不断削弱，这些遭受了自主创新衰落和从领先经济中复制的创新减少的西方国家，正苦于活力的不足和由此带来的创新的衰退。②

英国便是一个典型的案例。18世纪到19世纪早期，第一次工业革命出现在英国并使其成为引领世界经济长达百年的大国。意外的是，英国在仅不到一代人的时间内便失去了其技术优势。在以化学、先进冶金技术、电力、原油和发动机为主要标志的第二次工业革命中，英国屈居于德国和美国之下。而在第三次工业革命中，英国不再是航空航天、信息技术、通信、生物科

①〔英〕马克·莱文森：《大转折：危机因何而生 繁荣为何不可持续》，多绥婷译，民主与建设出版社2022年版，第150页。

②〔美〕埃德蒙·费尔普斯：《活力：创新源自什么 又如何推动经济增长和国家繁荣》，郝小楠译，中信出版社2021年版，第25页。

技和其他主要科技领域的先行者。①

现实地看，美国的"再工业化"迟迟未有成效，这与其过度金融化有着不可分割的必然联系。在美国苦苦应对不断上涨的物价和加息前景之际，依照美国财政部报告，2025年开始美国国债将会高达30万亿美元，即美国每年发行的公共债务将会全部用于偿还利息，将会进入拆东墙补西墙的骗局。雅各布斯和马祖卡托深刻指出："如果没有宽松的货币政策和放松管制的影响，不断加剧的不平等可能会导致更低的消费水平。而宽松的货币政策和放松管制却会引起房地产泡沫和消费繁荣。但是，泡沫的最终破裂是不可避免的，而当泡沫破裂时，经济会陷入衰退。"②

"债务美元"的存在使得美国可以轻易将国内金融问题转嫁给全世界。在此前提下，华尔街的金融公司利用美元的霸权地位，以精确的数学公式为"科技"手段，设计并推销各种金融衍生品，将资本金融化，金融虚拟化，充分有效地利用美元资本和虚拟经济掠夺世界财富。既能空手套取发展中国家劳动人民生产的产品，又能凭借金融危机与美元贬值收割外国资产财

①〔美〕马克·扎卡里·泰勒：《为什么有的国家创新力强？》，任俊红译，新华出版社2018年版，第18页。

②〔英〕迈克尔·雅各布斯、〔英〕玛丽安娜·马祖卡托：《重思资本主义：实现持续性、包容性增长的经济与政策》，李磊等译，中信出版社2017年版，第202页。

富。①股票市场原来是企业的融资渠道，新形式的所有权资本却把它变成了储蓄者和资金经理获得现金流的场所。正是美国垄断集团放任金融资本的大肆收割，造成美国经济泡沫及制造产业的衰退，虚拟经济和实体经济严重失衡。

（二）嚣张的货币霸权：美元陷阱

在二战收尾时，美国工业产出占世界80%，搜罗了全世界3/4的黄金，赋予了美元足金的价值保证，各国政府均乐于持有国债等美元资产，因为非但其流动性优于黄金，还可计息付息。因为美国独特的国际流动性，个人和公司都想持有美元为主的资产，美元作为战后货币秩序中天然的关键货币角色，被1945年《布雷顿森林协议》简单地"合法化"。②它在事实上已经是世界关键货币。自此，美元替代英镑作为世界货币，充当了"一般支付手段、一般购买手段和一般财富的绝对社会化身执行职能"③。1944年后，依据布雷顿森林体系的双挂钩规定，世界各国纷纷向美国变卖黄金以获取美元这一"国际贸易通行证"。

1960年，罗伯特·特里芬在《黄金与美元危机：自由兑换的未来》中提出著名的特里芬悖论，指出美国以经常项目逆差

---

① 陆夏、王丽君：《构建新发展格局、破解美元霸权体系与应对新帝国主义挑战》，《上海经济研究》2023年第5期。

② 〔美〕罗纳德·麦金农：《失宠的美元本位制：从布雷顿森林体系到中国崛起》，李远芳等译，中国金融出版社2013年版，第23页。

③《资本论》（第一卷），人民出版社2004年版，第167~168页。

来提供国际清偿力，会产生无可避免的矛盾：如果为了保持美元汇率稳定而纠正逆差，将导致美元供给不足和国际清偿力问题；如果任凭逆差上升，海外美元资产必将超过美国黄金储备，破坏美元和黄金的可兑换性。①基于此，特里芬认为，布雷顿森林体系具有制度性缺陷，迟早面临崩溃。冷战期间，美国发起的战争及进行的"伟大社会工程"等大规模的黄金支出，使美元信用基础开始动摇，从而引发了1960年的第一次美元挤兑危机。1969年美元就已经出现了兑付困难的问题。

自布雷顿森林体系崩溃后，美国的货币扩张速度便一发不可收拾，并随着全球金融自由化的快速推进，有了更广阔的流通领域、更丰富复杂的金融市场与产品，如同膨胀的"海绵"，源源不断吸取过度充裕的美元流动性。21世纪初，美国继续滥用铸币税和举债特权，在各种历史因素的刺激下，无节制地启动"美元-美债"印刷机。美元本位制危机的制度性缺陷、内在驱动因素与外在表征，以前所未有的速度进一步暴露。如果说20世纪90年代美国对金融资本还只是放松监管，那么21世纪初则是彻底地"放弃监管"。

美国成为资本主义世界金融中心的关键因素在于确立了美元作为世界霸权的地位，美国成为世界经济的最后消费者和最

---

① 〔美〕罗伯特·特里芬：《黄金与美元危机：自由兑换的未来》，陈尚霖等译，商务印书馆1997年版，第95页。

大的债权国。①美国精心构筑了以离岸外包与跨国公司的新的联合生产形式为生产基础，以石油美元为货币基础，以三大国际贸易金融组织与各种国际贸易投资规则为制度信用基础的全球金融垄断帝国，通过金融垄断资本收割全球的剩余价值与劳动成果。②美国不仅通过金融美元霸权消耗发展中国家的自然资源、破坏生态环境，迫使发展中国家通过出口自然资源、生产原料、工业产品换取美元作为外汇储备；美国还操纵世界经济局势与美元汇率，既能空手套取发展中国家劳动人民生产的产品，又能凭借金融危机与美元贬值收割外国资产财富。

全球共同分担美元风险。1971年后确立的以美元信用为基础的世界货币体系失序，是国家内部和国家之间的不平等不断扩大的核心要素。在很大程度上，全球对美元的信心加上海外客户持有美元（常以美国政府债券的形式）的意愿，构筑并巩固了美国强大和繁荣的根基。许多国家和外国机构愿意持有美元，将其作为一种保值手段和（贸易）交易工具，这奠定了美元作为全球储备货币的地位。③

但是，从20世纪90年代起，美国频频在国际经济关系中挥

① 〔美〕约翰·贝拉米·福斯特：《失败的制度：资本主义全球化的世界危机及其对中国的影响》，吴娓、刘昀译，《马克思主义与现实》2009年第3期。

② 李建平、陈娜：《美元权力的溯源、异化与世界反霸之路——以俄乌冲突中的货币战为鉴》，《当代经济研究》2023年第10期。

③ 〔德〕克劳斯·施瓦布、〔法〕蒂埃里·马勒雷：《后疫情时代：大重构》，世界经济论坛北京代表处译，中信出版社2020年版，第45页。

舞金融制裁的大棒。这些金融制裁的有效实施均高度依赖于美元的国际货币职能，包括国际支付、国际投（融）资、国际储备等。可以说，如果没有美元的第一大国际货币地位，美国就不可能实施如此广泛、形式多样的金融制裁。世界其他国家在美国施加的金融制裁面前只有招架之功，难有还手之力，因为其他国家的货币均难以在国际货币职能上与美元相抗衡。[①]2022年爆发并持续至今的"俄乌冲突"，以及以美国为首的西方国家对俄罗斯采取的史无前例的金融制裁，更是从根本上动摇了人们对国际货币是一种全球公共产品的认知。

在2022年3月国际货币基金报告《美元主导地位的隐形侵蚀：积极的多样化因素与非传统储备货币的崛起》中，研究者通过分析美国经济和美元外储多年规模变化趋势基础上得出，随着美国经济总量全球占比的下降和美元被美国政府利用干预他国的行为，日益引起其他国家的担忧，并导致国际经济合作的"去美元化"浪潮。2022年当美国再次以调整国内经济而开启货币加息政策时，发展中国家的"去美元化"热度提升。"去美元化"集中表现在两个方面。

其一，全球官方的美元外汇储备下降。相关研究表明，2000年美元在全球储备总额中所占的比例为71%。2003年，美

---

① 姚大庆：《美国金融制裁对美元国际地位的影响及中国的应对》，《世界经济研究》2023年第7期。

元在全球外汇储备总额中所占的比例约为2/3，到2021年占比降至55%，而2022年曾降至47%，为20年以来最低点。之所以实行"去美元化"，是因为在交易中将本币兑换成美元，再由美元兑换成对方货币，不仅增加了贸易双方的汇率风险和交易成本，还将本国的经贸信息暴露在美元体系中，形成国家金融风险隐患。①

其二，"去美元化"主要围绕国际贸易结算货币、投资货币和储备货币三个方面展开。在结算货币方面，表现为各类增加非美元替代性货币的结算安排。目前，不少国家正在考虑或已将美元支付结算改为双边本币支付结算。例如，2022年4月，俄罗斯推出"卢布结算令"，2023年5月，东盟签署"本币交易"倡议文件。在投资货币方面，表现为减持美债等美元资产的行动。如中国自2016年以来持有美债数量整体呈下降趋势；2019年日本亦宣布减持美国国债，以便资助其国内的重建工作。在储备货币方面，表现为各国央行分散储备资产配置的行动。许多国家采取了运回本国储备在外黄金、增加本国黄金储备、增持非美元币种储备的举措。

此外，当发达国家因流通性过高而实施货币紧缩政策时，通常导致资源型发展中国家在发达国家货币宽松周期内的资本

---

① 漆彤：《"去美元化"趋势研判及人民币国际化对策建议》，《人民论坛》2023年第18期。

积累很快被新一轮的紧缩而消耗殆尽，影响了国内企业生产资料的进口，进而抑制了其在全球产业分工中提升全球经济合作的参与能力。由此，资源型发展中国家的"去美元化"直接关系到维护自身独立自主发展的核心议题，本币结算有助于发展中国家货币代表的国家资源和市场价值重估。①而2023年的13个"石油输出国组织"（OPEC）中，伊拉克、伊朗、沙特、阿联酋、印尼、委内瑞拉、尼日利亚、阿尔及利亚、安哥拉等国以不同方式推动国际结算的"去美元化"。

三、产业政策是推动生产力提高的关键因素

（一）西方国家生产力发展没有产业政策是神话

针对西方主流经济学家刻意轻描淡写西方国家发展过程普遍采取的产业政策之历史经验，历史不断地证明并将继续证明，产业政策在国家治理过程中占据重要地位，并构成政府开展经济治理的重要篇章。自由贸易并不能为一个国家持久的经济发展提供根本性动力，西方发达国家一直在利用国家政权力量为

---

① 杨宝荣：《"去美元化"：发展中国家独立自主发展的时代诉求》，《学术探索》2023年第9期。

产业发展营造有利的外部环境。①例如，在英、德、美三国工业化进程中，各国政府在对外层面均采取了积极进取的政策。

剑桥大学的张夏准教授写的回顾西方国家发展策略的著作，取了一个有趣的书名《富国陷阱：发达国家为何踢开梯子?》，用意很明显，就是借此讽刺西方国家知识精英的虚伪。也就是说，"历史的真相在于，发达国家并不是通过使用那些它们向发展中国家推荐的政策和制度而得到今天的地位的。发达国家借以爬到经济高峰的'致富的梯子'，即它们在经济发展过程中所使用的政策和制度，却是它们极力游说发展中国家取消的关税、补贴、外资管制等保护主义措施"②。用一句形象的话来说，西方的教学逻辑就是"按照我所说的去做，而不是按我所做的去做"。当西方发达国家成功登上了工业化的阁楼之后，它们就把梯子踢开，重新杜撰与包装它们过去的发展经验，掩饰它们成功工业化的真正要诀，企图阻止发展中国家循着它们走过的正确工业化路径而再登工业化的阁楼。

当前，西方一些学者开始反思完全市场化改革的适用性。丹尼尔·耶金认为："市场无法与一个失灵的国家协同工作，这

① 周文：《赶超：产业政策与强国之路》，天津人民出版社2023年版，第15页。

② 〔英〕张夏准：《富国陷阱：发达国家为何踢开梯子?》，肖炼等译，社会科学文献出版社2009年版，第2页。

将迫使拉美各国重新发现国家的作用。"①爱泼斯坦也指出："市场本身就是一个公共产品，是政治制度与法律体系的产物。对这个公共产品的供给来说，一个以集权的财政体制为基础的国家主权是十分必要的。"②市场经常需要政府的帮助以启动知识投资。这是因为新知识的投资收益率要依赖于现有的知识存量，而现有的知识存量要依赖于知识投资的激励。

一个社会的知识积累越多，新知识的价值也就越大。知识的这一特性意味着知识投资是边际收益递增的。如果开始时几乎没有什么知识，那么投资收益率将很低。如果这一收益率低于最低收益率，那么对新知识的投资将不会发生。而如果今天没有对新知识的投资，那么明天将不会产生新技术，所以明天的投资收益率依然很低，也依然没有投资。后天的知识存量还将很低。这样，这个国家将陷入恶性循环而非良性循环。③

以市场自由化著称的美国，实际上从美国实施的各项经济发展战略及相关经济立法来看，美国在不同时期均实施过程度不同的产业政策。赖纳特指出，在这一点上美国是以英国为榜样的，自由贸易、比较优势等理论似乎仅仅是为了出口到其他

---

① 〔美〕丹尼尔·耶金：《制高点：重建现代世界的政府与市场之争》，段宏等译，外文出版社2000年版，第367页。

② 〔美〕S. R. 爱泼斯坦：《自由与增长：1300—1750年欧洲国家与市场的兴起》，宋丙涛译，商务印书馆2011年版，第2页。

③ 〔美〕威廉·伊斯特利：《经济增长的迷雾：经济学家的发展政策为何失败》，姜世明译，中信出版社2016年版，第143页。

国家，一旦回到国内的现实问题，美国便举起了保护主义大旗，"遵循英国的实践，而不是英国的理论，美国对自己的制造业保护了150年"①。

例如，在关税方面，美国自建国后便一直实行保护主义政策，1890年，美国通过《麦金利关税法》，把平均进口关税从38%提高至50%，税率之高是美国历史上所罕见的。②在产业组织政策方面，为了限制垄断、保护竞争，美国于19世纪末与20世纪初期制定了《谢尔曼反托拉斯法》《克莱顿法》，建立了联邦贸易委员会，构建了反垄断政策的基本框架，并通过法院判决而日臻完善。③而到了20世纪80年代前后，为了有效利用规模经济效益，卡特政府和里根政府又大幅度放宽了对于垄断的管制。

自由市场从来不是免费提供的，更不是天然就存在的。市场的规模越大，市场创造的固定成本就越高。因此即使已经拥有了民主、法律规则、私人产权制度和订立合同的自由，市场，特别是"安全、可靠、有序"的大规模统一市场，在自由放任环境下并不会自动产生和运作。因此，只有在充分的监管之下，

①〔美〕埃里克·S.赖纳特：《富国为什么富，穷国为什么穷》，杨虎涛等译，中国人民大学出版社2013年版，第19页。

② 张建新：《美国贸易政治》，上海人民出版社2014年版，第131页。

③ 吴玉岭：《扼制市场之恶：美国反垄断政策解读》，南京大学出版社2007年版，第58页。

市场才能良好地发挥其创造性的作用。但是管制和监管的成本十分高昂，通常只有工业化的国家才拥有这些技术并负担得起这些费用。讽刺的是，实践中的"华盛顿共识"却往往不加区别地强调放松管制，即使是在复杂的市场规制和政府规制尚不成熟的发展中国家。

在中国的哲学中，发展和管理经济永远是政府最重要的责任之一。政府承担着提供大型基础设施建设、应对危机、提供公共服务等责任，而民间资本提供的则更多是创新活力。[①]在农业社会没有出现现代企业和规模化生产不是因为科斯定理所讲的那样，缺乏市场交易成本因而不需要企业出现。相反，现代企业没有出现，完全是由于存在高昂的市场交易成本。新古典经济学家们忽略了自由市场的两块最重要的基石：政治稳定和社会信任。两者都需要国家力量来建设、保护、培育和强化，但这正是落后农业国家所欠缺的。在文一看来，政府的作用就是努力去开拓和创造一个更加广大、统一、透明、有监督的市场。有了健康、有序、诚信的市场，优质供给就相对容易解决了。不仅是要让供求关系决定市场价格，而且要用严格的法制、强大的社会舆论和伦理道德来规范市场行为、纠正市场失灵。[②]

---

① 郑永年：《大变局中的机遇：全球新挑战与中国的未来》，中信出版社2021年版，第104页。

② 文一：《伟大的中国工业革命：发展政治经济学一般原理批判纲要》，清华大学出版社2016年版，第223页。

（二）回归国家：产业政策引领下的科技创新再兴起

对发达国家历史经验的借鉴中充斥着一个神话。这个神话支撑着当今发达国家传统版本的经济政策史，它强调自由贸易和自由放任工业政策的好处，本质上体现着"华盛顿共识"提出的所有政策建议。[①]在东亚新兴工业化经济体实现了经济的快速增长并赢得广泛的赞赏之后，人们最近一直在思考：为什么这样的"赶超"没有发生在其他地方。尽管一直接受高水平的发展援助，其政策也按照"华盛顿共识"进行了调整，许多国家依然贫困盛行，富国和穷国之间的差距正在拉大，许多中等收入国家都没有达到其期望的增长。一些良好的政策"处方"，如经济开放以融入国际一体化，并没有在这些国家得到相应的结果。这是因为，决策者持久的可塑性使其总能在每个可以识别的增长转型的阶段上针对变化的需要做出政策的改变。由于这一可塑性，整个系统得以避免失去动力，并能在每个阶段的末尾重新驶入轨道。[②]

产业政策是一个发现的过程，即企业和政府共同发现潜在的成本和机会并参与战略合作的过程。政府确实不具有完备的信息，然而私人部门同样不具有完备的信息，正是私人部门的

---

① 〔英〕张夏准：《富国陷阱：发达国家为何踢开梯子?》，肖炼等译，社会科学文献出版社2009年版，第13页。

② 张军：《大国经济：中国如何走好下一程》，浙江人民出版社2022年版，第107页。

无知所导致的信息外部性才使得公共部门有了用武之地；与此类似的是，政府部门必须与私人部门保持距离从而使腐败和寻租最小化的传统观点也开始失效，的确，政府部门必须独立于私人部门的利益，然而政府部门只有与私人部门保持长期关系，才能从私人部门那里获取有用的信息。①

产业政策自出现之日起，似乎就被贴上了"后发赶超"目标定位的标签，在相当长时间内被视为后发国家和发展中国家的"专属"经济政策，即便这些国家经济政策的重心开始由主导产业选择、出口促进、重点企业扶持转向解决结构性矛盾，相应的决策机制仍然很难抹去产业政策惯有的政府高介入性印记。然而这种标签正在被新兴产业群体性涌现及复杂多变的国际竞争形势所打破。随着发达国家纷纷下场，产业政策演进呈现一系列新趋势、新动向，由此产生的多重影响尚在生成、累积，并向前沿科技创新、未来产业培育、数字经济发展、气候治理与低碳转型、贸易秩序与地缘安全等诸多领域渐次释放。②

在制度学派的学者看来，国家仅是控制暴力和提供社会秩序的工具。但实际上，它还应该是发展中国家消除或克服市场失灵、解决市场缺失和市场创造者缺失的工具和强大社会力量。

---

① 〔土耳其〕丹尼·罗德里克：《一种经济学，多种药方：全球化、制度建设和经济增长》，张军扩等译，中信出版社2016年版，第95页。

② 杨丹辉：《世界大变局下的产业政策：演进动向与逻辑重构》，《改革》2023年第11期。

然而标榜自由市场的美国，政府同样对于科技创新起到了重要推动作用。[1]二战时期，OSRD（美国科学研究发展局）进行的大规模研发资助活动，从1940年到1945年，OSRD与承包商签订了2200多个研究合同，总价值超过90亿美元，达到了美国技术创新历史上的资助最高峰。研发投资促进了技术中心的出现，且比未受到资助的中心多申请40%~50%的专利。战时研发投资还促进了战后地区就业水平和企业设立数量的增加。战时研发投资改变了美国创新的方向，美国企业在电子和通信领域进行了更多研究。[2]

20世纪90年代以来，美国更加重视对基础研究与基础设施的投入。克林顿政府制定了"信息高速公路计划"，通过成立总统科学技术委员会、削减国防开支、加大联邦政府对研究开发的投入等一系列措施，为美国奠定了信息技术革命时代的支配地位。奥巴马政府则推出了"再工业化战略"。美国的鼓励自由竞争的政策更为一批创新企业的发端和成长为国际知名大企业（如微软、苹果、谷歌等）提供了理想的政策环境。德国政府也通过制定《德国高技术战略2006—2009年》《德国高技术战略

---

① 周文：《赶超：产业政策与强国之路》，天津人民出版社2023年版，第25页。

② Gross, D. P. and Sampat, B. N., 2023, "America, Jump-Started: World War II R&D and the Takeoff of the Us Innovation Sys-tems", *American Economic Review*, 113（12）：3323-3356.

2020》《未来研究与创新战略》等高技术产业发展规划，不断提升产业标准化、现代化水平与科技创新能力，使德国跻身于世界科技强国。历史发展表明，政府是提升国家创新能力的重要主体，政府干预对一个国家科技创新与生产力发展具有重要意义。

目前，美国、日本、欧盟等发达国家和组织培育未来产业无一不在高频次地运用产业政策或类似的政策工具，锁定以人工智能、量子技术、生命健康、清洁能源、空天科技、先进材料等为主攻方向，政策措施和激励机制具有较高相似度，涉及关键技术突破、技术路线识别、创业激励与产业化促进、要素适配、构建产业联盟、基础设施更新等产业生态塑造的方方面面，主要包括提供长期、持续性资金支持，加大财政资金投入力度，建立国家创新平台，改革教育体系和加强人才培养等政策手段。在具体实施过程中，针对前沿科技和未来产业的产业政策表现出明显的干预意愿和选择性导向。如美国在2020年—2023年连续4个财年中，明确将人工智能、量子信息科学领域等未来产业作为国家科技发展的优先方向，列入研发预算优先领域备忘录。

2020年4月，当新型冠状病毒开始席卷世界之时，各国政府就宣布了总计数万亿美元的经济刺激计划，来支持贫困人口的基本需求，竭尽全力维持工作机会，帮助企业在疫情中生存下来。各国央行决定削减利率，并致力于提供足够的流动性；

与此同时，政府部门开始提高社会福利，直接发放现金，支付工资，暂停贷款和按揭贷款还款，还采取了许多其他对策。只有政府才有权力、能力和影响力来做出如此大规模的决策。如果没有政府的介入，经济灾难和社会崩溃可能已经来临。

2021年6月9日，美国国会参议院通过了《创新与竞争法案》，旨在提振美国高科技研究和制造能力以对抗中国及其他竞争对手。在此基础上，2022年8月9日，美国总统拜登正式签署了《2022年芯片与科学法案》，法案针对美国芯片产业制定了更大资金规模和更广覆盖范围的扶持政策，还特别针对中国制定了附加条款，即利用"长臂管辖"原则，禁止获得美国政府资助的半导体企业在中国和"被关注国家"扩大或新增14纳米及以下先进制程芯片产业的投资。

该法案授权美国国家科学基金会、美国商务部、美国国家标准与技术研究院和美国能源部在未来5年追加超过2000亿美元的科学与技术研发资金，并将资助范围扩大至整个高科技领域。同时禁止接受美国政府资助的半导体企业未来10年在中国和其他"被关注国家"（包括俄罗斯、朝鲜和伊朗等）扩大或新增先进制程的半导体产业的投资，否则将收回全部资助。该法案的目的是确保半导体企业将下一轮投资集中在美国及其伙伴国家。整体上看，拜登政府执政后实施新一轮芯片产业政策，试图通过对内回流芯片制造业和对外限制中国芯片产业发展的方式，提升美国芯片产业链的韧性和竞争力，但此举也对全球芯片产业链和中国芯片产业发展产生巨大影响。

小结

马克思在《资本论》中明确强调资本主义对利润的追逐和对资本积累的需求是"资本主义生产方式的'永恒的自然规律'"[1]。并且，为了实现资本增殖目的，资本家将机器引入生产过程企图实现"资本生资本"[2]。在实业资本主义主导的历史阶段，金融活动主要是为工业、贸易和服务业提供资金。金融嵌入在产业网络中，在实物生产经济部门（制造业）利润率不断下降的情况下，投资实业已经越来越失去吸引力，而在国家信用可以透支的制度下，通过生产实现盈利已经无法满足资本家的需要。通过资本运作直接而快速地获利，才是美国资本趋之若鹜的新经济模式。

由于过度金融化，越来越多的剩余价值无法真正进入生产领域，资本积累实现的唯一途径便是剩余价值的"金融投资"，金融自由化产生了越来越多的过剩资本，金融投机推动了各种债务形式尤其是政府债务的膨胀。经济金融化是西方发达国家最为显著的经济特征。而过度金融化正驱使金融资本逐渐偏离

①《马克思恩格斯文集》（第五卷），人民出版社2009年版，第870页。
②《马克思恩格斯选集》（第二卷），人民出版社2012年版，第263页。

服务产业资本的正轨，同时朝着马克思所憎恶的高利贷资本方向发展。因此，在某种程度上，经济金融化不过是高利贷资本的"复归"。这种"复归"不断削弱产业资本积累的内在动力，产业资本积累逐渐被金融资本积累所取代，产业部门利润的来源越来越依靠金融投资而不是商品生产，结果导致产业技术创新动力弱化，破坏社会经济发展的物质基础，由此引发一系列经济问题。不可否认，有序的金融市场极大地促进了实体经济的发展，但过度金融化的严重后果也不容忽视。

第六章

中国崛起：解放和发展生产力

PRODUCTIVITY

解放和发展生产力是社会主义的本质要求，生产力是革命最活跃的因素，只有加快发展生产力，才能发挥社会主义的优越性。马克思恩格斯在《共产党宣言》中，一方面对资本主义生产方式造成社会两极分化与阶级对立进行了深入剖析与深刻批判；另一方面也承认资本主义创造了巨大的生产力，"资产阶级在它不到一百年的阶级统治中所创造的生产力，比过去一切世代创造的全部生产力还要多，还要大"。承认资本主义创造的巨大生产力对人类社会发展起到了重要推动作用。马克思恩格斯看到发展社会生产力的重要性，指出生产力是社会发展的根本动力，强调要实现全人类的解放与人的自由而全面发展的共产主义社会必须大力发展生产力。因而，《共产党宣言》指出，无产阶级在推翻资产阶级旧的统治后，"将利用自己的政治统治……尽可能快地增加生产力的总量"①。

---

① 《共产党宣言》，人民出版社2018年版，第49页。

一、解放和发展生产力是社会主义的根本任务

（一）革命是为了解放生产力

旧中国生产力发展受到严重束缚。1840年鸦片战争之后，世界资本主义列强用坚船利炮打开了中国的大门，中国被动地卷入了资本主义全球化浪潮，一方面，中国一步步沦为半殖民地半封建社会；另一方面，中国也开始了由传统农业文明向现代工业文明的转型，开始了步履蹒跚和艰辛的工业化。

在中国共产党诞生之前，中国民主革命是由资产阶级领导的，虽然推翻了帝制，但是革命并没有成功，没有为社会生产力的发展扫除内外障碍，而是陷入了外受帝国主义侵略压迫、内受军阀混战祸害的苦难深渊。半殖民地的社会性质决定了中国无力抵御外部冲击。1929年，世界经济危机爆发，西方国家纷纷放弃金本位制，贬值本币，以邻为壑。中国则成为资本主义国家"过剩"产品的倾销市场。国际金融市场对中国生产力的冲击更甚。1934年，美国通过"白银法案"，在国内外高价购买白银，引发中国白银外流。当时仍采取银本位制的中国，立即陷入通货紧缩，物价暴跌，金融市场崩盘，民族工业衰退。①

实现生产力的解放，就必须从主权上获得独立。在新民主

① 许涤新、吴承明主编：《中国资本主义发展史》（第3卷上册），人民出版社2003年版，第120~123页。

主义革命时期，毛泽东根据对当时社会的考察，多次阐述了我国的生产力发展状况及前景。由于当时的中国饱受"三座大山"的压迫，中国的生产力发展受到了限制。毛泽东认为，中国的生产力发展缓慢，就是受到了这"三座大山"的压制，只有推翻它们，中国的生产力发展潜力才会得到释放。"而我们搞政治、军事仅仅是为着解放生产力。"[1]通过新民主主义革命实现中国主权的独立，是解放生产力的首要条件。

劳动者是生产力的主体。毛泽东认为，解放生产力就要先解放人，将人们从剥削与压迫中解放出来是发展生产力的首要条件。推翻旧的社会制度，把人民从被压迫的社会制度下解救出来，才能真正地实现生产力的解放。只有有了公平合理的社会制度，劳动人民有了自由和尊严，才会有努力参与社会生产的动力。因此，解放生产力也就是解放劳动人民。

新中国成立以后，我国社会的基本状况发生了改变。"三座大山"被推翻，无产阶级得到了解放。但是由于长期受"三座大山"的压迫，我国的生产力遭到了严重的破坏。生产工具是生产过程中不可或缺的要素。生产者只有与生产资料结合起来才能产生生产力。因此，生产者能否拥有生产资料，是决定生产力发展的关键因素。只有社会生产资料被大多数人共同拥有，才能快速发展社会生产力。三大改造不仅使我国实现了社会主

---

[1]《毛泽东文集》（第三卷），人民出版社1996年版，第109页。

义公有制的转变，生产力也在这一时期得到了一定的发展。在三大改造完成后，社会基本矛盾发生了改变。为了保护已有的生产力，毛泽东指出："我们的根本任务已经由解放生产力变为在新的生产关系下面保护和发展生产力。"[1]

三大改造完成后，毛泽东十分重视工业的发展。毛泽东认为中国之所以落后，就是因为中国没有新式工业，生产力一直难以发展。在这种情况下，需要发展新式工业，推动生产力的发展。需要推动农业的机械化，提高农业的生产力。无论是农业还是工业，发展生产力就要改进劳动工具。因此，新中国想要发展生产力就必须实现国家的工业化。

（二）优先发展重工业促进生产力水平提高

新中国成立初期，中国仍是一个落后的农业大国，国民经济尚未恢复，全国上下百废待兴，中国共产党带领中国人民开启了社会主义现代化道路的伟大探索。为了恢复社会生产力，推动社会主义经济发展，毛泽东提出了"一化三改造"的过渡时期总路线，明确工业化是中国现代化建设的主要目标。在学习和借鉴了苏联现代化模式的基础上，党中央制定了以大力发展重工业为核心的"一五"计划，采取计划经济模式推进社会主义现代化。

这一时期，在苏联的援助下，中国兴建了一大批大型工业

---

[1]《毛泽东文集》（第七卷），人民出版社1999年版，第218页。

企业，优先发展重工业，依托156个重点项目开展了大规模的经济建设。与此同时，社会主义改造与工业化建设齐头并进，党中央对农业、手工业和资本主义工商业进行了社会主义改造。到1956年底，中国基本完成了三大改造，确立了社会主义经济制度。1954年，党中央首次提出了工业、农业、交通运输业和国防四个现代化的建设目标。然而到了"一五"计划后期，随着苏联模式的弊端逐渐暴露及中苏关系的变化，中国共产党认识到科学技术对中国工业化和现代化的重要性和迫切性，中国必须独立自主地走适合中国国情的社会主义现代化道路。

1957年，毛泽东提出，"将我国建设成为一个具有现代工业、现代农业和现代科学文化的社会主义国家"[1]，把"现代科学文化"纳入了中国现代化的整体构想，体现出对现代科学的高度重视。1963年，毛泽东再次强调："科学技术这一仗，一定要打，而且必须打好……不搞科学技术，生产力无法提高。"[2]可见，科学技术发展对提高社会生产力的重要性。在1964年的第三届全国人民代表大会第一次会议上，周恩来根据毛泽东的指示，正式宣布"四个现代化"的宏伟目标，要"把我国建设成一个具有现代农业、现代工业、现代国防和现代科学技术的社会主义强国"[3]。

---

[1]《毛泽东文集》（第七卷），人民出版社1999年版，第207页。

[2]《毛泽东文集》（第八卷），人民出版社1999年版，第351页。

[3]《周恩来选集》（下卷），人民出版社1984年版，439页。

在中国共产党的带领下，中国以"四个现代化"为目标，尤其以发展重工业为着力点，进行了现代化道路探索。中国人民自力更生，集中力量办大事，"在三十年间取得了旧中国几百年、几千年所没有取得过的进步"①。尽管经历了艰难曲折的过程，中国成功建立起了比较完整的工业体系和国民经济体系，生产力水平得到了显著提升。这一时期，中国迅速完成了不同于西方模式的工业化原始积累，走出了适合自身国情的工业化道路。

从新中国成立到改革开放前，中国主要工业制成品产出增长惊人。1949年中国钢产量仅有15.8万吨，经过不到三十年的重工业发展，1978年中国钢产量突破了3000万吨，跃居全球第五位。中国工业化建设取得了显著成效，1952年中国工业产值仅有119.8亿元，到1977年已经达到了1372.4亿元，且工业对国民经济的贡献也大幅提升，GDP的比重从1952年的17.6%上升到1977年的42.9%。工业化提高了农业生产力水平，1952—1978年，中国农业总产值翻了一番，农业机械总动力由25万马力增至15975万马力，机械耕种面积由13.6万公顷增至4067万公顷。1978年，中国成为世界第八大产油国，粮食产量位居世界第二，棉花产量位居世界第三。在新中国成立初期，中国主要依靠优先发展重工业推动社会生产力大幅提升，为中国式现

---

① 《邓小平文选》（第二卷），人民出版社1994年版，167页。

代化道路的开辟奠定了良好的基础。

（三）经济体制改革推动生产力高速发展

在改革开放初期，中国的生产力水平相较于西方发达国家仍处于较低的水平，由于底子薄，中国依然是世界上较为贫穷的国家之一。以邓小平同志为主要代表的中国共产党人全面深入总结新中国成立以来的现代化建设经验教训，深刻认识到社会主义最根本的任务是解放和发展生产力，党的十一届三中全会作出了改革开放的历史性决策，把党和国家工作中心转移到经济建设上来。

邓小平首次提出要"走出一条中国式的现代化道路"①。1987年，党的十三大明确提出把我国"建设成为富强、民主、文明的社会主义现代化国家"的总目标，并制定了"三步走"的发展战略。②1992年，邓小平在南方谈话中提出社会主义的本质就是解放生产力和发展生产力，而要解放和发展生产力必须依靠科学技术，他也反复强调"科学技术是第一生产力"，"四个现代化，关键是科学技术的现代化"。③

1978年以后，中国改变了长期实施的优先发展重工业的战略，主要依靠经济体制改革推动生产力的解放和发展。在农村，

---

① 《邓小平文选》（第二卷），人民出版社1994年版，第163页。

② 中共中央文献研究室：《十三大以来重要文献选编》（上），人民出版社1991年版，第15页。

③ 《邓小平文选》（第二卷），人民出版社1994年版，第86页。

家庭联产承包制极大地提高了农民生产的积极性，推动了农业生产力的提高。在城市，以扩大企业自主权为主要内容的经济体制改革也逐步在全国各个领域推开。在所有制结构方面，打破了单一的公有制经济结构，在公有制为主体的基础上，个体经济、私营经济从无到有，外商投资规模不断扩大，非公有制经济逐渐成为国民经济的重要组成部分。为适应所有制结构的变化，中国的分配制度也进行了相应的调整。

为了更好地激发劳动者生产的积极性，党中央打破了平均主义的分配方式，在家庭联产承包制的基础上提出"缴够国家的，留够集体的，剩下都是自己的"，鼓励让一部分地区、一部分人先富起来的政策充分调动了各类经济主体的积极性，生产力发展迅速。1992年，党的十四大正式提出建立社会主义市场经济体制，党的十四届三中全会提出国有企业要建立现代企业制度，使中国式的现代化进入"快车道"。总体来说，中国经济体制改革为生产力的高速发展提供了关键性的制度保障，成功带动了中国经济的腾飞。

独立完整工业体系的建立，使生产力具备了加速发展的条件。此时，人民生活水平落后和生产效率低下成为亟待解决的问题。1978年，城乡居民恩格尔系数分别为57.5%和67.7%，城市居民消费处于温饱阶段，农村居民则处于贫困阶段。从劳动生产率来看，中国与发达国家的差距更大了。1977年，法国马赛钢铁厂年产350万吨钢，职工只有7000人；而当时武钢年产

230 万吨钢，职工 6.7 万人。①

　　改革开放以来，中国实现了从"站起来"到"富起来"的历史性飞跃，生产力的高速发展是这一阶段现代化建设的突出特征。1978—2012 年，中国经济实现了持续高速增长，年均增速达到 10%。从经济总量来看，中国 GDP 连上新台阶，2000 年突破 10 万亿元大关，2012 年达到 53.7 万亿元。进入 21 世纪以来，中国先后赶超法国、英国、德国和日本，成为世界第二大经济体。从产业结构来看，中国实现了从主要由工业拉动向由三产协调拉动的优化转型，逐渐从要素驱动、投资驱动转向创新驱动。中国第一、二、三产业增加值从 1978 年的 27.7%、47.7% 和 24.6% 转变为 2012 年的 9.1%、45.4% 和 45.5%，第三产业发展迅速。

　　在改革开放以来的现代化建设中，中国科技水平不断提升，自主创新能力显著增强。1995—2012 年，中国发明专利申请数量从 2 万多项增长到了 65 万多项，高技术产品出口额从 100.91 亿美元增长至 6011.7 亿美元。科技创新成果不断涌现，如超级杂交水稻的成功培育，"神舟系列"飞船的成功发射，自主研发的高铁频频刷新世界纪录，首台千万亿次超级计算机"天河一号"研制成功等，一大批重大创新成果跻身世界前列。由此可见，改革开放以来，中国式现代化建设取得了举世瞩目的成就，

---

① 谷牧：《谷牧回忆录》，中央文献出版社 2009 年版，第 315 页。

究其根源在于经济体制改革为解放和发展生产力创造了有利的制度条件，科技创新对生产力发展的重要性愈发突出。

（四）创新驱动推动生产力跃升

党的十八大以来，中国经济由高速增长转向了中高速增长，中国特色社会主义进入新时代。党中央提出了"五位一体"总体布局和"四个全面"战略布局，中国式现代化建设进入了新的历史阶段。党的十八大明确提出，"科技创新是提高社会生产力和综合国力的战略支撑，必须摆在国家发展全局的核心位置"[1]。因此，新时代以来，中国坚持实施创新驱动发展战略，为生产力的持续升级开拓空间，以创新驱动引领现代化建设。

立足中国社会主要矛盾的变化，党的十九大明确提出要建设现代化经济体系，并指出"创新是引领发展的第一动力，是建设现代化经济体系的战略支撑"[2]。在新的历史起点上，党中央为建设中国式现代化作出了"两步走"的战略安排。2021年，习近平总书记在庆祝中国共产党成立100周年大会上明确提出"中国式现代化新道路"这一理论命题，标志着中国式现代化进入新的历史征程。

---

[1] 胡锦涛：《坚定不移沿着中国特色社会主义道路前进　为全面建成小康社会而奋斗——在中国共产党第十八次全国代表大会上的报告》，《人民日报》2012年11月18日。

[2] 习近平：《决胜全面建成小康社会　夺取新时代中国特色社会主义伟大胜利——在中国共产党第十九次全国代表大会上的报告》，《人民日报》2017年10月28日。

随着中国经济进入新发展阶段，改革也进入了攻坚期和深水区。过去中国经济增长主要依靠投资和出口，是一种外延型、粗放型的增长模式，而随着工业化的即将完成，出口和投资对经济增长的驱动力逐渐弱化，中国必须转向依靠创新为主的内涵型增长。为了全面建成小康社会，进而建成社会主义现代化国家，党的十八届三中全会作出了全面深化改革的决定。针对产能过剩、库存积压、杠杆率攀升等问题，党中央通过供给侧结构性改革进行"去产能、去库存、去杠杆、降成本、补短板"，从而破除了束缚生产力进一步发展的障碍，推动各行各业向技术进步方向转型升级。

中国坚持科技创新和体制机制创新"双轮驱动"，动员各类创新主体和创新要素投入创新研发。党的十九届五中全会再次强调，"坚持创新在我国现代化建设全局中的核心地位，把科技自立自强作为国家发展的战略支撑"①。在创新驱动战略下，中国产业结构不断升级，工业化与信息化加速融合。工业互联网广泛运用于钢铁、石油、机械等传统产业，制造业整体的数字化、智能化水平显著提升。高新技术产业、战略性新兴产业在工业和出口中的比重不断提高，技术进步对经济增长的贡献率不断提高。

---

① 《中华人民共和国国民经济和社会发展第十四个五年规划和2035年远景目标纲要》，人民出版社2021年版，第13页。

党的二十大报告指出："在新中国成立特别是改革开放以来长期探索和实践基础上，经过党的十八大以来在理论和实践上的创新突破，我们党成功推进和拓展了中国式现代化。"①中国已经成为全球制造业第一大国，是世界上唯一拥有联合国产业分类目录中所有工业门类的国家，也是驱动全球工业增长的重要引擎。新时代以来，中国经济保持6.4%的中高速增长，国内生产总值突破了100万亿元大关，经济实力实现了历史性跃升。

2021年，中国全面建成了小康社会，历史性地解决了绝对贫困的问题，这是中国式现代化进程中取得的阶段性成功。在这些经济发展成就的背后，反映的是中国生产力水平的不断提高，而推动生产力发展的动力源泉则来自科技创新。进入新时代以来，中国新兴产业不断孕育，生产力持续升级。2012—2022年，中国高技术制造业年均增加率达到11.3%。在创新驱动战略的实施下，中国取得了丰硕的创新成果，"天眼"探空、"蛟龙"入海、"墨子"传信、"北斗"组网等重大科技成果相继问世，人工智能、第五代移动通信技术、光电芯片技术等智能化技术引领全球，推动中国式现代化加速向前，助力中国实现了从"富起来"到"强起来"的伟大飞跃。

---

① 习近平：《高举中国特色社会主义伟大旗帜 为全面建设社会主义现代化国家而团结奋斗——在中国共产党第二十次全国代表大会上的报告》，人民出版社2022年版，第22页。

二、解放和发展生产力：历史经验

（一）社会主义本质论

解放和发展社会生产力是解决社会基本矛盾的根本手段、是促进社会进步的根本动力。习近平指出："解放和发展社会生产力是社会主义的本质要求，是中国共产党人接力探索、着力解决的重大问题。"①改革开放以来特别是党的十八大以来，我们党带领人民大力解放和发展社会生产力，推动我国经济发展取得历史性成就、发生历史性变革。历史和现实充分说明，我们党始终遵循和把握生产力发展规律，调整和变革生产关系，推进经济体制改革，让一切劳动、知识、技术、管理、资本的活力竞相迸发，让一切创造社会财富的源泉充分涌流。

把解放和发展生产力作为根本任务，是我国社会主义发展提出的重大理论课题和实践课题。坚持解放和发展社会生产力，提出了社会主义本质的科学命题，把对社会主义的认识提高到新的科学水平。传统社会主义仅仅从生产关系和所有制结构来定义社会主义本质，并以此界定社会主义与资本主义的根本差异。中国共产党在社会主义建设时期，也受到传统社会主义思

---

① 习近平：《在纪念马克思诞辰200周年大会上的讲话》，《人民日报》2018年5月5日。

潮影响，片面追求一大二公，脱离了生产力实际，唯心主义、教条主义地理解社会主义本质，结果导致不少失误，甚至遭到严重的挫折。

邓小平在会见津巴布韦非洲民族联盟主席、政府总理穆加贝时，他郑重指出：我们总结了几十年搞社会主义的经验。社会主义是什么，马克思主义是什么，过去我们并没有完全搞清楚。社会主义的任务很多，但根本一条就是发展生产力。正是基于这样的判断，邓小平从马克思主义的基点出发，从发展角度深度诠释了社会主义的本质，即"解放生产力，发展生产力，消灭剥削，消除两极分化，最终达到共同富裕"。党的十二届三中全会通过的《中共中央关于经济体制改革的决定》指出："社会主义的根本任务就是发展社会生产力"，"社会主义要消灭贫穷，不能把贫穷当作社会主义。"①

坚持解放和发展社会生产力，把发展作为党执政兴国的第一要务。邓小平指出："在社会主义国家，一个真正的马克思主义政党在执政以后，一定要致力于发展生产力，并在这个基础上逐步提高人民的生活水平。"②早在20世纪60年代，邓小平就关注发展生产力问题。1961年1月，他在会见尼加拉瓜和哥斯达黎加外宾时就指出，我们还很落后，还有许多工作做得不

---

① 《改革开放以来历届三中全会文件汇编》，人民出版社2013年版，第24页。
② 《邓小平文选》（第三卷），人民出版社，1993年，第28页。

够好。如何搞社会主义主要看两条：一要群众满意，二要发展生产力。 1964 年 1 月，他在全军政治工作会议上指出：现在我们全党要注意，我们制定的方针、政策要有利于发展生产力，有利于实现工业、农业、科学技术和国防现代化。衡量我们工作做得好不好，要看我们能不能发展生产力。 所以，中国共产党牢牢抓住经济建设不动摇，成功开辟和发展了中国特色社会主义道路。一句话，中国特色社会主义道路的实质就是"中国共产党领导的科学发展之路"。中国特色社会主义道路的开辟和发展的关键是抓住了经济建设的中心，一以贯之地把解放和发展社会生产力当作社会主义的根本任务。

将解放和发展社会生产力融入社会主义本质的理解中和中国道路的实践中，充分体现出社会主义的优越性，满足了人民群众的需求、带来了人民群众的富足、促进了人民群众的生活的极大改善。坚持解放和发展社会生产力，充分体现出社会主义的优越性。通过大力发展生产力，充分体现出社会主义制度的优越性。社会主义的优越性归根到底要体现在生产力比资本主义发展得更快、更好。

正是因为坚持解放和发展生产力，我国在改革开放发展中取得了西方资本主义国家几百年才能取得的成就，为实现中华民族伟大复兴奠定了坚实的基础；中国成为世界上第二大经济体，国际地位显著提升。现在，我们比历史上任何时期都更接近中华民族伟大复兴的目标，比历史上任何时期都更有信心、有能力实现这个目标。坚持解放和发展生产力，让发展生产力成为硬道理，才有了经济高速增长、民族复兴、国际地位提升等成果，让民众有获得感、民族自豪感和大国荣誉感。

现在来看，人民群众拥护中国共产党的领导，在于我们党成功开辟了一条走向胜利的道路。道路自信的底气来自我们改革开放以来取得的伟大成就，来自我们紧紧抓住体现中国特色社会主义优越性——解放和发展社会生产力。坚持解放和发展社会生产力，极大地满足了人民群众日益增长的物质文化需要，实现了人民的富裕、国家的富强，带领中国人民走向自由发展之路。

（二）坚持科学技术是第一生产力

马克思恩格斯关注科学技术对于改进劳动资料、促进生产力发展的突出作用。马克思恩格斯指出，虽然劳动是生产力发展的主动力，但"生产力中也包括科学"①。随着科学技术的不断进步，生产工具逐步升级、劳动资料不断改进、机器大生产广泛推行，使"资产阶级在它的不到一百年的阶级统治中所创造的生产力，比过去一切世代创造的全部生产力还要多，还要大"②。

由此可见，马克思恩格斯深刻认识到科学技术对于生产力

---

① 《马克思恩格斯文集》（第八卷），人民出版社2009年版，第188页。
② 《马克思恩格斯文集》（第二卷），人民出版社2009年版，第36页。

发展的积极推动作用，认为科技创新能够孕育新生产力、提升生产效率。而且，在马克思对生产活动的分析框架中，劳动者的"劳动生产力是随着科学和技术的不断进步而不断发展的"[①]，科学的一般水平与技术的发展状况及二者在劳动过程中的充分运用是财富创造的重要源泉。

新中国成立以来，党和国家领导人一贯重视马克思主义的科学技术思想，并努力把它付诸行动。例如，在毛泽东看来"不搞科学技术，生产力无法提高"[②]。周恩来也对科学技术有若干重要论述，诸如"科学是关系我们的国防、经济和文化各方面的有决定性的因素""只有掌握了最先进的科学，我们才能有巩固的国防，才能有强大的先进的经济力量"[③]，"要实现农业现代化、工业现代化、国防现代化和科学技术现代化，把我们祖国建设成为一个社会主义强国，关键在于实现科学技术的现代化"[④]。1956年，党中央和国务院提出"向科学进军"。这是党和国家大力发展科学技术的第一声号角，并编制了《1956—1967年科学技术发展远景规划纲要》。

邓小平十分认可"科学技术是生产力"这一马克思的基本

①《马克思恩格斯文集》（第五卷），人民出版社2009年版，第698页。
②《毛泽东文集》（第八卷），人民出版社1999年版，第351页。
③《周恩来选集》（下卷），人民出版社1984年版，第181~182页。
④《周恩来选集》（下卷），人民出版社1984年版，第412页。

观点，并且在此基础上提出了"科学技术是第一生产力"①。从"生产力"到"第一生产力"的改变，是对马克思"科学技术是生产力"经典论断的再现，同时体现了鲜明的时代特征。从实践出发，我国科技发展的成就和西方发达国家科技崛起的历史表明，政府是推动科技创新及先进生产力形成和发展的重要力量。着眼于我国科技发展的实践过程，政府实施重大科技发展战略是我国科技创新和生产发展的重要推手。

面对世界高技术蓬勃发展、国际竞争日趋激烈的严峻挑战，国家有关部门从1984年起，多次组织专家学者研究发达国家高技术发展战略，致力于加快我国在高技术领域的研究进展，于1986年11月批准《高技术研究发展计划纲要》（即"863"计划）。这一计划聚焦生物技术、航天技术、信息技术、激光技术、自动化技术、能源技术、新材料等7个对我国未来发展有重大影响的高技术领域，促成了我国高技术研究领域由点到面、由跟随到创新发展的转变，推动形成了产学研结合的创新体系，带动了高技术产业的发展，为我国生产力的跃迁提供了强大动力。

伴随着新世纪的到来，我国社会主义建设事业更上新台阶，江泽民重新思考了科学技术与生产力的关系，他提出了"科学技术是第一生产力，是先进生产力的集中体现和主要标志，也

---

① 《邓小平文选》（第三卷），人民出版社1993年版，第274页。

是人类文明进步的基石"①。在21世纪之初恰逢中国共产党成立80周年之际，面对我国必须完成的经济社会的建设指标，中国共产党的领导集体敏锐地把握社会发展的客观规律，在充分发挥中国特色社会主义制度的独特优势的基础上，以创新促发展，以创新争优势。科学技术作为先进生产力的集中体现和主要标志，在转变经济发展方式、优化劳动力结构以及促进国民经济又好又快发展中发挥了积极作用。

进入21世纪以来，世界科技革命蓬勃发展，科技的进步影响了社会生活的方方面面，与此同时世界经济格局也发生变化，对于我国来说，建设小康社会的任务也需要科学技术的支持。在这样的复杂背景下，以胡锦涛同志为主要代表的中国共产党人把握国际和国内两个大局，充分认识到科学技术的重要作用。提出了"科学技术是第一生产力，是推动人类文明进步的革命力量"②。在新的历史时期，科学技术的作用已经不再局限于生产领域，而是渗透进社会生活的点滴中，科技的发展已然成为引领未来社会发展的主导力量。胡锦涛指出："科学技术是第一生产力，是先进生产力的集中体现和主要标志。"③

---

① 《江泽民文选》（第三卷），人民出版社2006年版，第261页。
② 胡锦涛：《坚持走中国特色自主创新道路 为建设创新型国家而努力奋斗——在全国科学技术大会上的讲话》，人民出版社2006年版，第2页。
③ 胡锦涛：《在中国科学院第十四次院士大会和中国工程院第九次院士大会上的讲话》，人民出版社2008年版，第7页。

习近平提出要在大力发展科学技术的基础上，努力让中国成为"世界主要科学中心和创新高地"①。在以习近平同志为核心的党中央坚强领导下，我国加快推进科技自立自强，不断加强基础研究和原始创新，一系列关键核心技术实现重大突破，战略性新兴产业持续壮大，载人航天、卫星导航、量子信息、核电技术、生物医药等领域取得重大成果，创新型国家建设取得决定性成就，科技强国建设迈出了坚实步伐。当前和今后一个时期，中国发展的国际环境和国内条件都发生了复杂而深刻的变化，打造自主可控、安全可靠的产业链、供应链，最需要的是创新，根本出路是创新。

科技创新是有效应对各种重大风险挑战的迫切要求。谁能在创新上先行一步，谁就能掌握战略主动权。习近平指出："当今世界正经历百年未有之大变局，科技创新是其中一个关键变量。"②从全球范围来看，新一轮科技革命和产业变革突飞猛进，围绕科技制高点的竞争空前激烈。科技创新成为国际战略博弈的主要战场，科学技术的重要性全面上升。想要于危机中育先机、于变局中开新局，我们就必须向科技创新要答案。

习近平强调："关键核心技术是要不来、买不来、讨不来的。只有把关键核心技术掌握在自己手中，才能从根本上保障

---

① 习近平：《努力成为世界主要科学中心和创新高地》，《求是》2021年第6期。
② 习近平：《论科技自立自强》，中央文献出版社2023年版，第246页。

国家经济安全、国防安全和其他安全。"①唯有加快突破关键核心技术，解决"卡脖子"技术难题，提高国产化替代率，才能为全面建设社会主义现代化国家打造更为可靠、更加安全的基础。我们要找准非对称赶超突破口，奋力实现关键核心技术自主可控，牢牢掌握创新主动权、发展主动权。因此，必须加快科技现代化步伐，赢得科技创新主动，在错综复杂的国际环境下不断增强抗压能力、应变能力、对冲能力和反制能力。

（三）坚持市场与政府有机结合，协力推动科技创新

如何正确处理政府和市场的资源配置关系，是一个世界性难题。从理论上看，无论是从亚当·斯密到哈耶克再到新自由主义理论，还是以凯恩斯为代表的"国家干预主义"理论，西方主流经济学中始终存在政府与市场的二元对立论。事实上，自然产生、自我调节的自由市场经济是西方经济学的乌托邦幻想，国家和政府在资源配置中，尤其是创新活动中的作用不应当仅仅限定在公共领域的"守夜人"角色。从历史经验来看，各国的产业革命与技术创新路径尽管不尽相同，但并没有出现如其宣扬的"完全市场化"道路，国家和政府始终在创新活动发挥着重要积极作用，也并未出现如萨伊所说政府干涉生产导致的"弊政层出不穷，灾祸紧随着原则而产生"②。无论从理论

---

① 习近平：《努力成为世界主要科学中心和创新高地》，《求是》2021年第6期。

② 〔法〕萨伊：《政治经济学概论：财富的生产、分配和消费》，陈福生、陈振骅译，商务印书馆1963年版，第166页。

还是经验上看，要推动我国科技事业的蓬勃创新，离不开有为"强政府"和有效"强市场"的协同作用。①

自然产生、自治自为的"市场必然是一个假象"②，因为完全自由放任、自我调节的市场经济是一个"闻所未闻、彻头彻尾的乌托邦"，没有国家力量发挥作用，那么自由市场经济就根本无法建立起来，只有国家干预才是自由市场困境的"解围之神"。自亚当·斯密以来，建立于固定不变的、非历史的个人主义基础之上，宣扬市场万能、市场最优的完美自由主义经济学逐步占据西方经济学主导地位，甚至天然地成为经济学不言自明的理论根基。

自由市场是一种幻觉，西方自由主义经济学是脱离历史现实的精美抽象理论，看似逻辑严密精巧，然而却缺乏历史现实基础与思想内核，经济历史不是反映西方经济发展的真实历史而是成为建立理想纯粹市场经济模型的空洞历史③，既无法令人信服地解释市场机制如何有效发挥作用，也难以解释政府在市场的形成和运行中所发挥的巨大作用机制，更缺乏对于政府与市场关系及整体经济社会运行规律的总体系统理论，只是形成

---

① 周文：《赶超：产业政策与强国之路》，天津人民出版社2023年版，第310页。
② 〔英〕马克·贝维尔、〔美〕弗兰克·特伦特曼编：《历史语境中的市场：现代世界的思想与政治》，杨芳等译，人民出版社2014年版，第12页。
③ 〔英〕杰弗里·M.霍奇逊：《经济学是如何忘记历史的：社会科学中的历史特性问题》，高伟等译，中国人民大学出版社2007年版，第36页。

了对于政府和市场关系的许多特性及部分经济社会发展规律的碎片化理解。①

主张彻底私有化、完全市场化与绝对自由化的新自由主义经济学更是引起严重的世界经济灾难，苏东倒退、拉美陷阱、非洲停滞都是政府作用退场、市场失去控制的恶果，"如果允许市场机制成为人的命运，人的自然环境，乃至他的购买力数量和用途的唯一主宰，那么它就会导致社会的毁灭"②。西方自由放任市场经济成为资本主义意识形态霸权的婢女，使得人类社会长期迷失于市场支配一切的自由市场原始丛林之中。

改革开放以来，我国建立了社会主义市场经济体制，取得了辉煌的经济发展成就，可以说，市场和政府的有机结合是我国经济体制改革最成功的经验之一。科技创新作为更为复杂的资源配置，必须更好发挥政府与市场两种力量的协同作用。一是从形成关键来看，发展生产力必须依靠科技创新，只有科技创新，才能推动生产力的爆发式增长。科技创新的技术难度和组织复杂性远超一般性经济活动，在参与主体上需要政府、市场与社会的多元主体参与协作，在资源配置上需要发挥市场决定、政府统筹来调配和协调全国创新要素资源。二是从长期发

---

① 周文：《国家何以兴衰：历史与世界视野中的中国道路》，中国人民大学出版社2021年版，第253页。

② 〔英〕卡尔·波兰尼：《大转型：我们时代的政治与经济起源》，冯钢、刘阳译，浙江人民出版社2006年版，第63页。

展来看，科技创新推动产业创新，离不开国家对科技和经济工作的顶层设计与市场在资源配置中的决定性作用。特别是未来产业尚未发展成熟且未来技术突破的创新研发投入更大、周期更长、风险更高与不确定性更强，部分领域市场自主创新力量薄弱，在资源配置中必须更好发挥政府作用以弥补市场创新力量的不足。

不同于西方国家完全由市场机制所决定的纯市场化创新，也不同于传统举国体制强调政府的单一力量。市场与政府有机结合的突出特点就在于创新资源的配置不再完全依赖于计划，而是在社会主义市场经济体制下，发挥国家顶层设计与市场自发创新的协同创新作用。一方面，充分发挥市场在创新资源配置中的决定性作用，能够实现有限创新资源的最大化利用并充分调动各类市场主体的创新活力，实现各类创新要素的集聚与高效配置。另一方面，更好发挥政府在创新资源配置中的统筹协调作用，统筹好国家利益与各类市场主体利益，合力攻关科技创新。由此，在党中央对科技工作统一领导下，市场与政府有机结合能够切实发挥集中力量办大事的制度优势和利用超大规模市场优势，以有为政府与有效市场有机结合的双轮驱动模式，最大限度高效配置资源助推生产力跃迁，大幅提升科技攻关体系化能力，加快关键核心技术攻关。

三、解放和发展生产力：制度保障

（一）公有制为主体、多种所有制经济共同发展

我国对所有制问题的认识经历了比较曲折的过程。新中国成立初期，在社会主义经济建设中对马克思主义经典作家关于公有制相关论述存在教条主义和本本主义理解的误区，违背了经济发展的客观规律，认识上曾一度脱离生产力发展水平，单纯、片面、孤立地看待所有制问题，因此提出了"一大二公三纯"的所有制先进性标准。"一大"，即公有制规模越大越好；"二公"，即公有化程度越高越好；"三纯"，即社会主义的经济成分越纯越好。实践证明，这种压制和消灭私有制成分、一味急于过渡到单一的公有制结构，既不符合我国现实生产力的状况，更不利于社会生产力的发展，导致社会主义经济丧失活力和生机。所以，公有化的程度并不是体现、衡量生产力先进性的唯一尺度和评价标准，还必须综合考虑经济、政治、文化、社会等各维度和社会经济发展的阶段性特征。

所有制问题是马克思主义政治经济学的重要范畴。根据人类社会发展演进的一般规律，生产力决定生产关系，经济基础决定上层建筑，所有制必须与社会生产力发展水平相适应。虽然马克思主义经典作家认为未来社会将由共产主义的公有制代

替资本主义的私有制，这是一个崇高的理想，但也是一个非常漫长的过程。1978 年改革开放拉开序幕，中国共产党对社会主义基本经济制度进行重新审视，进一步明确我国正处于并将长期处于社会主义初级阶段，这一阶段的社会生产力发展水平尚未达到马克思所描述的共产主义社会的程度，因此也就决定了我国必须坚持"公有制为主体，多种所有制共同发展"的所有制结构，必须坚持"两个毫不动摇"，大力发展非公有制经济。

习近平指出："公有制为主体、多种所有制经济共同发展的基本经济制度确立以来，我们党一再明确和深化了坚持基本经济制度的重要政策原则。在功能定位上，公有制经济和非公有制经济都是我国经济社会发展的重要基础。"[①]可见，我国对所有制、非公有制经济的认识经历了一个渐进的过程。随着中国特色社会主义伟大经济实践的发展，中国特色社会主义经济理论也得到不断丰富和发展，不断突破对所有制问题的传统认知。

公有制经济的本质在于生产资料由劳动者所共有，最大的优越性在于能不断解放和发展生产力，促进社会生产快速、协调、可持续发展。习近平指出："公有制经济是全体人民的宝贵财富，就是要坚持公有制主体地位不能动摇，国有经济主导作

---

① 习近平：《关于〈中共中央关于全面深化改革若干重大问题的决定〉的说明》，《人民日报》2013 年 11 月 16 日。

用不能动摇。"①同时，非公有制经济在扩大就业、促进经济增长、活跃市场等方面与公有制经济发挥着同样重要的作用，公有制经济与非公有制经济相得益彰、相互促进。非公有制经济是社会主义经济的重要组成部分，社会主义经济发展离不开非公有制经济。

需要明确的是，发展混合所有制经济并不是削弱公有制经济，而是壮大社会主义经济。我们强调坚持"两个毫不动摇"，意味着不再片面地强调公有制，而是强调公有制经济和非公有制经济共同发展，以"两个毫不动摇"来支撑、完善中国特色社会主义基本经济制度，形成各种所有制经济平等竞争、相互促进的新格局。可见，公有制经济和非公有制经济都是中国特色社会主义经济的重要组成部分，二者共同繁荣发展才能实现国家治理效能的不断提高。

改革开放40多年来，我国取得了辉煌的成就，成为世界第二大经济体，正是由于在社会主义所有制结构上坚持公有制为主体、多种所有制经济共同发展，才创造了经济高速发展和社会长期稳定的中国奇迹。同时，充分体现出社会主义基本经济制度对提升国家治理效能的制度保障作用，也反映出我国混合所有制的制度优势，这与中国共产党带领人民始终坚持和完善

---

① 中共中央宣传部、国家发展和改革委员会：《习近平经济思想学习纲要》，人民出版社、学习出版社2022年版，第73页。

社会主义所有制密不可分。随着社会主义经济的发展和腾飞，不但公有制经济得到不断发展和壮大，从而打破了西方主流经济学宣扬的国有企业竞争机制不足、效率低下、缺乏创新能力等论断，充分体现了中国特色社会主义公有制经济的优势[①]，而且非公有制经济也不断发展壮大并呈现生机和活力。

（二）按劳分配为主体、多种分配方式并存

任何分配制度都必须与一定的所有制结构相适应，马克思在《资本论》中指出，"分配关系本质上和生产关系是同一的，是生产关系的另一面"。人们以什么方式参与生产，就以什么方式参与分配。所谓按劳分配，是指每个社会成员参加社会生产，以劳动者的劳动作为个人消费品的分配尺度，其劳动成果在做了必要的社会扣除之后，等量劳动取得等量报酬。

马克思在《哥达纲领批判》中详细阐述了按劳分配理论，提出共产主义两个阶段的分配原则：在共产主义第一个阶段，即社会主义阶段，实行按劳分配；在共产主义高级阶段，实行按需分配。分配制度就是社会成员从社会劳动产品中获取他们应得份额的某种方式和规则。生产决定分配，分配制度是由生产资料所有制决定的。分配对生产也有反作用，恩格斯指出："分配并不仅仅是生产和交换的消极的产物；它反过来也影响生

---

① 周文、肖玉飞：《中国道路的政治经济学考察》，《山东社会科学》2019年第10期。

产和交换。"①因此，当分配制度适应生产资料所有制时，就能促进社会生产力的发展；反之，当分配制度无法适应生产发展的需要时，就会阻碍社会生产力的发展。

马克思的按劳分配理论就其系统性来说已经十分成熟，但从实践的角度来看，当前中国的社会现实与马克思所设想的共产主义社会是有相当差距的，因此不能够教条地照搬马克思主义理论。对照中国改革开放的伟大实践经验，马克思的按劳分配理论还有很多需要完善的地方。中国的分配制度与马克思的按劳分配理论存在差异的主要原因就在于生产资料所有制问题，我国现阶段的社会主义生产资料所有制与马克思所设想的共产主义社会第一阶段的生产资料所有制是有很大不同的，现阶段的所有制尚未达到马克思所设想的社会主义生产资料所有制结构，必然带来现实与马克思按劳分配理论的差距。

我国社会主义改造完成以后，因为受单一公有制和计划经济体制的影响，不顾经济发展客观实际，曾一度在分配体制上强调和只允许按劳分配，排斥和压制其他分配方式的存在，导致分配中平均主义倾向严重，抑制了社会主义经济的生机和活力。中国的实践证明，过去平均主义的分配方式忽视了分配对生产发展的作用，导致生产力发展缓慢，甚至出现经济停滞现象，严重损害了劳动者的生产积极性。

---

① 《马克思恩格斯选集》（第三卷），人民出版社2012年版，第527页。

生产决定分配，在生产资料所有制以公有制为主体、多种所有制共同发展的条件下，分配制度必须与之相适应，只能实行按劳分配为主体、多种分配方式并存的分配体制。多种分配方式并存，尤其是允许生产要素按贡献参与分配是我国分配制度改革的重大突破，健全劳动、资本、土地、知识、技术、管理、数据等生产要素由市场评价贡献、按贡献决定报酬的机制，有利于调动各经济主体的积极性，拓宽创造财富的渠道，增加人民合法的收入来源。按劳分配与按要素分配的有机结合实现了社会经济发展过程中兼顾效率与公平的原则，更加有利于增加低收入者的收入，扩大中等收入群体，实现共同富裕的目标。虽然社会主义的现实与马克思对未来社会的设想有一定差距，但并不意味着否定按劳分配，我们依然要坚持按劳分配原则，并且必须不断发展和完善按劳分配理论。

随着对社会主义所有制结构认识的不断突破，我国分配制度的改革也不断深化。为适应公有制为主体、多种所有制共同发展的所有制结构，党的十三大首次提出"以按劳分配为主体，其他分配方式为补充"的社会主义分配制度，党的十四大进一步提出要兼顾效率与公平，党的十五大明确提出"坚持按劳分配为主体、多种分配方式并存的制度。把按劳分配和按生产要素分配结合起来"，党的十六大明确了生产要素按贡献参与分配的原则，党的十七大提出"初次分配和再分配都要处理好效率和公平的关系，再分配更加注重公平"。

党的十九届四中全会把"按劳分配为主体、多种分配方式并存"提升为社会主义基本经济制度，进一步指出要"健全劳动、资本、土地、知识、技术、管理、数据等生产要素由市场评价贡献、按贡献决定报酬的机制"，并首次提出重视发挥第三次分配作用。从中国特色社会主义分配制度发展的历程来看，任何时期分配制度的转变和发展必须始终与所有制结构相适应。改革开放40多年来，正是因为分配制度的发展和完善极大调动了劳动者的生产积极性，从而推动我国实现经济高速发展。同时，居民收入在城乡、地区之间的差距明显缩小，尤其是精准扶贫取得巨大成就，绝对贫困问题得到历史性解决，中国特色社会主义分配制度不断呈现显著优势。

（三）社会主义市场经济体制

社会主义基本经济制度的最大成功就是建立社会主义市场经济体制。新中国成立后，由于受苏联模式的影响，我国建立了高度集中的计划经济体制，然而由于计划经济的封闭性，统筹得过多、过死，严重束缚了生产力的发展。改革开放后，对市场经济的认识不断深入，党的十一届三中全会开始提出要重视价值规律的作用，党的十二大提出"以计划经济为主，市场调节为辅"的原则，此后"计划与市场内在统一的体制""计划经济与市场调节相结合"的经济体制改革方案，都体现了我们党对计划与市场关系认识上的重大转变。党的十四大正式提出中国经济体制改革的目标是建立社会主义市场经济体制，标志

着党对计划与市场关系认识的一个新飞跃。党的十五大提出
"使市场在国家宏观调控下对资源配置起基础性作用"，党的十
六大提出"在更大程度上发挥市场在资源配置中的基础性作
用"，党的十七大提出"从制度上更好发挥市场在资源配置中的
基础性作用"。

党的十八届三中全会创造性地提出"市场在资源配置中起
决定性作用和更好发挥政府作用"，进一步深化了对市场经济规
律的认识。党的十九届四中全会把社会主义市场经济体制上升
到社会主义基本经济制度的高度，不但标志着具有中国特色的
社会主义市场经济体制在实践中取得伟大成功，更是对社会主
义市场经济的认识在理论上的重大突破。可以看出，中国共产
党对政府与市场关系的认识经历了一个长期的不断深化的过程，
从理论到实践，又从实践到理论。在实践中不断校正和丰富理
论，由此对市场经济的认识得到不断深化和提升，使社会主义
市场经济的理论越来越丰富。

如何看待和处理好政府与市场的关系，不但是经济学的重
要命题，更是经济发展的重大实践课题。西方经济学的主流观
点认为政府与市场是此消彼长、相互替代的对立关系，以新自
由主义学派为代表的经济学家们反对政府的干预。他们甚至质
疑中国的市场经济不是真正的市场经济，新自由主义经济学的
代表人物哈耶克曾激进地指出，社会主义与市场的结合必定是
一件赝品，私有制才是市场经济运行的微观经济基础，社会主

义公有制只能实行计划经济，不可能与市场经济相结合。①

2018 年以来，美国不断掀起对华经贸冲突，同时贸易保护主义逆潮流喧嚣尘上，还给中国经济体制贴上了"国家资本主义"的标签，认为中国是一个国家主导的实行保护主义和重商主义的经济体，其主要依据是中国实行国有经济、政府干预、产业政策等。②针对西方对中国社会主义市场经济体制的质疑，首先我们要正确理解社会主义市场经济的本质和内涵。社会主义市场经济是社会主义制度下的市场经济，它与资本主义市场经济有着本质不同，西方之乱与中国之治形成鲜明对比，不在于中国市场经济是不是真正的市场经济，而在于社会主义基本经济制度决定和确保了市场经济发展的正确方向，保障了市场经济发展的大局，正是社会主义与市场经济的有机融合，才能更好地推动市场经济的健康稳定发展。

在中国的理论和实践中，市场经济与社会主义经历了从排斥到兼容的过程，在理论上最重要的一次认识转变是 1992 年邓小平在南方谈话中提出的论断："计划多一点还是市场多一点，不是社会主义与资本主义的本质区别。计划经济不等于社会主义，资本主义也有计划；市场经济不等于资本主义，社会主义

---

① 〔英〕弗里德利希·冯·哈耶克：《通往奴役之路》，中国社会科学出版社 1997 年版，第 4 页。

② 秋石：《认清"国家资本主义"问题的真相》，《求是》2018 年第 17 期。

也有市场。计划和市场都是经济手段。"①党的十四大正式提出建立社会主义市场经济体制，这是人类历史上第一次把社会主义与市场经济联系起来，是对马克思主义政治经济学的重大理论突破，是中国特色社会主义政治经济学收获的又一个重大理论创新成果，也是社会主义伟大实践的成功经验总结。

在社会主义制度下，国有经济虽然以公有制为主要实现形式，但国有企业自主经营、自负盈亏同样可以成为市场经济的微观主体。②因此，中国特色社会主义市场经济既包含了国家宏观层面的制度，又涉及企业等微观基础，实现了市场经济与社会主义的有机融合。尽管市场经济有盲目性、不确定性等弊端，但其本身内在具有开放性、交易性、融合性的显著特点。社会主义市场经济体制将市场这只"看不见的手"与政府这只"看得见的手"有机结合在一起，充分发挥市场经济在资源配置上的优势，同时更好地发挥政府宏观调控的作用，弥补了市场的弊端。强调政府与市场的辩证统一、有机融合是中国经济体制改革最成功的经验之一。

中国在改革开放以来的实践中不断丰富和加深对政府与市场关系的认识，走出了一条完全不同于西方市场经济的新路，破解了政府与市场关系协调的世界性难题。中国共产党在理论

---

① 《邓小平文选》（第三卷），人民出版社1993年版，第373页。
② 周新城：《关于中国特色社会主义的若干理论问题》，经济日报出版社2015年版，第224~225页。

创新和发展实践的规律层面总结出政府与市场的互补关系，使市场和政府共同作用于经济发展，开创出市场有效、政府有为的良好局面。二者的有机结合既可实现资源的有效配置，保持了市场经济的生机和活力，又可维持宏观经济发展和市场秩序的双重稳定；既克服了市场失灵，又避免了政府失败。

因此，市场经济既与社会主义基本经济制度相匹配，也与国家治理现代化相匹配，现代市场经济发展与国家治理能力的现代化呈正相关。在经济由高速增长转向高质量发展的新时代，必须坚持和完善社会主义市场经济体制，充分发挥市场在资源配置中的决定性作用，加快建设现代化经济体系，同时还要坚持以供给侧结构性改革为主线，更好地发挥政府作用，建设更高水平开放型经济新体制。

（四）社会主义基本经济制度的内在统一

根据马克思主义政治经济学的理论，生产、分配、交换、消费构成社会再生产的各个环节，是一个统一的有机整体，它们之间是相互作用的，"生产既支配着与其他要素相对而言的生产自身，也支配着其他要素。过程总是从生产重新开始。交换和消费不能是起支配作用的东西，这是不言而喻的"[①]。党的十九届四中全会对基本经济制度的概括，分别是马克思主义社会再生产理论中生产、分配和交换三个要素在中国实践中的具体

---

① 《马克思恩格斯选集》（第二卷），人民出版社2012年版，第699页。

表现，它们是社会主义基本经济制度中内在统一的有机整体，三者相互促进、相互作用并相互影响。所有制结构在社会主义基本经济制度中起基础性作用，决定了我国基本经济制度的性质。①

在社会经济制度中，生产资料所有制是生产关系的基础，决定了生产关系的性质。首先，所有制结构决定分配制度。在所有制上坚持"公有制为主体"决定了在分配制度上坚持"按劳分配为主体"，在所有制上发展"多种所有制经济"决定了在分配制度上"多种分配方式并存"。其次，所有制结构决定市场经济体制。社会主义市场经济创造性地将公有制与市场经济结合，打破了西方只有私有制才能与市场经济结合的观点。公有制经济是社会主义市场经济占主体地位的经济成分，政府通过调控国有经济可以更好地克服市场的盲目性和存在的天然弊端，从而减少经济波动。因此，以公有制为主体的所有制结构也决定了政府与市场有机结合的社会主义市场经济的本质特征和运行体制。

分配制度客观反映了所有制结构与社会主义市场经济的运行结果，并在实践中影响所有制结构与社会主义市场经济的发展和完善。"按劳分配为主体，多种分配方式并存"的分配制度

① 周文、何雨晴：《社会主义基本经济制度与国家治理现代化》，《经济纵横》2020年第9期。

体现了兼顾效率与公平的理念，分配制度在实践中是否良好运行影响着所有制结构的优势能否得到充分发挥，进一步影响着所有制结构的发展和完善。分配制度的实现结果反映出社会主义市场经济的运行情况，尤其是完善生产要素由市场评价贡献、按贡献决定报酬的机制对市场经济提出更高的要求，按劳分配与按生产要素分配相结合的收入分配结构促进了社会主义市场经济不断完善。

社会主义市场经济体制是基本经济制度运行的载体和机制，调节着经济运行过程。社会主义市场经济保障了公有制经济主体和非公有制经济主体在市场中平等、有序地竞争，使市场在资源配置中发挥决定性作用。同时，在社会主义制度下，政府的调控维护了经济的平稳运行，更好地促进社会生产力的发展。与此同时，不同所有制主体要实现分配价值必须在社会主义市场经济中进行交换，换句话说，社会主义分配制度必须通过社会主义市场经济才能实现。市场经济的完善程度直接影响了分配制度的实现，只有市场经济有效运行才能实现分配制度兼顾效率与公平的优势。

小结

中国人民在中国共产党的领导下，奋发图强，经过几代人的努力，经历了由"站起来"到"富起来"，再到"强起来"的三次历史性飞跃，而这三次历史性飞跃，也是解放和发展生产力的三次历史性飞跃。中国已经由一个落后的农业国，转变为工业门类最齐全的世界第一制造业大国，进入了中国特色社会主义新时代，并正在向着社会主义现代化强国迈进。贯穿这个伟大历史进程的主线和亮点，就是中国共产党始终不渝地以解放和发展生产力为最根本任务。

党的十一届三中全会以来，围绕解放和发展生产力这一根本任务，党中央把全党工作重心转移到经济建设上来，作出了改革开放的历史性决策，开启了从农村到城市，从局部到全面，从经济体制到政治体制、文化体制、社会体制、生态文明体制和党的建设制度的全面深化改革，不断扩大开放，最大限度集中全党全社会的智慧，最大限度调动一切积极因素，冲破思想观念的束缚、突破利益固化的藩篱，从而极大地促进了生产力发展。

党的二十大报告指出，高质量发展是全面建设社会主义现代化国家的首要任务。高质量发展离不开生产力的发展。在世界百年未有之大变局加速演进的背景下，我国经济发展的结构有待优化升级，粗放型的经济增长方式尚未根本改变，高端制造业仍然存在一些短板，关键核心技术领域面临"卡脖子"难题，加之世界体系和国际格局正在发生深刻调整，经济社会发展的外部风险和不确定性增加。只有抓住以经济建设为中心，贯彻新发展理念，构建新发展格局，坚持质量第一、效益优先，切实转变发展方式，加快推动生产力实现"质"的提升，才能以不变应万变，有效化解各种风险与挑战，为新征程上推进中国式现代化创造有利条件。

第七章

伟大复兴：加快形成新质生产力

PRODUCTIVITY

　　科学技术的每一次突破，都是推动旧生产力体系逐步瓦解和新质生产力体系逐步形成的动力。改革开放以来，我国的前沿性、基础性、原创性技术创新及其能力已经有了很大提高。但一些发达国家借助自身的技术垄断，不断制造各种冲突和脱钩，企图以不公平的手段拖慢我国在新一轮科技革命和产业变革中的发展。可以说，新一轮科技革命和产业变革、大国竞争加剧及我国经济发展方式转型等重大挑战在当下形成历史性交汇，这也为我们创造了重要的战略机遇。我们必须以科技创新推动产业创新，以产业升级构筑竞争新优势，加快形成新质生产力，抢占发展制高点，赢得发展主动权。书写中国式现代化新篇章，迈开高质量发展新步伐，新质生产力扮演着至关重要的角色。伴随着新质生产力发展壮大，中国式现代化建设必将披荆斩棘、一往无前。

一、大国科技竞争白热化

（一）发达国家纷纷抢占科技制高点

幅员、人口和自然资源曾经是大国争夺的主要目标，但是二战后在全球化背景下，国家之间的竞争已经不再局限于传统的军事、政治和地缘战略层面，而是越来越多地表现为经济实力和技术能力的竞争，其本质则是产业的竞争。回顾历史，具备强大的高技术制造业是大国迈向强国的必要条件，也是评估一个国家整体经济实力、国家工业化程度和现代化建设水平的关键指标。[①]

发达国家之所以能在国际经济中具有较高的话语权，正是因为掌握了全球绝大部分的创新资源，创新竞争力遥遥领先于发展中国家。发达国家正是凭借这种创新竞争力上的优势占据了国际规则的制定权，从而使国际规则有利于自身，并借助这些规则形成在科技创新领域的垄断，获取超额利润。在格伦·迪森看来，当前国际分工是国际权力分配的反映，地缘经济霸权催生了国际分工，是减缓技术扩散的重要工具。战略产业分

[①] 严鹏、陈文佳：《工业革命：历史、理论与诠释》，社会科学文献出版社2019年版，第14页。

高科技产业的人为垄断和自然资源类型的自然垄断。在这场博弈中，创新者试图减缓技术扩散，扩大先发优势，而跟随者试图模仿，加快扩散来减少创新者的优势。①

习近平指出："历史经验表明，那些抓住科技革命机遇走向现代化的国家，都是科学基础雄厚的国家；那些抓住科技革命机遇成为世界强国的国家，都是在重要科技领域处于领先行列的国家。"②当前世界正经历百年未有之大变局，竞争和创新是经济全球化新趋势的主题，以科技创新助推生产力跃迁是大国竞争的角力点。从全球趋势来看，一方面，世界正面临着"逆全球化"潮流，依靠过去传统国际分工和全球贸易的外延型增长路径动能不足；另一方面，先发国家凭借技术优势对后发国家进行技术封锁，后发国家在现代化过程中面临"卡脖子"、产业链供应链"断链"等难题，进而陷入"比较优势陷阱"等发展困境中。

因此，生产力的跃迁是当前世界格局下的重要发展突破口，以创新驱动生产力内涵型增长是"自力更生"实现现代化、塑造国家竞争优势、维护国家经济安全的重要路径。正如乔尔·莫基尔所说，富国与穷国的分野的重要原因之一在于它们的技

---

① 〔俄〕格伦·迪森：《技术主权：第四次工业革命时代的大国博弈》，丁宁等译，中国科学技术出版社2023年版，第74页。

② 习近平：《论把握新发展阶段，贯彻新发展理念，构建新发展格局》，《求是》2021年第9期。

术更好，即富国为了生产性目的，控制和利用大自然和人员的能力更为高超。①世界经济论坛创始人兼执行主席克劳斯·施瓦布也指出："在第四次工业革命期间，技术以指数级扩展，形成实体产品，正在改变社会并重塑我们的未来。"②

为了加强自身的竞争优势，世界上主要经济体都出台了未来5—10年的战略规划。习近平在2022年中央经济工作会议与2023年中央经济工作会议上均强调，以科技创新推动产业创新，特别是以颠覆性技术和前沿技术催生新产业、新模式、新动能。2020年开始，无论是美国的《关于加强美国未来产业领导地位的建议》《无尽前沿法案》《2022年芯片和科学法案》，还是欧盟的《欧洲新产业战略》《工业5.0：迈向可持续、以人为本富有韧性的欧洲工业》《欧洲芯片法案》，以及英国的《科学技术框架》，日本的《产业技术愿景2020》，发达经济体都纷纷抢占人工智能、生物技术、可再生能源等科技制高点。

2023年10月23日，拜登政府通过美国商务部（DOC）经济发展管理局（EDA）宣布在全美范围内指定31个区域技术中心，以启动"技术中心"计划的第一阶段。技术中心计划将为美国

① 〔美〕乔尔·莫基尔：《富裕的杠杆：技术革新与经济进步》，陈小白译，华夏出版社2008年版，第5页。

② 〔德〕克劳斯·施瓦布、〔澳〕尼古拉斯·戴维斯：《第四次工业革命行动路线图：打造创新型社会》，世界经济论坛北京代表处译，中信出版社2018年版，第46页。

打造关键技术生态系统，使其在未来 10 年内成为全球领导者。这 31 个技术中心分布在全美 32 个州，重点关注 8 个领域，包括 3 个自主系统技术中心、2 个量子技术中心、6 个生物技术中心、5 个精准医疗技术中心、5 个清洁能源技术中心、2 个关键矿物技术中心、4 个半导体制造技术中心及 4 个材料制造技术中心。《芯片与科学法案》授权为该计划提供 100 亿美元的支持，这 31 个技术中心将获得总额近 5 亿美元的资助金。

表7-1　世界主要经济体纷纷谋划
发展战略性新兴产业和未来产业（2020—2023）

国家/地区	措施	发布时间	主要内容
美国	《关于加强美国未来产业领导地位的建议》	2020年6月	部署人工智能、量子信息科学、先进制造、先进通信和生物技术等未来重点研发领域
	《关键与新兴技术国家战略》	2020年10月	明确了 20 项为保持美国全球领导力而需要重点发展的关键与新兴技术清单，包括高级计算、人工智能、自主系统、量子信息科学等
	《无尽前沿法案》	2021年6月	计划投入 1000 亿美元推动美国在人工智能、机器学习、先进制造业等 10 个关键技术领域的研究和进步
	《2022年芯片和科学法案》	2022年8月	在总额为 2800 亿美元的法案里，527 亿美元在 2022—2026 年将用于补贴建设芯片生产，以促进半导体制造回流美国，并支持半导体研究和国防创新等相关领域

国家/地区	措施	发布时间	主要内容
欧盟	《欧洲新产业战略》	2020年3月	发展机器人技术、微电子技术、高性能计算和数据云基础设施、区块链、量子技术、光子学、工业生物技术、生物医学、纳米技术、制药
	《工业5.0：迈向可持续、以人为本富有韧性的欧洲工业》	2021年1月	发展个性化的人机交互，生物灵感技术和智能材料，数字孪生与模拟，数据传输、存储和分析技术，人工智能，能源效率、可再生能源、能源存储和自主技术
	《欧洲芯片法案》	2022年7月	计划将调动430亿欧元的公共和私人投资繁荣半导体生态系统，加快量子芯片和相关半导体技术发展的能力建设
英国	《2022—2027年战略共同改变未来》	2022年3月	提出构建卓越科研体系的六个世界级战略目标
	《科学技术框架》	2023年3月	通过十项关键行动将英国技术发展提升到未来十年全球科技的前沿，包括识别关键技术，确定目标、研发投资、才能和技能、科技公司融资、采购环节
日本	《产业技术愿景2020》	2020年5月	发展支撑超智能社会的物联网、数字技术等关键技术，包括支持物联网的机器人技术、传感器技术、脑机接口技术、后工业时代的新型存储技术、量子计算技术等下一代超级计算机技术

从过去30年的世界主要经济体的研发费用支出来看（图7-1），发达国家在研发项目上的总支出的确在缓慢上升，但幅度

不大。按购买力平价计算，2010—2021年，美国占全球研发投入的份额由28%降至26%，近两年又企稳回升至28%；欧洲占全球研发投入的份额不断下滑，由26%降至22%；中国占全球研发投入的份额则由15%升至23%，成为全球研发投入增长的主要驱动力量。从研发支出增长率来看，中国已经是世界第一。根据国家统计局发布的《2022年国民经济和社会发展统计公报》，2022年我国研发经费支出达30870亿元，占GDP比重为2.55%，已超过英国、法国、日本、欧盟及经合组织（OECD）国家平均水平。2022年全球创新指数显示，我国共有21个科技集群进入全球百强，较2017年增加了14个，数量首次与美国持平，居于全球首位。

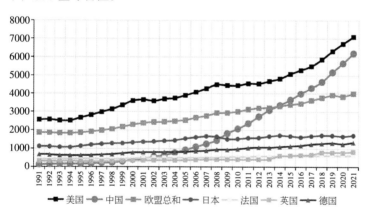

图7-1　1991—2021年世界主要经济体研发费用支出情况（单位：亿美元）

资料来源：OECD数据库。

信息时代的到来使得创新资源的跨国流动更为便捷，哪个国家能获取更多的知识技术、人才等创新资源，哪个国家就能在全球竞争中获得优势地位。在这个机遇期，世界各国均有可能成为新产业革命的引领者，成为世界经济振兴的先行者。《二十国集团（G20）国家创新竞争力发展报告（2019—2020）》数据显示，发达国家的整体创新竞争力水平远高于发展中国家。2018年，前者的国家创新竞争力平均得分是后者的2.05倍。第一梯队的5个国家全部都是发达国家，第二梯队除了位列第7位的中国外，其余4个也全部是发达国家。① 截至2023年9月，中国有效发明专利量高达480.5万件，专利密集型产业增加值占GDP比重为12.44%。根据世界知识产权组织发布的数据，2023年中国的全球创新指数排名为第12位，拥有的全球百强科技创新集群数量跃居世界第一。同时，根据全球科技咨询机构ICV发布的《2022全球未来产业指数》，2022年中国未来产业发展指数名列世界第二。

加快形成新质生产力是建设社会主义现代化大国的必由之路。社会主义的本质是不断解放和发展生产力，从宏观来看，我国从高速增长阶段也迈向了高质量发展阶段。但在发展过程中面临高端供给不足、低端供给过剩的供需结构失衡、工业化

---

① 黄茂兴等：《二十国集团（G20）国家创新竞争力发展报告（2019—2020）》，社会科学文献出版社2021年版，第49页。

速度与资源承载能力不匹配、关键领域核心技术受制于人、产业布局不合理等问题与挑战。问题破解的关键在于实现创新驱动，整合科技创新资源，加快形成新质生产力，推动实现传统产业升级和战略性新兴产业、未来产业布局。

新质生产力是培育大国竞争优势、赢得现代大国竞争的制胜关键，同时也是实现高水平科技自立自强、维护国家经济安全的应对之举。新质生产力的形成既能推动传统产业转型升级迈向低污染、低消耗、高效益的新型工业化，又能加快关键性、颠覆性技术突破，形成新兴产业集群，推动建设现代化产业体系，共同服务于国家发展战略，进一步夯实全面建设社会主义现代化国家的物质技术基础。

（二）从"脱钩断链"到"小院高墙"：发达国家的科技竞争战略

从历史上看，每次科技革命均深刻改变了生产力与经济基础，并为国家兴衰与世界权力格局更迭提供了关键的驱动力。大国高度重视技术迭代为自身带来的政治及经济机遇，同时也忧惧其竞争者享有相同的机遇。基于这种现实，科技竞争自然成为大国竞争中的重要一环，可以被视为国家行为体综合运用各类政策手段争夺技术权力的过程。①正如格伦·迪森所指出：

---

① 张倩雨：《技术权力、技术生命周期与大国的技术政策选择》，《外交评论》（外交学院学报）2022 年第 1 期。

"科技向来为那些能够为实现经济、军事和政治目的掌握技术的国家赋予权力。科技创新创造了改变国际权力分配的新工具，导致国际体系的现状不断被打破。"①

自冷战结束后，随着新一轮技术革命影响的深化及中国技术权力的崛起，长期以来，历届美国政府均致力于强化自身在高科技领域的竞争力，从而维系其世界领先地位。美国将自身的科技优势视为促进经济繁荣、维系国家安全和强化国际地位的战略支撑，为此不惜投入大量资源捍卫"皇冠上的明珠"。然而随着第四次工业革命的深化与新兴科技的赋能，美国发现自身代际技术优势的差距在迅速缩小、科技领域"领头羊"的地位被弱化，以中国为代表的不少国家近年来得以高速发展，美国在该领域的绝对优势地位受到前所未有的挑战，并与全球各国再度同处一个新的起跑线之上。

基于这种背景，在美国科技竞争战略中"排他"的特质愈发明显，对于以中国为代表的"竞争者"防范意识逐步升温，这一点在2017年特朗普政府执政以来得以集中体现。美国开始推行以"脱钩"为核心的科技竞争战略，不仅无差别限制自身与"竞争者"之间在科技、数据、投资和人才领域的自由流动，同时也通过更为严苛的出口管制手段来全面削弱对方的经济与

---

① 〔俄〕格伦·迪森：《技术主权：第四次工业革命时代的大国博弈》，丁宁等译，中国科学技术出版社2023年版，第32页。

科技能力。

为此，美国策动了外资投资委员会及其配套政策的改革，出台《外国投资风险审查改革法》，并于2018年颁布了新版《出口管制改革法》，将出口审查重点和潜在管控放在生物技术、人工智能、数据分析技术、量子信息传感技术等新兴和基础科技领域。其中，为了对中国这一"首要竞争对手"进行打压，特朗普在执政期间先后将大约300多家中国企业列入实体清单、特别指定国民和被封锁人员、军事最终用户清单等各种出口管制清单，在芯片制造、第五代移动通信、光刻机等重点关键技术行业对中国进行围堵，执意减少甚至断绝中美在经济、社会、科技等各领域的联系。①

特朗普政府将基于"脱钩"的科技竞争战略作为美国参与大国博弈的重要组成部分，并着重强调其中对抗性的一面。然而这种富含进攻色彩的战略模式为全球带来诸多负面影响和不确定性，导致风险"溢出"到美国本身。正因如此，拜登政府执政后逐步扬弃特朗普政府时期的"全面脱钩"模式，开始推动名为"小院高墙"的竞争战略。从其表述可以看出，"小院"意指与国家安全相关的特定技术与研究领域，"高墙"则指一定的战略边界，小院之内的核心技术将得到高墙的保护，而小院

---

① 张薇薇：《美国对华"脱钩"：进程、影响与趋势》，《当代美国评论》2021年第2期。

之外的技术则仍有对外交流的余地。

相比特朗普政府的"全面脱钩"模式，这一战略更凸显精准打击、政府支持、重视安全和依托盟友等特征。"小院高墙"的规则环境源于相关科技领域的规则缺位和治理赤字，底层逻辑则是围绕技术性权力的博弈。①2024年5月14日，拜登政府公布了一系列对中国进口商品的高额关税调整，包括电动汽车、电脑芯片和医疗产品。将对电动汽车的关税从25%提高到100%，将对锂离子电池和其他电池零件的关税从7.5%提高到25%，将用于制造太阳能电池的光伏电池的关税从25%提高到50%。某些重要矿物的关税将从0%提高到25%。起重机的关税将从0%提高到25%，针头和注射器的关税将从0%提高到50%，而在医疗机构使用的一些个人防护装备（PPE）的关税将从现在的0%提高到25%。

由于一时无法建立人工智能、第五代移动通信和生物科技等新兴技术领域的竞争规则，围绕技术和安全的主导权、国际规则制定权问题，各国必将展开无序且激烈的竞争。各主要国家会试图在技术领域建立自身发起和主导的、能够在全球更大范围推行的普适规则和信任体系，并通过强化国内创新能力、垄断技术创新优势、约束创新要素流动并排斥体系外的国家利

①　黄日涵、高恩泽：《"小院高墙"：拜登政府的科技竞争战略》，《外交评论》2022年第2期。

用研发资源，在维持技术创新优势的同时，尽量减少其他势力对本国科技发展的威胁，进而试图取得"技术霸权"、缔造新的国际政治秩序。

作为集成电路产业的核心，芯片被誉为工业的"粮食"，也是工业大国深度布局、激烈竞争的焦点领域。随着相关产业政策推进，国内芯片投资和生产规模不断扩大，逐步具备了成熟制程的中低端芯片的制造能力。然而在10纳米及以下的高端芯片制造领域，产业政策却没能取得预期效果，国内企业与世界先进水平的差距尚未明显缩小。特别是近年来，美国开展针对中国的"301调查"和"337调查"，以集成电路产业作为中美大国竞争的主要领域，将中兴、华为、中芯国际等中国企业列入高端芯片出口管制实体清单，意图打压中国高科技产业发展。

2021年6月，美国在其发布的《供应链百日调查报告》中完成了对集成电路产业供应链的评估，主导建立起以其盟国为主体的半导体联盟。这一系列举措表明美国在这一关键领域开启了新一轮供应链"去中国化"布局，不仅导致国内终端产品企业的高端芯片进口需求受到制约，中国芯片制造企业所需的光刻机等关键设备也遭到严格限制。2022年8月，美国出台《2022年芯片和科学法案》，进一步强化了推动全球半导体产业链和创新网络实现"美国中心化"和"去中国化"的战略意图，对全球芯片企业形成了"选边站队"的压力，进而在很大程度上将改变集成电路作为典型全球性产业的分工和组织特征。①

在所有工业门类中，芯片制造称得上是生产壁垒最高的领域之一，具有高度技术密集和资本密集特征，其技术难度和集成难度首屈一指，需要实现芯片设计、逻辑算法升级、IP模块更新、产线调试运行、生产环境控制、工艺流程管理，以及包含在光刻机等尖端设备、高纯度半导体材料中的所有知识、技术、经验积累的总体集成。芯片制造不仅技术复杂性高、资本需求量大，而且技术迭代速度快、行业马太效应明显。

近年来，在国家政策推动和市场需求拉动下，国内企业在资本层面的进入障碍逐步得到解决，但技术制约短期内难以突破。特别是作为芯片制造关键设备的高端光刻机，被誉为集成电路产业乃至现代工业体系"皇冠上的明珠"，为生产高端芯片所必需，国内一直完全依靠进口。由此可以断定，对高端光刻机的外部依赖已成为高端芯片制造面临的最大困难，也是向先进制程跃升受阻的最重要因素。

在5G领域对华围堵失败后，随着大模型、无人驾驶等人工智能（AI）应用快速发展，AI芯片已超越5G芯片成为美国政府卡中国脖子的新武器。在此背景下，美国不断扩大自主裁量权，从特朗普政府的《人工智能倡议》到拜登政府的《国家安全战

---

① 渠慎宁、杨丹辉、兰明昊：《高端芯片制造存在"小院高墙"吗——理论解析与中国突破路径模拟》，《中国工业经济》2023年第6期。

略（2022年版）》，对半导体的限制从最初的关税措施扩大到现今的出口管制、投资审查、芯片联盟等长臂管辖，限制外国企业对华出口，全方位阻挠中国半导体产业追赶。[①]

观察美国商务部历次更新的"实体清单"可以发现，2019年之前美国对华芯片管制的重点是5G芯片及通信领域，被列入清单的主要是华为及其子公司、亨通光电、中天海缆、华海通信这类通信企业。在特朗普政府签署《美国人工智能倡议》后，美国从国家战略层面调动更多资源用于围堵中国AI产业，对半导体企业的管制由5G芯片逐渐扩大到AI芯片：2019年10月，国内最大的AI独角兽企业商汤科技被列入清单；2021年6月，国内图形处理芯片（GPU）领先企业景嘉微被列入清单；2022年12月，曾为华为提供AI处理器的寒武纪被列入清单；2023年10月19日更新的清单显示，新列入的13家中国企业全部是AI企业壁仞科技、摩尔线程及其子公司或关联企业。

目前清单上的535家中国大陆企业中有86家AI企业，已超过通信企业数量。

---

① 杨超、李伟、贺俊：《美对华半导体管制的趋势、实施要点与中国因应》，《产业经济评论》2024年第2期。

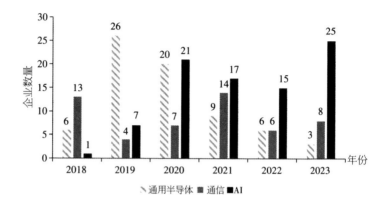

图7-2 被列入"实体清单"的通信企业与AI企业数量对比

资料来源：根据美国商务部工业和安全局"实体清单"整理而得。

在管制"大棒"日渐式微的情况下，美国不得不抛出"胡萝卜"吸引半导体投资回流。2022年拜登政府提出《芯片与科学法案》，向半导体行业提供资金和税收奖励：在资金奖励方面，拨付527亿美元设立"芯片基金""国防芯片基金""国际技术安全与创新芯片基金""芯片教育与人力资源基金"，用于资助半导体研发、与外国政府协调共同开发通信与半导体技术、促进半导体人才培养；在税收奖励方面，对半导体制造企业和半导体制造设备企业给予投资额25%的税收抵免。拜登在法案签署新闻发布会上阐明了美政府对该法案的期待："我们曾让芯片产能散落海外……如今会将它们带回国内。"

美国在亮出"胡萝卜"吸引投资的同时，仍不忘挥舞"大棒"胁迫相关企业与人员选边站。例如，《芯片与科学法案》禁止中国公司参加美国制造计划（第10263条），限制向主办或支持孔子学院的机构提供资助（第10339A条），参与"不怀好意的外国人才计划"的个人不得受资助（第10631条、10632条）。

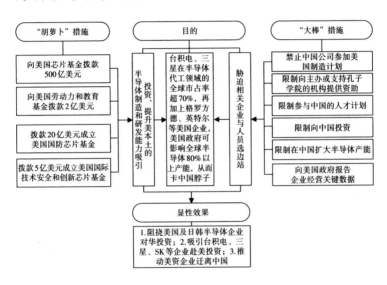

图7-3　美对华半导体管制的"胡萝卜"与"大棒"

资料来源：杨超、李伟、贺俊：《美对华半导体管制的趋势、实施要点与中国因应》，《产业经济评论》2024年第2期。

二、新质生产力的内涵特征

（一）新质生产力的核心要义

新质生产力是着眼于世界百年未有之大变局，对未来全球经济走势的深度考量基础上，推进生产力现代化转型的实践创新。新质生产力是一个内涵丰富、意蕴深厚的经济范畴，代表着一种生产力的跃迁，是科技创新在其中发挥主导作用的生产力，是关键性、颠覆性技术实现突破的生产力，具备高效能，体现高质量，区别于依靠大量资源投入、高度消耗资源能源的生产力发展方式，是摆脱了传统增长路径、符合高质量发展要求的生产力，是数字时代更具融合性、更体现新内涵的生产力，是世界生产力现代化转型的最新体现。①

习近平在中共中央政治局第十一次集体学习时强调："新质生产力是创新起主导作用，摆脱传统经济增长方式、生产力发展路径，具有高科技、高效能、高质量特征，符合新发展理念的先进生产力质态。它由技术革命性突破、生产要素创新性配置、产业深度转型升级而催生，以劳动者、劳动资料、劳动对象及其优化组合的跃升为基本内涵，以全要素生产率大幅提升为核心标志，特点是创新，关键在质优，本质是先进生产

---

① 任保平：《生产力现代化转型形成新质生产力的逻辑》，《经济研究》2024年第3期。

力。"①因此，准确理解新质生产力的内涵特征，需要从"新"和"质"两个方面进行把握。

所谓"新"，是指新质生产力不同于一般意义上的传统生产力，是实现关键性、颠覆性技术突破而产生的生产力，是以新技术、新经济、新业态为主要内涵的生产力。一方面，新质生产力的"新"锚定在关键性、颠覆性技术的突破。这种关键性、颠覆性技术突破需要放在国家重大战略需求中去理解。当前，我国在战略性新兴产业和未来产业等产业领域仍然存在技术创新短板，面临着西方发达国家在产业体系中重要产业的关键核心技术"卡脖子"难题，阻碍了现代化产业体系的构建和高质量发展。因此，新质生产力的"新"强调以关键性、颠覆性技术突破抢占战略性新兴产业和未来产业的新赛道，进一步提升我国自主自强创新能力，从而打破西方国家的技术封锁。

另一方面，新质生产力的"新"以新技术、新经济、新业态为主要内涵。其中，新技术在科学技术是第一生产力的基础上强调关键性、颠覆性技术突破，超越了传统意义上的技术创新，代表着新质生产力的关键性技术维度；新经济强调通过科技创新与制度创新形成新的经济结构和经济形态，实现了技术到经济的衔接，代表着新质生产力的经济维度；新业态注重以

---

① 《习近平在中共中央政治局第十一次集体学习时强调 加快发展新质生产力 扎实推进高质量发展》，《人民日报》2024年2月2日。

数字科技推动传统产业的数字化升级和数字技术的产业化发展，完成了先进技术向高端产业的转化，代表着新质生产力的产业维度。因此，新技术、新经济、新业态构成理解新质生产力的三重维度，为战略性新兴产业和未来产业的发展提供坚实着力点和新的增长点。在这种意义上，新质生产力体现了技术新突破、经济新发展、产业新升级的有机统一。

所谓"质"，是强调在坚持创新驱动本质的基础上，通过关键性技术和颠覆性技术的突破为生产力发展提供更强劲的创新驱动力。新质生产力的本质是创新驱动，而这种创新驱动的关键在于不是一般的技术创新，而是关键性技术和颠覆性技术的突破。这种关键性技术和颠覆性技术的突破将通过与劳动者、劳动资料和劳动对象的结合实现其在生产中的应用，从而产生新的更为强劲的创新驱动力。无论是将科学技术视为第一生产力、先进生产力的集中体现和主要标志，还是提出新质生产力，其背后的本质都是坚持将科技进步引发的创新动能作为生产力发展的驱动力，即把经济增长的动力由要素驱动、投资驱动锚定到创新驱动，将科技进步作为实现创新驱动的动力源，推动生产力发展水平的跃升。

正如巴克曼和韦格尔在《增长陷阱：欧美经济衰落和创新的假象》一书中认为，生产力增长的差异会体现在经济体的创新能力和对新技术的适应能力上。[①]这种生产力的跃升是一个从量变到质变的过程。当关键性技术和颠覆性技术实现突破、发生质变，必然引发生产力核心因素的变革，从而产生新质生产力。新质生产力是以科技创新为主导、实现关键性、颠覆性技术突破而产生的生产力。因此，没有科技创新的关键性突破，就难以产生新质生产力。可见，先进科技是新质生产力生成的内在动力。在这一生成过程中，新质生产力依靠创新驱动的本质没有发生变化，变化的是关键性、颠覆性技术突破带来的驱动能力的提升。

新质生产力强调创新驱动发展，以科技创新、人才培养和产业培育作为经济增长的内在引擎，从而实现从要素数量驱动向创新质量驱动的动力转换，在根本上摒弃单纯依赖资源规模的传统增长模式。因此，新质生产力是对传统经济增长方式的一次深刻变革和超越，其不仅是对生产力构成要素的全方位提质增效，更是对经济发展模式的根本性重塑。

（二）新质生产力重要特征：原创性、颠覆性技术的突破

科技是生产力中最活跃、最具革命性的因素。马克思十分重视科学技术的发展及其在生产中的应用，强调"生产力中也包括科学"，将科学的发展视为"人的生产力的发展"[②]的一个

---

① 〔瑞典〕弗雷德里克·巴克曼、比约恩·韦格尔：《增长陷阱：欧美经济衰落和创新的假象》，张旭等译，中国友谊出版公司2021年版，第1页。
② 《马克思恩格斯文集》（第八卷），人民出版社2009年版，第170页。

方面，并认为"劳动生产力是随着科学和技术的不断进步而不断发展的"①，"科学力量的巨大发展"能够增大"已经生产出来的生产力和由这种生产力构成的新的生产的物质基础"。

回顾近代以来人类生产力发展的历史，可以发现生产力的跃升离不开科学技术特别是关键性技术和颠覆性技术的突破：蒸汽动力领域的技术突破催生了第一次工业革命，通过蒸汽机的应用带动了纺织工业、冶金工业、煤炭工业、交通运输业、机器制造业的飞跃发展，使蒸汽动力取代人力和畜力，生产动力发生巨大变革，人类进入了蒸汽时代；电力领域的技术突破催生了第二次工业革命，使电力在生产、通信等诸多领域发挥了强大作用，通过机械化生产提高了生产效率，大规模的生产变得经济可行，实现了生产力的巨大飞跃，人类进入电气时代；原子能、电子计算机、空间技术和生物工程的发明和应用催生了第三次工业革命，带动了信息技术、新能源技术、新材料技术、生物技术、空间技术和海洋技术等诸多领域的生产发展，使生产的数字化、智能化水平不断提升，人类进入信息时代。可见，技术革命是产业革命和生产力飞跃的动力源泉。②新质生产力是实现关键性技术和颠覆性技术突破而产生的生产力。从这种意义上来说，关键性技术和颠覆性技术突破是形成新质生

① 《马克思恩格斯文集》（第五卷），人民出版社2009年版，第698页。
② 盛朝迅：《"十四五"时期推进新旧动能转换的思路与策略》，《改革》2020年第2期。

产力的技术条件。

然而，科学技术需要应用于生产过程、渗透到生产力诸要素之中才能转化为实际生产能力。马克思并没有将科学技术作为一种直接的、现实的生产力，而是将其视为一种精神生产力。这种精神生产力只有通过与劳动者、劳动资料、劳动对象相结合，进入生产过程，才能转化为物质生产力，即关键性技术和颠覆性技术需要与生产力三要素结合并进入生产过程才能推动新质生产力的形成。

其一，关键性技术和颠覆性技术与劳动者的结合是形成新质生产力的不竭动力。劳动者是生产力中最具决定性的要素，科学技术的进步、劳动资料和劳动对象在生产中的应用都离不开劳动者的参与。劳动者需要不断掌握新的科学技术知识来提升自身素质才能不断适应生产发展的需要。关键性技术和颠覆性技术与劳动者的结合能够进一步丰富其生产知识、生产经验和劳动技能，为新质生产力的形成提供更高素质的劳动者。与此同时，高素质的劳动者也将进一步推动科学技术的进步，不断实现二者更高程度的结合，为新质生产力的形成提供不竭动力。

其二，关键性技术和颠覆性技术与劳动资料的结合是形成新质生产力的重要标志。马克思指出，劳动资料是社会生产力发展的重要标志，即"各种经济时代的区别，不在于生产什么，而在于怎样生产，用什么劳动资料生产"①。所以，关键性技术和颠覆性技术与劳动资料结合后形成的新的劳动资料就代表着新质生产力。这些新的劳动资料包含一系列"高级、精密、尖端"设备，能够延长人的"自然的肢体"，大幅提高劳动生产效率，促进新质生产力的形成。

其三，关键性技术和颠覆性技术与劳动对象的结合能够拓展劳动对象的范围，推动新质生产力的形成。一方面，随着关键性技术和颠覆性技术的突破，人们认识世界的广度和深度得到拓展，使得越来越多的未知劳动对象转变为已知劳动对象进入生产过程，从而促进生产力水平的提高。另一方面，科技的进步还使人们能够发现和利用某种劳动对象先前未被发现的属性，同样能够推动生产力的变革。可见，关键性技术和颠覆性技术突破能够推动生产力内部要素的变革从而催生新质生产力。

（三）新质生产力三要素：劳动者、劳动资料与劳动对象

威廉·配第在1662年出版的《赋税论：献给英明人士货币略论》一书中提道："土地为财富之母，而劳动是财富之父，劳动是创造财富的唯一的能动的要素。"②这段关于生产力的定义，学界简称为生产力二要素，即生产资料和劳动力。随着生产过程日渐复杂和社会分工的深化，生产要素的构成随之发生变化，出现

① 《马克思恩格斯文集》（第五卷），人民出版社2009年版，第210页。
② 〔英〕威廉·配第：《赋税论：献给英明人士货币略论》，陈冬野等译，商务印书馆1963年版，第96页。

"生产力三要素说"。马克思在《资本论》中提出，劳动过程包括
三个简单要素：劳动者、劳动资料和劳动对象，即为"生产力三
要素说"。从劳动者、劳动资料、劳动对象三个方面来看，新质
生产力超越了传统生产力。生产力的发展，归根结底依赖于人的
创造与行动。

就劳动者而言，与新质生产力相匹配的是知识型、技能型、
创新型劳动者，其拥有更为先进的认识能力和实践能力，具备
更高的创新素养和劳动能力。劳动者是通过创造、革新、驾驭
与盘活劳动资料，对劳动对象实施变革与改造，以推动生产力
从可能转变为现实、从低端迁移至高端的关键性变量、能动性
主体与决定性因素。在新时代发展新质生产力的过程中，人类
劳动形式正在从常规劳动转向创新劳动，从实物性劳动转向信
息化劳动，新的劳动资源、新的劳动工具和新的劳动形式，对
劳动者的综合素质提出了更高的要求。

就劳动资料而言，随着科技发展，劳动资料的内涵不断拓
展，与新质生产力相匹配的劳动资料不仅有普通机器设备和电
子计算机，还有人工智能、虚拟现实和增强现实设备等高端精
密仪器和智能设备。随着大模型、云计算、人工智能等数字技
术的加快发展，数字技术赋予了劳动资料数字化属性，各类智
能传感器、工业机器人、自动化物流仓储系统、虚拟现实和增
强现实设备成为新型劳动资料，促进工业化、信息化交互推进，
加快生产的线上和线下场景有机结合，数字经济与实体经济有

机融合。

就劳动对象而言，与新质生产力相匹配的劳动对象除了以物质形态存在的未经加工的自然物及加工过的原材料，还包括伴随科技进步新发现的自然物、注入更多技术要素的原材料，以及数据等以非物质形态存在的劳动对象。新能源、新材料能克服传统资源污染多、排放强、不可再生的缺点，有效降低生态环境负担，助力实现绿色发展。信息与数据资源则具有获得的非竞争性、使用的非排他性、源头的非稀缺性等多重优势，同时在时间和空间上具有显著的灵活性，有助于降低生产成本、提升生产效率、创造更高价值。数据成为劳动对象，促进了数字产业化和产业数字化发展，使数字技术与实体经济深度融合，为传统产业的转型升级及战略性新兴产业和未来产业的发展创造了有利条件。

三、新质生产力：高质量发展的新动能

（一）加快形成新质生产力是高质量发展的内在要求

高质量发展归根结底是生产力的发展。新质生产力摆脱了传统低效能、高消耗生产过程，以高效能、高质量为特征，是

"新"和"质"的蜕变，代表生产力能级跃迁。①党的二十大报告中指出："高质量发展是全面建设社会主义现代化国家的首要任务。发展是党执政兴国的第一要务。没有坚实的物质技术基础，就不可能全面建成社会主义现代化强国。"②高质量发展强调科技创新、绿色发展和人的全面发展，需要依靠关键性、颠覆性技术创新为其提供坚实的物质技术基础。从这种意义上来说，与高质量发展相适应的生产力必须是新质生产力。

高质量发展是注重科技创新的发展，要求以科技进步引领更高质量的发展。经济高质量发展是由以资源消耗、劳动力投入及资本投入驱动的"粗放式"增长转为以提质增效、结构升级和创新驱动的"集约式"增长，将科技创新视为实现高质量发展的内在动力。改革开放以来，我国在科技领域取得了巨大成就，科技整体能力持续提升，重大创新成果竞相涌现，为经济的持续健康发展提供了强大动力。但同时也应当看到，当前我国"发展不平衡不充分问题仍然突出，推进高质量发展还有许多卡点瓶颈，科技创新能力还不强"。可见，在新时期推进高质量发展对科技创新能力提出了新的更高要求，需要通过科技

---

① 沈坤荣、金童谣、赵倩：《以新质生产力赋能高质量发展》，《南京社会科学》2024年第1期。

② 习近平：《高举中国特色社会主义伟大旗帜 为全面建设社会主义现代化国家而团结奋斗——在中国共产党第二十次全国代表大会上的报告》，人民出版社2022年版，第28页。

进步进一步突破经济发展瓶颈。

新质生产力是以科技创新为主导，实现关键性、颠覆性技术突破而产生的生产力。之所以强调高质量发展要求的生产力必须是新质生产力，是因为新质生产力内含的关键性、颠覆性技术突破能够促进传统产业转型升级，以及战略性新兴产业和未来产业的形成和发展，突破技术"卡脖子"环节，补齐产业"短板"，从而提高生产效率，优化产品和服务质量，实现经济增长模式由"粗放式"向"集约式"的转变，顺应高质量发展的目标要求。基于此，应大力实施创新驱动发展战略，实现关键性、颠覆性技术突破，推动科技创新和经济社会发展深度融合，使新质生产力成为高质量发展的强大引擎。

例如，2024 年中央一号文件《中共中央 国务院关于学习运用"千村示范、万村整治"工程经验有力有效推进乡村全面振兴的意见》中明确指出，要"强化农业科技支撑。优化农业科技创新战略布局，支持重大创新平台建设"①。就农业生产模式而言，以大数据、区块链为代表的数字技术投入能够推动农业生产工艺数字化改造、生产设备智能化升级，弱化农产品生产流程各环节的工作弊端，提高农业生产质量和效率，构筑全新农业生产工作模式。这可引导农业产业结构优化升级，切实提

①《中共中央 国务院关于学习运用"千村示范、万村整治"工程经验有力有效推进乡村全面振兴的意见》，《人民日报》2024 年 2 月 4 日。

高农产品附加值，推动一国农业全球价值链地位向"微笑曲线"两端突破。就农业经营模式而言，在数字技术赋能下，农户能够充分挖掘和分析各类生产数据，作出智能生产作业决策，促使农业经营管理过程更具"智慧"。

高质量发展是绿色的发展，要求以先进生产力打通高质量发展的关键环节，站在人与自然和谐共生的高度谋划发展全局。习近平强调："绿色发展是高质量发展的底色，新质生产力本身就是绿色生产力。必须加快发展方式绿色转型，助力碳达峰碳中和。"①党的二十大报告指出："推动经济社会发展绿色化、低碳化是实现高质量发展的关键环节。"②经济社会发展绿色化、低碳化要求加快推动产业结构与能源结构的调整优化，对当前的生产力水平提出了新的要求。

产业结构的调整优化需要依托绿色产业的发展来实现，而科技创新是推动绿色产业发展的关键支撑。③以关键性、颠覆性技术突破形成新质生产力的过程将带动节能降碳先进技术研发及其在新能源汽车、绿色环保等战略性新兴产业的技术应用，

---

① 《习近平在中共中央政治局第十一次集体学习时强调 加快发展新质生产力 扎实推进高质量发展》，《人民日报》2024年2月2日。

② 习近平：《高举中国特色社会主义伟大旗帜 为全面建设社会主义现代化国家而团结奋斗——在中国共产党第二十次全国代表大会上的报告》，人民出版社2022年版，第50页。

③ 木其坚：《三大绿色产业发展的国际经验和对策建议》，《宏观经济管理》2019年第11期。

助力产业结构的绿色转型。

能源结构的优化要求降低传统高能耗能源的使用及加大对新的自然资源的开发利用，从而减少环境污染，实现人与自然的和谐共生。新质生产力的形成伴随着人类认识自然、改造自然能力的提升，能够开发出更多的新能源、新材料，并在开发的过程中注意保持自然资源的可持续利用。

国家统计局数据显示，2023 年，中国水电、核电、风电、太阳能发电等清洁能源发电量累计达到 31906 亿千瓦时，较 2022 年增长 7.8%。国家发展改革委、科技部联合印发《关于进一步完善市场导向的绿色技术创新体系实施方案（2023—2025年）》，提出"加大政策支持力度，强化绿色技术创新保障，激发各类创新主体活力"。以新能源汽车的发展为例，在燃油车领域，西方国家掌握着大量的核心技术专利，使得中国在这一领域的发展始终难以逾越。碳中和目标下，新能源汽车取代燃油车，成为全球共识。

自 2001 年科技部将电动汽车研究开发列入"国家高技术研究发展计划"以来，相关产业政策不断跟进，激励新能源汽车企业持续创新发展。我国新能源汽车企业凭借颠覆性技术创新在关键核心技术领域实现换道超车，从根本上改变了全球汽车产业市场格局。2023 年中国的新能源汽车产销分别完成了 958.7 万辆和 949.5 万辆，连续九年位居全球第一。

高质量发展是人的全面发展，要求满足人民物质丰富和精神充盈的美好生活需要，建设高素质劳动大军。高质量发展的目标是推动人的全面发展。①人的全面发展是建立在生产力高度发展的基础上的。正如马克思所言："个人的全面性不是想象的或设想的全面性，而是他的现实联系和观念联系的全面性……要达到这点，首先必须使生产力的充分发展成为生产条件，不是使一定的生产条件表现为生产力发展的界限。"②要达到能够实现人的全面发展的生产力水平，需要以更高的生产效率产出种类丰富、质量优良的物质生活资料，能实现这一目标的只有基于关键性、颠覆性技术突破所形成的新质生产力。

与此同时，人的全面发展还是人不断发展着的精神需要得到充分满足的过程。人的全面发展不是追求片面的物质满足，而是物质丰富和精神充盈的统一。人民也是劳动者。随着新质生产力取代传统生产力，关键性、颠覆性技术创新包含的新知识、新方法和新理念逐渐被劳动者所掌握，劳动者的知识储备、文化素质、劳动技能进一步提高，精神需要得到极大满足，为人的全面发展提供了精神养料，也为高质量发展提供了更加高素质的劳动者。

（二）加快形成新质生产力推动高质量发展

近年来，我国经济发展面临复杂的内外部环境，无论是当

---

① 邹广文、华思衡：《论以人民为中心的高质量发展》，《求是学刊》2022年第3期。

② 《马克思恩格斯文集》（第八卷），人民出版社2009年版，第172页。

前提振信心、推动经济回升向好，还是在未来发展和国际竞争中赢得战略主动，关键都在科技创新，重点在关键性、颠覆性技术的突破。2023年7月，习近平在江苏考察时强调："要加强科技创新和产业创新对接，加强以企业为主导的产学研深度融合，提高科技成果转化和产业化水平，不断以新技术培育新产业、引领产业升级。"①可以说，新质生产力的提出，体现了以科技创新推动产业创新，以产业升级构筑新竞争优势、赢得发展主动权的信心和决心。

具体而言，新质生产力的形成有助于抢占发展制高点。通过技术创新，我们才能占据产业链的高端位置，掌握发展的主动权，占领发展的制高点。一方面，新质生产力的形成和发展，离不开源源不断的技术创新和科学进步作为支撑。这种科技实力的跃升有利于我国占领前沿领域的制高点与创新链条上的关键点，从而为我国占领发展制高点提供了技术支持。另一方面，新质生产力在战略性新兴产业和未来产业的应用能够使我国科技发展面向世界科技前沿，不断向科学技术广度和深度进军，助推现代科技重回中国古代科技所处的世界领先地位，引领世界科技发展方向，从而掌握未来发展的主动权，率先占领发展的制高点。

---

① 《习近平在江苏考察时强调 在推进中国式现代化中走在前做示范谱写"强富美高"新江苏现代化建设新篇章》，《人民日报》2023年7月8日。

因此，要抢占发展制高点，就必须重视高新技术研发及其应用，加快发展战略性新兴产业和未来产业，加强知识产权保护，培育人才这一科技创新的第一资源，为科技创新提供制度保障和人才支持。同时要为科技创新注入国际视野和全球思维，扩大国际科技交流合作，加强国际化科研环境建设，处理好开放式创新与科技自立自强的关系，吸收全球先进技术和管理经验，提高自主创新能力。新质生产力的形成有助于培育竞争新优势。

改革开放以来，我国凭借着丰富劳动力和自然资源形成的比较优势成为世界贸易大国，进出口总额多年位居全球第一。然而随着新一轮科技革命和产业变革的突飞猛进，科学技术与经济社会发展加速融合，劳动力和自然资源等要素禀赋的比较优势逐渐下降，出口贸易产品成本不断提高，传统的低成本优势正渐渐丧失，迫切需要从以资源禀赋为基础的比较优势转向以核心技术为基础的竞争优势，发展战略性新兴产业与未来产业。①

在新产业、新业态、新领域、新赛道上，我国已经取得了一定的发展成就，积累了较多的发展经验，具备了较好的基础和条件，包括在人才、技术、资本等方面积累的优势，以及在

①周文、刘少阳：《新发展格局的政治经济学要义：理论创新与世界意义》，《经济纵横》2021年第7期。

市场规模、产业体系等方面的优势。要保持良好的发展态势，持续推进高质量发展，使我国在激烈的国际竞争中处于有利地位，需要在已有优势的基础上培育竞争新优势。推动形成新质生产力，要求坚持深化改革开放，强化体制机制创新，从而提升产业经济的持续整体竞争力，培育产业竞争新优势。

新质生产力的形成有助于蓄积发展新动能。在新一轮科技革命和产业变革进程中，新动能主要表现为以下特点：以知识流动、技术扩散、产业升级等为需求牵引，以信息、数据、技术等为基础元素，以数字经济、生物经济、共享经济等为主要方向，表现为一种与传统商品生产、流通和交换模式完全不同的新型生产力。[1]新质生产力在关键性、颠覆性技术突破中产生，注重与信息技术、高端装备、航空航天、类脑智能、未来网络等战略性新兴产业和未来产业的创新结合，具有知识技术密集、物质资源消耗少、成长潜力大、综合效益好等特点，展现出与发展新动能相一致的技术与产业特征，能够为高质量发展提供源源不断的发展动力。

在当前复杂多变的国内外形势下，推动形成新质生产力，当务之急是千方百计激活创新主体，打破经济创新主体单一的格局，更为充分地发挥企业特别是民营企业在科技创新和

---

① 史良、乔玉婷、曾立、孟斌斌：《培育经济发展新动能的技术、产业、政策机理研究》，《科技进步与对策》2021年第14期。

产业创新中的主体作用，坚持"两个毫不动摇"和"三个没有变"，破除民营企业面临的体制性、政策性障碍，使之成为创新要素集成、创新成果转化的生力军，打造科技、产业、金融等紧密结合的创新体系，从而为实现高质量发展提供强大动力和支撑。

习近平指出："做强绿色制造业，发展绿色服务业，壮大绿色能源产业，打造高效生态绿色产业集群。"[①]在产业数字化过程中，制造业企业借助数字技术改善管理与生产方式，优化资源配置，提升企业经营效率与效益，减少资源浪费现象，提升制造业绿色技术创新水平。也正如杰里米·里夫金在《第三次工业革命：新经济模式如何改变世界》一书中强调："新能源革命使得商业贸易的范围与内涵更加广阔的同时，结构上更加整合。相伴而生的通信革命则为对新能源流动引发的更加复杂的商业活动进行有效管理提供了有力工具。现在，互联网技术与可再生能源即将融合，并为第三次工业革命奠定一个坚实的基础"[②]。

---

① 《习近平在中共中央政治局第十一次集体学习时强调 加快发展新质生产力 扎实推进高质量发展》，《人民日报》2024年2月2日。

② 〔美〕杰里米·里夫金：《第三次工业革命：新经济模式如何改变世界》，张体伟等译，中信出版社2012年版，第8页。

四、加快形成新质生产力：打造国家竞争新优势

（一）存量的扩张：传统生产力与渐进式创新

在18世纪的印度，纺纱工要耗费50000小时来纺100磅的原棉。1790年，凭借有100支纱锭的"骡机"，英国纺纱工仅需要1000小时就能纺出相同数量的纱线。到1795年，凭借着水力纺纱机，英国纺纱工仅需要300小时就能完成。1825年后，利用罗伯特的自动"骡机"，时间缩短为135小时。仅仅在30余年中，生产力提高了370倍。英国的劳动力成本此时已经远低于印度。①恩格斯在《英国工人阶级状况》中更是以英国纺织工业部门为例进行了具体的阐述。在毛纺织业部门，恩格斯指出："1738年，约克郡西区生产了毛织品75000匹，1817年生产了49万匹……1834年输出的毛织品就比1825年多45万匹。"②一系列机器发明与改进的结果是生产力的空前提高和世界市场的形成。

阿本霍斯和莫雷尔在《万国争先：第一次工业全球化》一书中认为，工业化带来了现代化，塑造了一个由科技上的发明创新，以及对变革的渴望所主导的世界。③至1900年，全球最

---

① 〔美〕斯文·贝克特：《棉花帝国：一部资本主义全球史》，徐轶杰等译，民主与建设出版社2019年版，第65页。
② 《马克思恩格斯文集》（第一卷），人民出版社2009年版，第395~396页。
③ 〔新西兰〕马特耶·阿本霍斯、〔加拿大〕戈登·莫雷尔：《万国争先：第一次工业全球化》，孙翱鹏译，中国科学技术出版社2023年版，第39页。

富有和最强大的国家，也就是霍布斯鲍姆称为"赢家"的国家，都是快速高效完成工业化，并最大限度地利用了全球贸易网络及自身的自然禀赋和人力资源的国家。在1900年，这些"赢家"包括大部分的西欧国家、美国，以及较晚实现工业化的俄国和日本。

伊懋可更是在其经典之作《中国的历史之路：基于社会和经济的阐释》一书中认为，英国的纺车没有一个超乎14世纪中国人的技术所及。但在中国没做出这些改进，至少在纺织业生产方面，这个时期之后，中国技术进步道路上的根本障碍，不是缺乏比较先进的科学知识，而肯定是推动发明与创新的经济和学术力量被削弱了。[①]社会主义最终要实现生产力"自由的、无阻碍的、不断进步的和全面的发展"[②]。

传统生产力的提升对于国家竞争优势的构建具有重要基础作用。通过持续的市场开拓、生产规模的扩大及分工的深化，国家不仅可以加强其在传统产业中的领导地位，还可以在全球价值链中占据更有利的位置。规模扩大带来的经济效应使得国家在国际贸易中拥有更好的议价能力和成本优势，从而提升国家的整体竞争力。大规模生产能力的提升使国家在全球产业链和供应链中扮演更加重要的角色。正如第一次工业革命时期的

---

① 〔英〕伊懋可：《中国的历史之路：基于社会和经济的阐释》，王湘云等译，浙江大学出版社2023年版，第188页。

② 《马克思恩格斯文集》（第八卷），人民出版社2009年版，第169页。

英国，生产和运输的规模经济催生了"维多利亚时代的生活"。生产规模的扩大带动了相关产业和服务业的发展，如物流、仓储和零售等，进一步增强国家的综合经济实力。

资产阶级扩大生产的需要也正是从这个时候开始的，因此，把生产和市场推向全世界已是资产阶级的迫切需要。在欧洲，生产力的发展要求迫使人们走出单一的国家和地域，去开拓更多更大的世界市场。因此，资产阶级带着先进的生产工具到世界各地寻找新的商机，目的是把全世界都变成资本蔓延的市场，给他们创造更多的财富。[1]而随着生产规模的扩大，通常伴随着生产过程中分工的深化和专业化。这不仅提高了生产效率，也促进了技术和技能的发展。

斯密在1776年的《国民财富的性质和原因的研究》一书中提到"一个国家的产业与劳动生产力的增进程度如果是极高的，则各种行业的分工一般也都达到极高的程度"[2]。分工的深化促进了国际合作和全球价值链的整合。国家可以通过参与国际生产网络，分享全球创新和增长的红利。在专业化分工中，国家不仅积累了特定领域的技术和经验，也培养了相应的技术人才和专业工人，为国家的长期发展积累了宝贵的人力资源。在没

---

① 郝立新主编：《马克思主义发展史》（第一卷），人民出版社2018年版，第502页。

② 〔英〕亚当·斯密：《国民财富的性质和原因的研究》，郭大力、王亚南译，商务印书馆1974年版，第10页。

有分工的社会里，人们在自然面前相当"渺小"，在自然面前，单个人的力量几乎可以忽略不计。

　　然而所有这一切都将在"受分工制约的不同个人的共同活动"中得到彻底改观，因为这样的活动会产生一种社会力量——"成倍增长的生产力"①。而当分工形式与社会经济发展相契合，与生产力发展相适应的时候，就在资本主义时代，资产阶级私有制极大地解放了生产力的发展，资本家在追求剩余价值的过程中，用资本开辟市场，资本的足迹开始遍布全世界，世界各国家各地区的人类，都纷纷卷入资本所开发的世界市场，人类历史不再是各个独立分散、封闭的民族国家历史和地区部落史，而是"整个世界"的人类历史。

　　马特·里德利在《创新的起源：一部科学技术进步史》一书中认为，传统生产力提高更多的是依靠渐进式的创新，"在前进的过程中，每一个关键的发明都是建立于前一个发明之上的，并且让下一个发明成为可能。这是一种演化，而非一系列革命"②。也就是说技术发展并非总是线性或革命性的。很多时候，技术的进步是通过对现有技术的改进和逐步创新来实现的。

　　这种"回旋"式的进步意味着技术发展往往是渐进的，而

---

①《马克思恩格斯文集》（第一卷），人民出版社2009年版，第538页。

②〔英〕马特·里德利：《创新的起源：一部科学技术进步史》，王大鹏等译，机械工业出版社2021年版，第117页。

不是突然的跳跃。技术变迁并不一定会引发创新，或者说传统的技术变迁带来的是渐进式创新，而不是颠覆式创新。渐进式创新强调的是小步改进和持续的技术优化。这种渐进式创新通常发生在已有的技术和生产方式上，通过微小的改变逐渐提高效率和产出。在船运、采矿、建筑业，尤其是农业中，这种平淡无奇的、积累式的、难以觉察的渐进式创新带来了生产力的提高。

（二）增量的重构：新质生产力与颠覆性创新

新质生产力的核心要义不是那些普通的科技进步和边际上的改进，而是要有颠覆性的科技创新。颠覆性创新是具有基于科学原理重大突破和技术的交叉融合，即通过技术的根本性改变带来新的产业和市场，是"0到1"、从无到有的，对世界有新理解的重大发现。颠覆式创新是推动社会发展最活跃、最革命的因素，在熊彼特看来是一种"生产要素的重新组合"，即创新活动应该是经济实体内部的一种"自我革新"。

15世纪后，葡萄牙和西班牙正是依靠航海技术的颠覆式创新成为新大陆的发现者和当时世界经济的引领者。被罗斯托和费尔普斯分别称为"经济起飞"与"大繁荣"的第一次工业革命之所以出现在英国，并使其成为引领世界经济长达百年的大国，是因为其最早实现了蒸汽动力上的颠覆式创新。蒸汽机的发明是手工劳动进入机器时代的分水岭，蒸汽机本身只是一个产品，但是以蒸汽机为代表的工业和产业系统以此作为基础开始形成，使人类社会的生产力与生产关系发生了本质性变化。

正如马克思在《共产党宣言》中的那段经典论述："资产阶级，由于一切生产工具的迅速改进，由于交通的极其便利，把一切民族甚至最野蛮的民族都卷到文明中来了。"①而后，美国替代英国成为世界经济领导者是因为以电气化为代表的第二次工业革命中实现了颠覆式创新的竞争领先。数字革命对传统工业生产的变革同样也是颠覆式创新。数字革命以计算机和互联网技术为核心，彻底改变了信息处理、存储和传播的方式。数字技术的应用催生了新的商业模式（如电子商务、数字媒体）和市场结构（如平台经济），对传统的商业和经济活动构成了颠覆。

2023年9月27日，世界知识产权组织发布《2023年全球创新指数报告》，中国创新指数从2010年的第43位升至2023年的第12位，也首次成为科技集群数量最多的国家。近年来我国高技术产业增长势头强劲。2022年，我国高新技术企业数量已达到40万家，较2012年的4.9万家有明显增长。其中，有683家企业进入2021年全球企业研发投入2500强。随着创新能力的不断提升，我国在部分科技领域已经具备了国际领先优势。例如，在通信领域内，我国在5G的商用发展上已经实现了规模、标准数量和应用创新的多方面领先。

---

① 《马克思恩格斯文集》（第二卷），人民出版社2009年版，第35页。

在空间量子通信领域，我国已处于领跑地位。2016年，中国成功发射全球首颗量子科学实验卫星"墨子号"；2017年，建成世界首条量子保密通信干线"京沪干线"。2021年，我国已可以实现跨越4600千米的星地量子密钥分发，意味着我国已成功构建出天地一体化广域量子通信网络。在新能源领域，2022年我国风电、光伏发电量达到1.19万亿千瓦时，较2021年增加2073亿千瓦时，同比增长21%，也处于全球领先位置；新能源汽车销量占全球新能源汽车总销量的50%以上。

数字时代，为发展中国家塑造国家竞争优势带来了新的可能。在当今时代，知识、人力资本、信息这些再生性生产要素不是先天性资源，而是各国通过后天培养起来的。正如理查德·鲍德温在《大合流：信息技术和新全球化》一书中所指出的，信息通信技术的进步降低了交流成本，促使技术要素与低成本劳动力要素结合，推动了后发国家的快速工业化，由此出现了"大合流"①。巴克曼和韦格尔在《增长陷阱：欧美经济衰落和创新的假象》一书中也驳斥了传统观点所认为的西方国家正迎来一场崭新的创新革命，但这种预测与实际的经济状况并不相符。西方的经济状况不容乐观，许多决定创新的因素在过去几十年不断削弱。当今西方世界中一个主要的经济问题：颠

---

① 〔瑞士〕理查德·鲍德温：《大合流：信息技术和新全球化》，李志远等译，格致出版社2020年版，第5页。

覆性创新不是太多，而是太少，曾经追求异想天开、鼓励推陈出新的资本主义体系如今更多是平庸无奇的产出。[①]这为发展中国家追赶发达国家，进而突破长期以来形成的带有剥削性质的国际产业分工模式创造了条件。

世界正在进入以信息产业为主导的经济发展时期。历史上产业发展与经济增长主要依靠劳动力、资本、能源等要素，但是在未来的生产力发展模式中，数据要素的介入让生产函数发生了新的变化，规模经济、范围经济、学习效应会产生新的交叉组合和融合裂变。随着数据成为基础性、战略性资源，各国对数据资源的争夺日趋激烈。新科技革命带来的技术轨道变化，为我国科技创新提供了难得的赶超先进国家技术的"机会窗口"。

日本学者中田敦在对全球制造业巨头美国通用电气公司的深入研究后，认为当前最大的转变，已经由"互联网+"改造消费经济、改变人们的生活方式，转变为"互联网×"重构工业经济、改变人类的生产方式。[②]正如党的二十大报告所指出的，要"推动战略性新兴产业融合集群发展，构建新一代信息技术、人工智能、生物技术、新能源、新材料、高端装备、绿色环保等

①〔瑞典〕弗雷德里克·巴克曼、比约恩·韦格尔：《增长陷阱：欧美经济衰落和创新的假象》，张旭等译，中国友谊出版公司2021年版，第9页。

②〔日〕中田敦：《变革：制造业巨头GE的数字化转型之路》，李会成、康英楠译，机械工业出版社2018年版，第1页。

一批新的增长引擎"①。国家数据局也于 2023 年 12 月起草了《"数据要素×"三年行动计划（2024—2026 年）（征求意见稿）》，描绘了"到 2026 年底，数据要素应用场景广度和深度大幅拓展，在经济发展领域数据要素乘数效应得到显现"的美好蓝图。

渐进式创新通常更加稳定、风险较低，并且更容易被市场接受。颠覆式创新虽然可能带来巨大的市场颠覆和经济效益，但它的不确定性和风险也相对更大。然而在全球数字技术竞争背景下，发达国家企图进一步固化中国在全球分工中的位置，使中国陷入与其他发展中国家在制造业的中下游环节"逐底竞争"的恶性循环中。发达国家为了保障自身的优势不被超越在专利和技术领域实行严格的保护，限制与发展中国家之间的技术合作，迫使发展中国家更多地依赖自主创新实现技术赶超，进一步增加了国家之间的技术竞争。这种状况也限制了发展中国家依靠与发达国家之间的合作实现可持续发展的空间，唯有通过颠覆式创新才能在白热化的国际竞争中占有一席之地。

---

① 习近平：《高举中国特色社会主义伟大旗帜 为全面建设社会主义现代化国家而团结奋斗——在中国共产党第二十次全国代表大会上的报告》，人民出版社 2022 年版，第 30 页。

五、加快形成新质生产力：开创文明新形态

（一）文明新形态：创新起主导作用的生产力跃升

习近平深刻指出："纵观世界文明史，人类先后经历了农业革命、工业革命、信息革命。每一次产业技术革命，都给人类生产生活带来巨大而深刻的影响。"[1]历史地看，三次产业技术革命改变了人类创造价值的方式，也改变了整个世界的面貌。在每一次产业技术革命中，技术、政治制度和社会制度共同演化，不仅改变了行业本身，而且改变了人们看待自身、相互联系及与自然界相互作用的方式。

人类文明新形态的发展呼唤与新的历史阶段相适应的先进生产力的形成。高科技、高效能、高质量是新质生产力的重要特征，符合人类文明新形态对先进生产力的要求。所谓"质"，体现了创新驱动和科学技术进步；所谓"新"，则是要有原创性、关键性、颠覆性技术突破。[2]正如乔尔·莫基尔在《富裕的杠杆：技术革新与经济进步》一书中所言："富国与穷国的分野的重要原因之一在于富国的技术更好，即富国为了生产性目的，

---

① 中共中央党史和文献研究院编：《习近平关于网络强国论述摘编》，中央文献出版社2021年版，第35页。

② 周文、许凌云：《论新质生产力：内涵特征与重要着力点》，《改革》2023年第10期。

控制和利用大自然和人员的能力更为高超。"①科技创新是实现"时空压缩"与"并联发展"的根本动力。②

从历史上看，科技创新是一个缓慢的过程。但是数字革命正悄无声息地影响着工业世界，世界正在进入以信息产业为主导的经济发展时期。数据要素的介入使得劳动力、资本、能源等传统生产要素产生了新的化学裂变反应。新科技革命带来的技术轨道变化，为我国科技创新提供了难得的赶超先进国家技术的"机会窗口"。在马特·里德利看来，现在"西方经济体产生创新的能力已经变弱了"，而"中国的创新发动机已经点火"。③正如6个世纪以前，欧洲从日益僵化的中国手中夺过创新接力棒一样，中国或许即将再次夺回接力棒。当下的中国，通过新型举国体制实现有效市场和有为政府的有机结合，并依靠颠覆式科技创新加快形成新质生产力，为创造人类文明新形态提供重要支持。

加快形成新质生产力，是创造和发展人类文明新形态的重要物质基础。文明的存续与发展厚植于完善的经济结构与雄厚的物质基础，依靠科技创新所带来的生产方式变革，可以更好

---

① 〔美〕乔尔·莫基尔：《富裕的杠杆：技术革新与经济进步》，陈小白译，华夏出版社2008年版，第5页。

② 周文、李吉良：《新质生产力与中国式现代化》，《社会科学辑刊》2024年第2期。

③ 〔英〕马特·里德利：《创新的起源：一部科学技术进步史》，王大鹏等译，机械工业出版社2021年版，第7页。

地促进生产力的跃迁。新质生产力以原创性、关键性、颠覆性技术突破带来全方位的创新，摆脱了既往工业文明形态所对应的依靠大量资源投入、高度消耗资源能源的发展方式，追求经济发展与环境保护的有机统一，是符合高质量发展要求与社会主义文明演进内在规律的生产力，为创造人类文明新形态提供了强大的内生动力。新质生产力还以其强大的包容性和开放性，推动制度文明、精神文明等，不断扩宽推动着人类文明的发展边界。在新质生产力的影响下，不同文化、不同民族之间的交流与合作日益增多，人类文明的多样性得到了充分展现。

（二）新质生产力破解世界市场的不公平格局

在马克思看来，经济全球化的发展形态建构于"中心"与"边缘"力量对比的时代变迁。工业革命后，西方世界在创新竞争上的领先奠定了西方国家的领先地位。可以预见，不改革世界市场的封闭式和自我循环发展，必然存在着不断被经济发展滋生的新危机阴影所笼罩。世界市场演进的新趋势显示，知识性要素已成为国际产业分工的核心，其拥有水平决定了当下一个国家或地区参与国际分工的能力。发达国家跨国公司掌握着资本、技术等稀缺要素，在全球价值链中占据了高端环节。发达国家无论实施的是"全面脱钩"模式还是"小院高墙"的竞争战略，其本质都是巩固中心-边缘的传统世界市场不公平的格局。正如格伦·迪森所强调的，"当前国际分工是国际权力分配的反映。在这场博弈中，创新者试图减缓技术扩散，扩大先发优势，而跟随者试图模仿，加快扩散来减少创新者的优势"①。

分工作为一种社会经济关系，必会为生产力所决定。②作为一个社会历史范畴的分工，在人类历史的不同阶段有着不同的形式与特点。马克思恩格斯指出："一个民族的生产力发展的水平，最明显地表现于该民族分工的发展程度。任何新的生产力，只要它不是迄今已知的生产力单纯的量的扩大（例如，开垦土地），都会引起分工的进一步发展。"③从科技发展史的角度来看，人类历史上的三次国际产业大分工即是由生产力的进阶而生发的。国际产业分工的总体式样和变化可以概括为"中心-边缘"的高度等级分化和"东升西降"的格局走势，体系边缘国家存在被进一步边缘化的趋势。④

国际分工演进史深刻表明每一次分工深化背后都离不开技术创新这一最重要的推动因素。⑤资本始终在通过发展自己的生产力，来替代对特定自然资源和生产要素的依赖，在这个意义

①〔俄〕格伦·迪森：《技术主权：第四次工业革命时代的大国博弈》，丁宁等译，中国科学技术出版社2023年版，第74页。

② 付文军：《面向〈资本论〉：马克思政治经济学批判的逻辑线索释义》，人民出版社2018年版，第16页。

③《马克思恩格斯文集》（第一卷），人民出版社2009年版，第520页。

④ 庞珣、何晴倩：《全球价值链中的结构性权力与国际格局演变》，《中国社会科学》2021年第9期。

⑤ 裴长洪、刘洪愧：《中国外贸高质量发展：基于习近平百年大变局重要论断的思考》，《经济研究》2020年第5期。

上，发展中国家的经济随时有可能陷入衰退，因为"要素禀赋"可以被创造，当然也可以被剥夺。那些服从于传统国际经济学理论的发展中国家开始与发达国家在财富积累上，产生越来越大的差距。

加快发展新质生产力，要充分利用我国社会主义市场经济的制度优势、超大规模市场优势及各类优势，在变化多端的创新路径和方向中把握战略重点。①中国作为最大的发展中国家，正在从后发追赶逐渐向前沿竞争转变，以新技术持续赋能新产业、新领域、新赛道，不断发展战略性新兴产业和未来产业解决关键技术"卡脖子"等问题，更加积极主动地融入全球创新网络，使得国内产业链在某些领域有可能率先实现赶超，突破发达国家技术封锁，在世界市场的竞争中处于主动与优势地位。海关总署数据显示，2004—2022年，我国高新技术商品年出口金额由1655.36亿美元增长到9513.22亿美元，总体呈上升趋势，年均增长10.2%，出口商品结构不断优化，中国在世界市场上的竞争优势推动我国不断向全球价值链中上游升级。

世界正在进入以信息产业为主导的经济发展时期。传统世界市场发展主要依靠劳动力、资本、能源等要素，但是在未来的新质生产力发展模式中，知识、人力资本、信息这些再生性

---

① 孟捷、韩文龙：《新质生产力论：一个历史唯物主义的阐释》，《经济研究》2024年第3期。

生产要素不是先天性资源，而是各国通过后天培养起来的。因此，以第四次工业革命为契机带来的生产力升级，进而促进全球产业分工格局的重新演化，也为发展中国家追赶发达国家，进而突破长期以来形成的带有剥削性质的世界体系创造了条件。中国利用自身产业链和产能优势，正在帮助"一带一路"共建国家建设自己的工业体系与产能，促进相对落后的国家顺利步入工业化，辅助发展中国家发挥创新动能，释放出生产力发展的更大上升空间，进而推动世界市场朝着更加开放、包容、普惠、平衡、共赢的方向发展。

六、新质生产力：民营经济高质量发展的广阔天地

（一）我国民营经济助力生产力发展的历史进程

在我国，民营经济的发展始于改革开放战略的全面实施，改革开放的推进过程同民营经济的发展历程高度一致。改革开放以来，鉴于在社会主义初级阶段解放和发展生产力的现实需要，我国民营经济逐渐发展壮大，并在新时代迈入高质量发展阶段，成为当前培育新质生产力的先行力量。

1. 恢复发展期（1978—1991 年）：解放生产力的有力抓手

改革开放前，由于意识形态领域"左倾"思潮的影响，我国在经济实践中采取了一系列限制非公有制经济发展的政策措

施，使民营经济几乎陷入绝境。1978年，关于真理标准问题的大讨论在全国范围内展开，由此拉开思想解放与改革开放的序幕。随后召开的党的十一届三中全会便从当时的现实情况出发，作出将全党的工作重点转移到社会主义现代化建设上来的重要决定，更加注重促进社会生产力的发展进步。此后，以邓小平同志为主要代表的中国共产党人看到了民营经济在增强经济活力、促进生产发展方面的积极作用，在推进改革发展实践的过程中逐步廓清了民营经济的根本性质，明确提出"一定范围的劳动者个体经济是公有制经济的必要补充"①，"社员自留地、家庭副业和集市贸易是社会主义经济的必要补充部分"②。在澄清民营经济根本性质的基础上，国家又出台政策"鼓励和扶持个体经济适当发展"③，同时以法律形式明确提出"保护私营经济的合法的权利和利益"④，并在1991年召开的全国经济体制改革工作会议中强调"建立以社会主义公有制为主体、多种经济成分共同发展的所有制结构"，这种鲜明的政策导向使我国民营经济逐渐得到恢复和发展。

---

① 中共中央文献研究室：《十一届三中全会以来重要文献选读》（上册），人民出版社1987年版，第347页。

② 中共中央文献研究室：《新时期经济体制改革重要文献选编》（下），人民出版社1998年版，第9页。

③ 辜胜阻：《民营经济与创新战略探索》，人民出版社2009年版，第265页。

④ 中共中央文献研究室：《十三大以来重要文献选编》（上），人民出版社1991年版，第216页。

改革开放前期，由于国家经济政策的调整，民营经济的合法性得到确认，成为我国调动经济活力、解放生产力的有力抓手。虽然20世纪80年代末90年代初曾出现关于雇工问题的争议并引致民营经济发展的波动，但改革开放以来我国民营经济的整体发展态势是良好的。1978至1991年，国民生产总值总体保持较快增长，与改革开放以来民营经济的发展高度耦合。截至1991年底，个体经济方面，全国登记注册的个体工商户为1416.8万户，从业人员达2258万人，注册资金为488.2亿元，个体商业、饮食业、服务业、修理业等行业的营业额为1798.2亿元；私营经济方面，全国登记注册私营企业为10.8万户，从业人员达183.9万人，注册资金为123.2亿元，私营商业、饮食业、服务业、修理业等行业的营业额为68亿元。①由此可见，这一时期，民营经济作为公有制经济的必要的、有益的补充，为我国创造了大量就业岗位，个体、私营工商业的初步崛起也推动着经济活力与生产力的不断释放。

2. 快速成长期（1992—2011年）：推动生产力发展的重要基础

20世纪90年代初，民营经济和其他非公有制经济的不断发展在全国范围内引发了关于改革开放后，发展市场经济的我国

---

① 王海兵、杨蕙馨：《中国民营经济改革与发展40年：回顾与展望》，《经济与管理研究》2018年第4期。

究竟姓"资"还是姓"社"的争论，部分党员干部与群众对"什么是社会主义、如何建设社会主义"等问题的认识出现严重偏颇。面对事关国家根本性质的理论分歧，以及20世纪80年代末90年代初国民经济发展受阻的现实挑战，邓小平于1992年发表了著名的南方谈话。邓小平强调："计划和市场都是经济手段。社会主义的本质，是解放生产力，发展生产力，消灭剥削，消除两极分化，最终达到共同富裕。"①由此，实行改革开放和利用市场经济手段解放和发展社会主义国家生产力的正当性得以确认。

此后，党的十四大明确提出社会主义市场经济体制是我国经济体制改革的目标，强调"在所有制结构上，以公有制包括全民所有制和集体所有制经济为主体，个体经济、私营经济、外资经济为补充"②。在此基础上，党的十五大进一步将"公有制为主体，多种所有制经济共同发展"③上升为我国在社会主义初级阶段的基本经济制度，非公有制经济的合法地位得到进一步巩固。在以制度形式明确民营经济的定位后，党和国家又采取放宽市场准入、营造良好环境、落实财税支持、改善政府服务、推进国际合作等一系列政策措施鼓励、支持和引导其健康发展。在这种良好的政策与制度环境下，民营经济迎来了新的

---

① 《邓小平文选》（第三卷），人民出版社1993年版，第373页。
② 《江泽民文选》（第一卷），人民出版社2006年版，第227页。
③ 《江泽民文选》（第二卷），人民出版社2006年版，第117页。

发展机遇，成为社会主义市场经济的重要组成部分。

自邓小平发表南方谈话以来的二十年间，民营经济的活力得到极大释放，推动着我国生产力的快速发展。截至2011年底，全国登记注册的私营企业和个体工商户分别为967.7万户和3756.5万户，说明与改革开放初期相比我国民营企业数量大幅增长。而且，随着民营经济的蓬勃发展，其财税贡献也相应增加，为国家提供了许多新的经济增长点。步入21世纪以来，民营经济的税收增速整体高于全国平均增长速度，占全国税收收入的比重也呈上升趋势。2011年，我国个体经济和私营企业的税收总收入高达13553.83亿元，占全国税收收入的14.2%。由此可见，这一时期，在国家相关政策与制度的鼓励、支持和引导之下，民营经济把握机会实现迅猛增长，成为我国促进生产力进一步发展的关键着力点与开展经济社会建设的有力支撑。

3. 转型腾飞期（2012年至今）：促进生产力发展进步的重要力量

步入新时代，民营经济作为我国经济社会发展的重要基础，成为优化经济结构、提升发展质量的动力源泉。2012年，党的十八大报告提出"毫不动摇鼓励、支持、引导非公有制经济发展，保证各种所有制经济依法平等使用生产要素、公平参与市场竞争、同等受到法律保护"[①]，重申了民营经济在社会主义初

---

① 《胡锦涛文选》（第三卷），人民出版社2016年版，第629页。

级阶段的重要地位及国家的积极政策导向。2018年，习近平又在民营经济座谈会上明确提出"民营经济是我国经济制度的内在要素，民营企业和民营企业家是我们自己人"①的重要论断，为民营经济在改革开放新时期的转型与腾飞提供了良好发展环境。

在新发展理念的引领下，国家更加注重发挥民营经济在促进增长动能转换与产业转型升级方面的突出价值。2023年，《中共中央　国务院关于促进民营经济发展壮大的意见》明确提出"支持提升科技创新能力""加快推动数字化转型和技术改造""鼓励提高国际竞争力"②等旨在推动民营经济实现高质量发展的意见措施。经过改革开放以来40多年的发展，日益壮大的民营经济具备了"56789"的鲜明特征。截至2023年9月底，全国登记在册的民营企业数量超过5200万户，在企业总量中的占比达到92.3%，成为推动国家发展进步的重要力量。

总体而言，改革开放以来，民营经济由社会主义市场经济的"有益补充"转变为"重要组成部分"，在解放发展生产力、促进创新、增加就业、改善民生等方面发挥了不可替代的作用。步入新时代，党和国家聚焦民营经济的高质量发展，致力于使之在推进供给侧结构性改革、建设现代化经济体系等方面发挥

---

① 习近平：《在民营企业座谈会上的讲话》，《人民日报》2018年11月2日。

② 《中共中央　国务院关于促进民营经济发展壮大的意见》，《人民日报》2023年7月20日。

出更大积极作用。在此背景下，作为市场竞争的重要主体、科技创新的驱动力量和产业转型升级的动力支持，民营企业将在发展新质生产力的过程中以微观载体的形式继续发挥积极作用，成为以新质生产力推动高质量发展的重要依托。

（二）民营经济是加快发展新质生产力的生力军

改革开放以来，民营经济的蓬勃发展为增强我国经济活力、提升生产效率做出了历史性贡献。步入新时代，民营经济日趋由"扩张"迈向"深化"，更加重视自主创新及新产品、新业态的开拓。根据约瑟夫·熊彼特的界定，创新是企业家"对原有生产要素进行重新组合"的"创造性破坏"过程。[①]作为推动高质量发展的重要主体，民营企业因具备创新发展意识、产业创新优势、企业家精神才能等特质而成为促进科学技术进步、产业转型升级和生产效率提升的有力引擎，对于加快发展新质生产力具有突出作用。[②]

首先，民营企业具有创新发展的天然意识。科学技术是生产力中最活跃的因素，现代生产力的飞速发展主要得益于科技进步。科学技术突破是生产效率变革的重要驱动力，而提升生产效率是塑造市场竞争优势、获取超额利润的关键所在。因此，

[①]〔美〕约瑟夫·熊彼特：《经济发展理论——对于利润、资本、信贷、利息和经济周期的考察》，何畏等译，商务印书馆2011年版，第186~187页。

[②]周文、李雪艳：《民营经济高质量发展与新质生产力：关联机理与互动路径》，《河北经贸大学学报》2024年第2期。

追求科技创新是民营企业的天然意识，是其在激烈的市场竞争中发展壮大的必然选择。作为社会主义市场经济的重要组成部分，民营经济在发展进程中锐意创新，为我国贡献了大量技术创新成果。步入高质量发展阶段，具有内生创新特质的民营企业也将成为我国培育新质生产力的推动力量。作为充满活力的经济细胞，民营企业因广泛参与市场竞争而具有创新发展的必要性，同时，善于将科研成果转化应用也使其创新发展具备可能性。

一方面，民营企业是市场经济活动的直接参与者，市场竞争的压力倒逼民营企业推进技术创新。与许多在政府扶持下发展起来的国有企业不同，民营企业要在激烈的市场竞争中占据优势地位才能存续和发展。为以新产品抢占市场份额、提升经济效益，民营企业通常注重改进技术条件以提升产品质量、降低生产成本，这使其在客观上具备内生的创新动力与培育新质生产力的巨大潜力。此外，新型劳动者队伍是推动科技创新成果转化为现实新质生产力的主体力量，而民营企业通常注重招收和培养具备创新精神与实践能力的高素质人才，有助于其熟练掌握新质生产资料、加快发展新质生产力。加之民营企业产权清晰、经济利益关系明确，薪酬分配也通常与员工的能力和贡献高度相关，这使其能够凭借创新激励吸引更多优秀科技人才，从而满足培育新质生产力过程中对于新型劳动者的大量需求。

另一方面，相较于开展基础研究而言，民营企业更注重技术的应用价值，且对市场需求及技术应用场景的了解和把握通常较为充分，这无疑有利于其及时将最新科研成果进行转化应用。原因在于，民营企业以技术创新驱动自身发展的目的在于降本、增效、提质，从而获取更大的市场份额与更高的经济收益。所以，民营企业在加大研发投入的基础上，还强调形成以市场需求为导向的科研组织模式，注重以技术创新推动产品与服务创新，进而满足市场的最新需求。在加快形成和发展新质生产力的过程中，企业是科技创新的主体，因此培育新质生产力应当将经济因素和市场状况考虑在内，更加注重技术在生产活动中的应用价值。从这一角度来看，民营企业重视科研成果转化应用的特质使其能够依靠技术创新获取经济利益，从而保障自身拥有充足且稳定的研发经费。因此，民营企业具备持续推动创新发展的现实可能性，这使其在客观上拥有培育新质生产力的巨大潜力。

其次，民营企业具备开拓新产品新业态的独特优势。新质生产力的核心是创新，载体是产业，新技术、新经济、新业态构成理解新质生产力的三重维度。在社会主义市场经济条件下，以中小企业为主的民营企业既有通过产业集群寻求技术创新的内在驱动力，又由于经营管理灵活、专业化程度高等特质而成为开拓新产品新业态的关键力量，因而是培育新质生产力的重要主体。

由于市场竞争的外在压力和科研力量有限的自身特质，以中小企业为主的民营企业倾向于通过产业集群合力推动所在行业的共性科技创新。早在改革开放初期，产业集群就成为我国民营企业谋求发展的重要方式。步入高质量发展阶段，产业集群的创新属性更为凸显。在打造创新型产业链的过程中，许多民营企业以原有产业集群为基础，力求在关键设备和关键链点上进行自主创新以实现补链、强链和延链，从而提升市场竞争力。基于单个民营企业创新能力有限的客观现实，相关行业的民营企业往往通过开展技术交流与合作等方式促进开放式创新[1]，这有利于充分发挥创新要素投入的规模经济效应，借助创新型产业集群推动新产品研发与新业态形成。

民营企业在产业集群内部开展关键共性通用技术主动交流合作具有自身优势，民营企业之间也存在着激烈的竞争，促使其为抢占市场而不断在新兴技术路线上试错、改良，以开发新技术、新产品、新业态。但由于集群企业之间知识溢出效应的存在，技术相对落后的民营企业能够通过人员流动、设备转移等多种方式以低成本学习和效仿创新先行企业的知识与技术，从而使创新成果较容易地在集群内部逐渐扩散。可见，民营企业之间存在广泛的技术合作与竞争，这使其具备以新技术开拓

---

① 蔡双立、张晓丹：《开放式创新与企业创新绩效——政府与市场整合视角》，《科学学与科学技术管理》2023年第9期。

新产品、新业态，并在此过程中形成和发展新质生产力的特殊优势。

民营企业借助产业集群促进科技创新，特别是以中小企业为主的民营企业经营管理灵活、专业化程度高，具备发展成为"专、精、特、新"企业的潜质，是加快形成和发展新质生产力，支撑新兴产业和未来产业的重要主体。具体而言，一方面，市场发现和处理信息的效率极高，且能借助价格机制反映供需状况，而民营企业的市场化程度高、经营管理灵活，故能及时捕捉市场新动向与供需新情况并据此灵活调整生产和供应链，从而成为新产品、新业态的开拓者。另一方面，民营企业的规模相对较小，多专注于产业链上的某个特定环节。这种聚焦核心主业精耕细作的专业化生产经营有利于民营企业逐步提升创新能力以促进所在领域的生产效率变革，从而培育出大量"专、精、特、新"企业。据工信部统计，截至2023年9月，我国已累计培育"专、精、特、新"中小企业9.8万家，其中民营企业占比95%左右。在高质量发展阶段，以民营企业为主的"专、精、特、新"中小企业作为战略性新兴产业和未来产业的基础支撑，将成为培育新质生产力的重要力量。

最后，民营企业管理者具备企业家精神与才能。新质生产力的核心在于创新，而民营企业是推动科技创新的重要主体。作为民营企业的管理者，企业家能够凭借其创新精神和才能在培育新质生产力的过程中作为无形生产要素发挥积极作用。

　　企业家精神是企业核心竞争力的重要组成部分，也是激发企业创新活力、推动新质生产力形成和发展的关键因素。思维反作用于存在是马克思主义哲学的基本观点。马克斯·韦伯在探讨新教伦理与资本主义精神之间的内在联系时始终秉持"精神文化因素影响经济社会发展"这一根本原则；阿尔弗雷德·马歇尔也关注到企业家具有顽强的进取心和成功的强烈愿望[1]，认为企业家的精神和才能与企业生产经营活动的开展存在密切关系；约瑟夫·熊彼特则更进一步，将企业家视为创新的主体，认为企业家能够通过商业冒险行为重新组合生产要素以获取利润。[2]

　　对于我国民营企业家而言，其所具备的精神特质是推动民营经济蓬勃发展的内在动因。实现从无到有的创新能力、追求高质量发展的工匠精神和培育全球竞争力的爱国情怀是我国民营企业家的共性品质。[3]在激烈的市场竞争中，面对创新活动的高度不确定性，民营企业家凭借敢闯敢干的冒险精神和探索进取的竞争意识不断寻求技术、管理、产品、模式等多方面的突破性创新，这有利于推动新质生产力的形成和发展，使我国以高质量发展构筑起国际竞争新优势。

---

　　① 〔英〕阿尔弗雷德·马歇尔：《经济学原理》，彭逸林等译，人民日报出版社2009年版，第38～40页。

　　② 〔美〕约瑟夫·熊彼特：《经济发展理论——对于利润、资本、信贷、利息和经济周期的考察》，何畏等译，商务印书馆2011年版，第171页。

　　③ 葛宣冲、郑素兰：《新时代民营企业家精神：欠发达地区乡村生态资本化的"催化剂"》，《经济问题》2022年第3期。

除冒险进取的创新精神之外，民营企业家通常具备较强的市场敏感度和对市场前景的分析判断能力，这使民营经济得以在培育新质生产力方面抢占先发优势。民营经济的发展与政策条件及营商环境高度相关，在长期发展过程中，我国民营企业家培养了洞察和把握国家政策及商业机会的能力。在习近平发出加快形成和发展新质生产力的号召后，民营企业及时把握机会，通过加大研发投入等方式积极推动科技创新，从而在培育新质生产力的过程中提升自身发展质量及市场竞争力。

与改革开放初期不同，我国的新一代民营企业家往往拥有较为丰富的专业知识与工作经验，加之其善于在推动企业创新发展的过程中不断积累"软知识"，所以出色的新一代民营企业家通常能够敏锐地捕捉市场机会和空白领域，并以关键性、颠覆性技术突破打破约束条件，开发出新产品、新业态、新市场，同时以技术的转化应用反哺科技创新，助力新质生产力的培育。

小结

高质量发展需要新的生产力理论来指导，而新质生产力已经在实践中形成并展示出对高质量发展的强劲推动力、支撑力。①马克思认为，生产力的发展具有渐进性与继承性，后一个阶段生产力脱胎于前一个阶段生产力，是对前一个阶段生产力的"否定之否定"。"新质生产力"与"传统生产力"截然不同。传统生产力是以第一次和第二次产业革命为技术基础，以劳动、资本和土地为主要要素，以机械化、电气化、化石能源为主要动力，以产值是否增加为衡量标准，具有高度消耗资源能源、环境污染较为严重和不可持续等明显弊端。

当前，随着新一轮科技变革和产业革命的不断深入，世界已经进入以创新为主题、以创新为主导的新时代。为了抓住创新驱动发展的重大机遇，在国际竞争中赢得主动权，党中央提出要整合科技创新资源以加快形成新质生产力，将先进科技视为新质生产力生成的内在动力，一方面，肯定了科学技术在生产力形成和发展中的重要作用；另一方面，将这种科学技术上升为更高层次上的关键性、颠覆性技术，突出科技创新在生产力发展中的主导作用，是根据时代发展要求和中国国情的变化对中国共产党人的发展生产力思想的传承、发展和创新。因此，新质生产力的提出是马克思主义生产力理论的发展和创新，推进了马克思主义生产力理论中国化时代化，是引领世界发展的当代中国马克思主义生产力理论、21世纪马克思主义生产力理论，开拓了当代中国马克思主义政治经济学新境界。

---

① 《习近平在中共中央政治局第十一次集体学习时强调 加快发展新质生产力 扎实推进高质量发展》，《人民日报》2024年2月2日。

第八章

乘风破浪：新质生产力与建设现代化产业体系

PRODUCTIVITY

16世纪以来，世界发生了多次科技革命，每一次都深刻影响了世界力量格局。从某种意义上说，科技实力决定着世界政治经济力量对比的变化，也决定着各国各民族的前途命运。在5000多年文明发展进程中，中华民族创造了高度发达的文明，我们的先人们发明了造纸术、火药、印刷术、指南针，在天文、算学、医学、农学等多个领域创造了累累硕果，为世界贡献了无数科技创新成果，对世界文明进步影响深远、贡献巨大，也使我国长期居于世界强国之列。然而明代以后，由于封建统治者闭关锁国、夜郎自大，中国同世界科技发展潮流渐行渐远，屡次错失富民强国的历史机遇。鸦片战争之后，中国更是一次次被经济总量、人口规模、领土幅员远远不如自己的国家打败。历史告诉我们一个真理：一个国家是否强大不能单就经济总量大小而定，一个民族是否强盛也不能单凭人口规模、领土幅员多寡而定。近代史上，我国落后挨打的根源之一就是科技落后。

自18世纪后半期英国率先开始工业革命以来，世界各国相继步入现代化进程。从马克思主义的视角来看，现实的生产力系统是一切经济活动的物质基础与社会变革的根本动因，社会生产力的发展水平构成衡量社会进步与经济发展的客观标志。[①]"现代化"是指工业革命以来现代生产力导致社会生产方式的大变革，引起世界经济加速发展和社会适应性变化的大趋势。[②]考察世界各国现代化发展的历史可知，尽管发达国家与发展中国家的现代化过程既有时间先后之序，又有发展路径之别，但成功实现现代化的先发国家无一不是以工业化作为生产力发展与经济"起飞"的跳板，完成从传统农业社会向现代工业社会的激变；后发国家吸取先发国家的有益经验，通过模仿、引进、自主探索等方式进行科学革命与技术改造，在本国建立起成熟且富有竞争力的产业体系，以期迅速赶上先发国家。由于资源禀赋、地理条件、文化传统、外部环境等因素的差别，各国选择的发展路径不尽相同，但不同的发展路径中蕴含着世界各国现代化的共同特征，其一是生产力的不断解放与极大发展，其二是与生产力相匹配、相适应的现代化产业体系建设。

---

① 《马克思恩格斯文集》（第一卷），人民出版社2009年版，第541页。
② 罗荣渠：《现代化新论：中国的现代化之路》，华东师范大学出版社2012年版，第78页。

一、高水平科技自立自强是加快形成新质生产力的关键

（一）科技立则民族立，科技强则国家强

习近平强调："科技创新是提高社会生产力和综合国力的战略支撑，必须摆在国家发展全局的核心位置，实施创新驱动发展战略。"①新中国成立以来，党中央高度重视科技事业，团结带领广大科技工作者和全国各族人民自力更生、艰苦奋斗，建立起全面独立的科研体系，形成了规模宏大的科学技术队伍，取得了一个又一个举世瞩目的科技成就。经过多年努力，我国科技整体水平大幅提升，一些重要领域跻身世界先进行列，某些领域正由"跟跑者"向"并行者""领跑者"转变。

我国进入了新型工业化、信息化、城镇化、农业现代化同步发展、并联发展、叠加发展的关键时期，给自主创新带来了广阔发展空间、提供了前所未有的强劲动力。2012年至2023年，全社会研发经费从1.03万亿元增长到3.3万亿元，研发强度从1.91%提高到2.64%；高被引论文占全球总量的27.3%，研发人员总量稳居世界首位，入选世界高被引科学家数量增至1169人次；国内有效发明专利突破400万件，专利密集型产业增加值突破15万亿元，技术合同成交额快速增长……创新驱动发展能

---

① 习近平：《在中国科学院第十七次院士大会、中国工程院第十二次院士大会上的讲话》，《人民日报》2014年6月10日。

力持续提升，科技赋能成为高质量发展的显著标志，科技创新成为现代化建设的重要动力。

在原创性、颠覆性科技创新方面，"两弹一星"、多复变函数论、陆相成油理论、人工合成牛胰岛素等成就，高温超导、中微子物理、量子反常霍尔效应、纳米科技、干细胞研究、人类基因组测序等基础科学突破，超级杂交水稻、汉字激光照排、高性能计算机、三峡工程、载人航天、探月工程、移动通信、量子通信、北斗导航、载人深潜、高速铁路、航空母舰等工程技术成果，为我国经济社会发展提供了坚强支撑，为国防安全做出了历史性贡献，也为我国作为一个有世界影响的大国奠定了重要基础。

新质生产力基础是科技的革命性突破。这种突破反映为每个经济时代的新动能。第一次工业革命产生的热力，第二次工业革命产生的电力，第三次工业革命产生的网力，以及当前正在推进的数字经济产生的算力都是特定时代发展的新动能。作为新质生产力的新科技属于国际前沿的科技，尤其是颠覆性科技。科技进步日新月异，传统意义上的基础研究、应用研究、技术开发和产业化的边界日趋模糊，科技创新链条更加灵巧，技术更新和成果转化更加快捷，产业更新换代不断加快。科技创新活动不断突破地域、组织、技术的界限，演化为创新体系的竞争，创新战略竞争在综合国力竞争中的地位日益重要。

当今世界，科技创新成为国际战略博弈的主要战场，围绕科技制高点的竞争空前激烈，特别是美国为遏制我国科技事业快速发展势头，实施"小院高墙"战略，以实体清单、出口管制、限制投资、切断科技人员交流等方式对我国进行技术封锁。历史和实践反复告诉我们，"当今发达国家处在技术领先地位之后，便采取了一系列政策，以超越事实的和潜在的竞争对手"①。关键核心技术是要不来、买不来、讨不来的，只有把关键核心技术掌握在自己手中，才能从根本上保障国家经济安全、国防安全和其他安全。自力更生是中华民族自立于世界民族之林的奋斗基点，自主创新是我们攀登世界科技高峰的必由之路。因此，自主性是高水平科技自立自强的首要特征，只有牢牢把握科技发展的自主性和主动权，才能实现高水平科技自立自强，保障国家科技、经济和国防安全。

就高水平科技自立自强而言，自立自主是前提，自信自强是重要目标。实现高水平科技自立自强，关键是要发挥好中央和地方、政府和市场、科技和应用、国内和国际等各个方面的积极性，使得关键核心技术能够快速突破，并源源不断产生大量原创性技术，科技竞争能力与发展水平能够持续居于全球领先水平，能够与技术领先国家开展相应的技术市场与产品市场竞争，通过科技快速进步带动提升全社会创新驱动发展水平，

---

① 〔英〕张夏准：《富国陷阱：发达国家为何踢开梯子？》，肖炼等译，社会科学文献出版社2009年版，第19页。

突出表现为先进性和领先性。①为此，要健全新型举国体制，强化国家战略科技力量，优化配置创新资源，使我国在重要科技领域成为全球领跑者，在前沿交叉领域成为开拓者，力争尽早成为世界主要科学中心和创新高地。

当前，我国仍然面临着关键核心技术受制于人、科技成果转化机制不畅等突出问题，迫切需要聚焦关键领域、培养创新人才、搭建服务平台、优化资金支持，推动关键性、颠覆性技术突破和成果转化。

其一，打好关键核心技术攻坚战。要实现高水平科技自立自强，需要将关乎国家安全和未来发展的关键核心技术牢牢掌握在自己手中，才能摆脱受制于人的不利局面，不断提升我国发展的独立性、自主性、安全性。一方面，要立足长远，统筹谋划，坚持面向世界科技前沿、面向经济主战场、面向国家重大需求、面向人民生命健康的基本原则，聚焦芯片技术、高精度机床、纳米材料、工业软件、医疗器械等重大领域进行原创性引领性科研攻关，努力实现更多"从0到1"的突破。另一方面，我们在科技队伍上也面对着严峻挑战，就是创新型科技人才结构性不足矛盾突出，世界级科技大师缺乏，领军人才、尖子人才不足，工程技术人才培养同生产和创新实践脱节。要加

---

① 盛朝迅：《高水平科技自立自强的内涵特征、评价指标与实现路径》，《改革》2024年第1期。

快建设"卡脖子"技术攻关的战略人才队伍，以人才赋能打赢关键核心技术攻坚战。战略人才是支撑我国高水平科技自立自强的重要力量，培育战略人才是我国打赢关键核心技术攻坚战的关键。要发挥高校对战略人才培养的主阵地作用，推进世界一流大学和一流学科建设，优化高校学科布局和人才培养结构，造就一批一流科技领军人才和创新团队，注重培养一线创新人才和青年科技人才。同时进一步健全要素参与收入分配机制，激发人才的创新活力，将强大人才资源转化为推动关键核心技术攻坚的人才动能。

其二，打造促成科技成果转化的全链条服务支撑体系。加快科技创新成果的转化速度是实现高水平科技自立自强的内在要求。一方面，要打造"政、产、学、研、用"一体化全链条平台，打通政府、企业、高校、科研机构的信息沟通渠道，引导各创新主体间信息、技术、人才等要素的高度汇集与高效流动，推动创新链、产业链、资金链、人才链深度耦合，加快关键性、颠覆性技术创新成果向新质生产力转化的速度。另一方面，要创新各类资金、基金投入科技成果转化的渠道方式，优化国家科技成果转化引导基金的使用，加强对处于种子期、初创期科技型中小企业的资金扶持力度，支持行业领军企业、高校科研院所等设立科技成果转化专项资金①，探索社会资金支持科技成果转化的体制机制，为科技成果转化提供稳定、持续的资金支持。

其三，积极融入全球创新网络。高水平自立自强，既需要自力更生，也需要高水平开放创新。自主创新不是闭门造车，不是单打独斗，不是排斥学习先进，不是把自己封闭于世界之外。我们要更加积极地开展国际科技交流合作，用好国际国内两种科技资源。在国家层面，要积极开展高水平、高起点的国际科研合作，倡导常态化、多元化的科技创新对话机制，积极参与国际性技术创新联盟建设，主导或发起国际大科学计划，支持国际学术组织在我国设立总部或分支机构。②在企业层面，科研领军型企业要积极设立海外创新机构，加强与重点领域创新大国和关键小国的战略合作，深度融入全球性研发网络。通过积极融入全球创新网络，充分利用全球创新资源，使我国日益成为全球创新资源的集聚地，在更高的起点上推进自主创新。

随着世界新一轮科技革命和产业变革深入发展，我国经济社会发展和民生改善比过去任何时候都更加需要科学技术解决方案。要坚持科技面向经济社会发展的导向，把科技创新和我

---

① 王天友：《以高质量科技成果转化推进高水平科技自立自强》，《红旗文稿》2023年第23期。

② 方维慰：《中国高水平科技自立自强的目标内涵与实现路径》，《南京社会科学》2022年第7期。

国经济社会发展目标结合起来，推动科学技术更好为人民造福。一方面，要加强科技创新和产业创新对接。把握数字时代新趋势，促进数字经济和实体经济深度融合，协同推进数字产业化和产业数字化，以颠覆性技术和前沿技术催生新产业、新模式、新动能，发展新质生产力，为中国式现代化构筑强大物质技术基础。另一方面，要把满足人民对美好生活的向往作为科技创新的落脚点，把惠民、利民、富民、改善民生作为科技创新的重要方向。坚持安全可控和开放创新并重，深入实施"一带一路"科技创新行动计划，促进创新成果更多惠及各国人民，不断提升广大人民群众的获得感、幸福感、安全感。

（二）新型工业化是加快形成新质生产力的主阵地

党的二十大擘画了全面建成社会主义现代化强国的宏伟蓝图。实现这一宏伟目标，必须大幅提升经济实力、科技实力、综合国力。目前，新一轮科技革命和产业变革与我国加快转变经济发展方式形成历史性交汇，面向前沿领域及早布局，提前谋划变革性技术，夯实未来发展的技术基础，形成并发展新质生产力，实现传统生产力向新质生产力的过渡转化，是不容错过的重要战略机遇，是抢占发展制高点、培育竞争新优势、蓄积发展新动能的先手棋。面对日益激烈的国际竞争，我国必须加快推进新型工业化，实现高水平科技自立自强，保护好全球最完整的产业体系，提升产业链、供应链韧性和安全水平，提高制造业在全球产业分工中的地位和竞争力，确保我国在大国博弈中赢得主动。

工业是综合国力的根基、经济增长的主引擎、技术创新的主战场。对于我们这样一个有着14亿多人口的大国而言，没有强大的工业，就不可能有现代化的经济，发展受制于人、依附于人的局面就不可能得到根本性改变，现代化强国的奋斗目标就难以实现。因此，必须加快推进新型工业化，加快形成新质生产力，为全面建成社会主义现代化强国提供强大的物质基础、技术支撑。新型工业化是关键性、颠覆性技术实现突破的载体和根本性支撑。深入推进新型工业化，促进工业化和信息化深度融合，构建以先进制造业为骨干、以实体经济为支撑的现代化产业体系，是实现中国式现代化的必然选择。新质生产力内含的关键性、颠覆性技术突破能够促进传统产业转型升级，及战略性新兴产业和未来产业的形成和发展，突破技术"卡脖子"环节，补齐产业短板，从而提高生产效率，优化产品和服务质量，实现经济增长模式由"粗放式"向"集约式"转变，顺应高质量发展的目标要求。

现代化不等于工业化，但现代化离不开工业化，工业化是整个现代化的重要基础，也是经济增长的重要引擎、技术创新的主战场。没有强大的工业，就不可能有现代化的经济体系，国家发展就会受制于人，就会在竞争中处于被动地位。推进新型工业化，加快形成新质生产力，在我们这样一个拥有14亿多人口的大国，无论怎么强调都不为过。因此，必须在推进信息化和工业化的深度融合上发力，以先进制造业为骨干，以实体经济为支撑，构建现代化产业体系。

世界各国现代化的历史表明，工业化是一个国家经济发展的必由之路，一国工业化的广度和深度，往往决定着其现代化的进度与程度。工业化支撑了中国经济社会发展的奇迹，改革开放40多年以来，中国通过学习发达国家工业结构变迁的一般路径，已建成门类齐全、独立完整的工业体系，制造业规模稳居世界第一，成为全世界唯一拥有联合国产业分类中所列全部工业门类的国家，产业配套能力和集成优势突出，制造业增加值占全球的比重近1/3，货物出口占全球的比重达1/7。

中国的制造业产业结构高级化已经达到较高水平，成为名副其实的"工业大国"，但与此同时，中国制造业"大而不强"的现象依旧显著，三大产业的国际竞争力与发达国家相比仍有差距，产业链供应链的安全与稳定易受冲击。[1]新型工业化是在借鉴西方工业化发展经验、立足中国生产力现实状况和面向现代化发展要求的基础上所形成的工业化发展道路，是促进中国从"工业大国"向"工业强国"转变、实现向全球价值链中高端环节攀升的重要举措，为中国式现代化提供重要物质技术支撑。现代化产业体系既是新型工业化的发展目标，也是推进新

---

[1] 贺俊、吕铁：《从产业结构到现代产业体系：继承、批判与拓展》，《中国人民大学学报》2015年第2期。

型工业化的基础。

建设现代化产业体系是新型工业化的重要内容与发展目标。新型工业化以新发展理念为引领，以科技创新为动力，以高质量发展为主线，以工业化与数字化、网络化、智能化、绿色化融合发展为特色，带动各产业、各领域协同发展。[①]建设现代化产业体系与推进新型工业化在发展理念、目标、路径、动力等方面具有高度一致性，彼此紧密联系，互相交织，共同服务于高质量发展这一中国式现代化的首要任务。推进新型工业化的过程也是建设现代化产业体系的过程。

新型工业化的持续推进必须以现代化产业体系的建设为基础。产业是生产力变革的具体表现形式，是实体经济的根基，是创新动力的来源。现代化产业体系的建设过程是以数字化、绿色化赋能三大产业质量变革、效率变革、动力变革的过程，这一过程以数字技术推动工业领域提升效率、质量及核心竞争力，以绿色低碳为重要约束条件，构建起资源节约、环境友好的绿色生产体系，极大解放与发展先进生产力，加快形成新质生产力。现代化产业体系的建设坚持传统产业改造升级和战略性新兴产业培育壮大两头并举，着力提升产业链供应链韧性和安全水平，促进制造业与服务业融合、数字经济与实体经济融

---

① 曲永义：《实现新型工业化是强国建设和民族复兴的关键任务》，《红旗文稿》2023年第24期。

合，构筑起多元化、多层次、多结构的产业生态，筑牢实体经济发展之基，为推进新型工业化提供强大完善的产业保障。现代化产业体系的建设联通起产业链与创新链，贯通从技术研发到科研成果转化的全流程，减少产业需求与技术供给之间的信息不对称，不仅以先进技术赋能产业发展，形成新产品、新服务、新的商业模式，更以产业变革引领技术革命，由此形成推动新型工业化的庞大创新动力。

二、构建自主可控的产业链与供应链

新质生产力理论的落脚点是产业。如果没有产业来承载，新质生产力的理论只能是"无源之水，无本之木"。当前，我国已经建成了世界上最为完整的产业体系，是全世界唯一拥有联合国产业分类中全部工业门类的国家。但是产业体系大而不强、大而不优的问题仍然存在，现代化产业体系的构建仍然面临着以美国为首的发达国家对我国高技术产业的全方位围追堵截和东南亚等国的低成本竞争等诸多挑战。为此，习近平强调："要及时将科技创新成果应用到具体产业和产业链上，改造提升传统产业，培育壮大新兴产业，布局建设未来产业，完善现代化产业体系。"①现代化产业体系是传统产业体系的延伸，是多类产业部门彼此联系、衔接构成的产业系统。我们需直面经济发展过程中的难题挑战，加快建设具有完整性、先进性、安全性的现代化产业体系，筑牢形成新质生产力的产业根基。

（一）产业体系与生产力发展

产业体系是生产力发挥作用的场所与载体，产业体系的建设与生产力发展同步，服务于生产力发展的需要。马克思指出，随着资本主义的发展，市场与需求不断扩大，但现实生产力发展"到处都碰到人身的限制"，这些限制"工场手工业中的结合工人也只能在一定程度上突破，而不能从根本上突破"。②面对劳动生产率难以提高的困境，劳动资料"取得机器这种物质存在方式，要求以自然力来代替人力，以自觉应用自然科学来代替从经验中得出的成规"③，由此引发的生产方式变革成为大工业发展的起点。一个工业部门生产方式的变革会引起其他部门生产方式变革的连锁反应，工业部门的发展会引起农业与服务业的生产方式的渐次革命，并推动作为社会生产过程一般条件的交通运输工具的发展与完善，与生产力发展要求相适应的产业体系由此建立。

---

① 《习近平在中共中央政治局第十一次集体学习时强调 加快发展新质生产力 扎实推进高质量发展》，《人民日报》2024年2月2日。
② 《资本论》（第一卷），人民出版社2018年版，第440页。
③ 《资本论》（第一卷），人民出版社2018年版，第443页。

　　建设现代化产业体系能充分发挥中国超大规模市场和强大生产能力的优势，使国内大循环建立在内需动力的基础上。随着现代化产业体系的建设与完善，大、中、小、微型企业相互配合，有序竞争，激发市场经济的活力。①三大产业间、多条产业链之间、产业链供应链上下游各节点之间的信息与要素资源的交互更加迅捷高效，国内产业和企业间生产性需求的内需市场逐步扩大，装备制造业、农业与低端工业制成品之间形成互为市场的良性循环，装备制造业高端产业自主创新的国内市场更加广阔，国内市场消化主要产能的能力进一步增强。随着产业布局优化与各地区产业集群的建立和完善，城乡之间、区域之间的水平分工与协调发展格局进一步优化，供需协同发力、双向互促的国内大循环更加畅通有力。

　　其一，要强化产业体系的完整性。一方面，要坚持以实体经济为支撑，巩固和保持产业体系现有优势，防止经济脱实向虚。要引导虚拟经济更好地服务实体经济，以科技金融支持关键性技术和颠覆性技术创新、继续加大对实体经济减税降费力度、围绕实体经济发展打造专项金融支持体系，不断提高金融服务实体经济的质效，推动实体经济做强做优做大，夯实现代化产业体系的基石。另一方面，要弥补产业短板，促进产业链

---

　　① 周文、张奕涵：《中国式现代化与现代化产业体系》，《上海经济研究》2024年第4期。

的互补与协作，进一步提升产业链、供应链的完整性。着眼于政府层面，要强化政府引导，在系统梳理产业短板的基础上制定合理的产业政策，明确强链补链的目标任务，搭建产业公共服务平台，引导企业聚焦产业薄弱环节加快攻坚；着眼于企业层面，产业链上下游企业要加强合作、共享资源，提高产业链、供应链的整体效率和协同能力，弥补发展短板，实现互利共赢。

其二，要提升产业体系的先进性。一方面，要坚持传统产业高端化、智能化、绿色化的转型升级方向。要促进价值链更加高端化，通过提升技术水平、打造品牌优势等手段实现产业链的纵向延伸，推动处于产业链同一环节的企业进行合并或联盟以实现横向整合，以此攀升到价值链的高端环节。要推动技术装备更加智能化，将智能控制和传感技术引入机器设备，使其能够准确感知和处理生产过程中的各种信息，并根据信息指令实现自动化、智能化生产，打造智能生产系统。要确保生产过程更加绿色化，强化绿色低碳技术研发，加快低碳工业流程再造，支撑传统产业绿色低碳转型发展。另一方面，要建立多元投融资支持体系，合理规划产业布局，推动战略性新兴产业和未来产业的发展壮大。通过制度设计和政策引导，推动风险投资、私募股权投资、产业引导资金支持战略性新兴产业和未来产业企业创业和技术研发[1]，营造良好的金融生态环境。同时要优化战略性新兴产业和未来产业的时空布局，聚焦国家整体战略规划和地方产业规划，根据技术成熟度、市场发育度变化与各地科教资源、产业基础的差异，分阶段、分梯次开展产业培育，因地制宜布局产业发展。

其三，要巩固产业体系的安全性。一方面，要统筹产业发展与产业安全，以高水平科技创新确保产业链、供应链自主可控和安全高效，摆脱对发达国家的技术依赖，提升产业链供应链韧性和安全水平。另一方面，要统筹产业开放与产业安全。确保安全不是闭门造车，而是要持续扩大对外开放，积极嵌入世界产业链条，形成互融共生的产业形态，积累有利于安全发展的积极因素。与此同时，要在开放中吸纳全球科技创新成果，依托国际竞争机制激发企业创新活力，在合作竞争中实现技术进步和升级。

（二）传统产业深度转型升级

作为现代化产业体系的重要基底，传统产业关系着现代化产业体系的先进性、完整性和安全性，对战略性新兴产业和未来产业具有基础性作用，且其自身经过转型升级之后，也能够孕育新产业，形成新质生产力。然而部分学者只将战略性新兴

---

① 刘畅、王蒲生：《"十四五"时期新兴产业发展：问题、趋势及政策建议》，《经济纵横》2020年第7期。

产业和未来产业视为形成新质生产力的产业基础和载体，强调新质生产力由战略性新兴产业和未来产业所催生，否认传统产业对形成新质生产力的基础性作用。这一观点忽视了传统产业在经济发展中的重要地位，也违背了产业发展的客观规律。需要说明的是，强调引领发展战略性新兴产业和未来产业，加快形成新质生产力，只是将战略性新兴产业和未来产业视为加快形成新质生产力的主阵地，并不意味着二者构成新质生产力的全部产业基础。传统产业的重要地位与发展特点决定了其与战略性新兴产业、未来产业共同构成新质生产力的产业基础。

其一，着眼于整个产业体系，传统产业关系着现代化产业体系的先进性、完整性和安全性。一方面，我国传统产业体量大，在制造业中占比超80%，是我国实体经济的重要组成部分，其健康发展关乎我国现代化产业体系建设全局。另一方面，在部分西方发达国家对我国"脱钩断链"的背景下，将传统产业视为低端产业简单退出，必然会带来产业空心化的风险，影响我国产业链、创新链、价值链的完整性和安全性，不利于新质生产力的形成。

其二，着眼于不同产业之间的关系，传统产业是形成和发展战略性新兴产业和未来产业的基础和前提。李斯特曾在分析生产力的联合时指出："无论哪一种工业，都只有依靠了其他一切工业生产力的联合，才能获得发展。例如要使一个机器制造厂能够顺利进行工作，必要的条件是要使它能够向矿山和金属冶炼厂买到必要的原料，各种各样需用机器的工厂要愿意向它购买出品。"①传统产业之于战略性新兴产业、未来产业的意义亦是如此，三者之间并不是单纯的从属或替代关系，而是相互依存，共同发展。战略性新兴产业和未来产业的形成和发展离不开传统产业的支撑，如半导体行业离不开传统的电镀，智能化的工业机器人也需要传统焊接制造环节。可见，传统产业构成了战略性新兴产业和未来产业的基石。未来应持续在传统产业深耕细作，有效提升产业基础能力，实现生产力的联合，催生形成新质生产力的强大动能。

其三，着眼于产业转型升级，传统产业能够通过与新技术的结合实现优化和升级，并完成向战略性新兴产业与未来产业的转化，厚植形成新质生产力的产业基础。一方面，通过引入新科技手段和设备对传统产业进行高科技化改造，能够对传统产业的生产流程、管理方式进行优化和升级，提高生产效率和产品质量。例如，引入人工智能、大数据等技术改造生产流程，能够实现生产过程的自动化、智能化和信息化，提升产业链现代化水平。另一方面，新技术融入传统产业能够推动其向战略性新兴产业和未来产业转化。战略性新兴产业和未来产业不会"横空出世"，而是在传统产业的基础上发展而来。传统产业不

①〔德〕弗里德里希·李斯特：《政治经济学的国民体系》，邱伟立译，华夏出版社2009年版，第85页。

等于低端产业，只要坚持高端化、智能化、绿色化发展路径，同样能够推动新质生产力的形成。

（三）发展壮大战略性新兴产业

战略性新兴产业包括"新一代信息技术、人工智能、生物技术、新能源、新材料、高端装备、绿色环保"等产业，具有知识技术密集、成长潜力大和综合效益好等鲜明特征。作为高附加值、高技术密集型与新兴要素资源集聚的产业形态，在很大程度上决定着一个国家或地区的核心竞争力。战略性新兴产业不仅是中国在大国博弈中的重要砝码，更是推动经济高质量发展的关键力量。

表8-1　战略性新兴产业的7大领域及其细分方向

战略性新兴产业	具体细分方向
新一代信息技术	包括第五代通信网络设备（5G）、新型电子元器件、集成电路设计制造、工业互联网、云计算、大数据等
人工智能	包括深度学习、算法研究、人工智能芯片制造、机器视觉、图像识别、自然语言处理（NLP）、语音识别、推荐系统、搜索引擎、机器人、无人驾驶等
生物技术	包括生物医药（服务产业）、生物农业（资源产业）、生物能源、生物环保等，以及生物工业（生物制造产业），微生物工业为最早的生物工业。生物产业涵盖广泛，最典型的是医疗器械、生物医药
新能源	包括太阳能、地热能、风能、潮汐能、生物质能和核聚变能等以及新能源汽车等

续表

战略性新兴产业	具体细分方向
新材料	具体是指新近发展或正在发展的具有优异性能的结构材料和有特殊性质的功能材料，主要有新金属材料，精细陶瓷和光纤等
高端装备	包括工业机器人、重大成套设备、智能装备、关键基础零部件制造、航空装备产业、轨道交通装备产业、海洋工程装备和服务产业等
绿色环保	包括节能技术和装备、高效节能产品、节能服务产业、先进环保技术和装备环保产品与环保服务

资料来源：根据公开信息，自主整理而成。

　　发展壮大战略性新兴产业是由制造大国向制造强国迈进的必然要求。战略性新兴产业的发展有利于巩固我国制造业竞争优势，把握未来发展主动权。习近平指出："战略性新兴产业是引领未来发展的新支柱、新赛道。"①这一论断在战略层面和全局视角上明确了培育和壮大战略性新兴产业是建设现代化产业体系的"重中之重"。近年来，我国战略性新兴产业产业链、供应链遭受来自发达国家的遏制和打压，产业发展的"卡脖子"问题凸显，这并不是偶然的、孤立的技术供应问题，而是某些产业部门基础研究不足，发展失衡的结果；更加需要"坚定不移走自主创新道路，坚定信心、埋头苦干，突破关键核心技术，努力在关键领域实现自主可控，保障产业链供应链安全，增强

---

① 习近平：《当前经济工作的几个重大问题》，《求是》2023年第4期。

我国科技应对国际风险挑战的能力"①。

战略性新兴产业的发展以重大技术突破为基础。近年来，中国的战略性新兴产业快速发展，战略性新兴产业增加值占GDP比重由"十二五"初期的不到5%增长至2023年的15.7%。2023年，高技术产业投资比上年增长10.3%，国家级先进制造业集群产值超20万亿元。在世界500强榜单中，中国的战略性新兴产业企业有35家，部分产业和企业的国际竞争力明显提升。中国在新一代信息技术、生物、高端装备制造、新能源、新材料、核电、光伏、高铁等领域已具备世界领先的研发水平和应用能力。例如，中国累计建成284万个5G基站，5G应用融入97个国民经济大类中的60个；人工智能核心产业规模达5000亿元，企业数量近4000家。同时航空领域的科技创新实现了从机型到产业链的价值攀升。2017年，中国首架自行研制大型客机C919顺利完成商业飞行，并于2022年正式投入国内主要航线，极大拓展了飞机产业的创新链、价值链和产业链，有效提升了航空产业配套能级，实现了新材料、现代制造和电子信息等领域的集群性突破。②

---

① 《习近平在中央政治局第二十四次集体学习时强调 深刻认识推进量子科技发展重大意义 加强量子科技发展战略谋划和系统布局》，《人民日报》2020年10月18日。
② 沈坤荣、金童谣、赵倩：《以新质生产力赋能高质量发展》，《南京社会科学》2024年第1期。

战略性新兴产业以重大前沿技术突破为核心，以国家重大发展需求为导向，代表了新一轮科技革命和产业变革的方向，是各国经济发展竞争的关键领域，也是加快形成新质生产力的关键。更加需要通过实施国家科技重大项目和重大科技攻关工程，发挥国家实验室、全国重点实验室等创新载体作用，鼓励龙头企业牵头组建创新联合体，体系化推进关键核心技术攻关、打造原创技术策源地，以政策扶持、技术创新和市场拓展等多措并举，推动战略性新兴产业实现跨越式发展，加速实现传统生产力向新质生产力跃迁。

战略性新兴产业具有知识技术密集度高、产业链条长的突出特点。发展壮大战略性新兴产业，一是要加快自主创新体系建设，推动关键核心技术的创新和应用。促进战略性新兴产业与互联网、大数据、人工智能等前沿技术深度融合，培育新技术、新产品、新业态、新模式，抢占战略性新兴产业的制高点，构筑竞争新优势。二是加快培育战略性新兴产业集群，推动先进制造业集群发展。坚持把发展经济着力点放在实体经济上，健全产业集群组织、管理和规制，培育产业特色鲜明、产业链条完备、具有国际竞争力的战略性新兴产业集群。在此基础上，推动战略性新兴产业跨领域、跨产业、跨集群深度融合，形成强大的合力。三是构建新型平台基础设施，防止低水平重复建设。加快数据中心、云平台、工业互联网等新型平台基础设施建设，以更快的速度、更低的成本、更便利的方式将科技创新成果扩散并应用于相关产业，避免因信息不畅通而造成低水平的重复建设。

（四）前瞻性布局未来产业

未来产业是以颠覆性技术创新和技术融合为驱动力，引领创造未来社会发展新需求，拓展人类社会进步和发展空间，深刻改变人类生产和生活方式的产业。[①]把握全球科技创新和产业发展趋势，重点推进未来制造、未来信息、未来材料、未来能源、未来空间和未来健康六大方向产业发展。打造未来产业瞭望站，利用人工智能、先进计算等技术精准识别和培育高潜能未来产业。发挥新型举国体制优势，引导地方结合产业基础和资源禀赋，合理规划、精准培育和错位发展未来产业。发挥前沿技术增量器作用，瞄准高端、智能和绿色等方向，加快传统产业转型升级，为建设现代化产业体系提供新动力。

未来产业虽然处于孕育阶段或成长初期，具有不确定性和风险性，但未来最具活力与发展潜力，是对生产和生活影响巨大、对经济社会具有全局带动和重大引领作用的产业，是面向未来并决定未来产业竞争力和区域经济实力的前瞻性产业，是影响未来发展方向的先导产业，是支撑未来经济发展的主导产业。因此，应提前谋划、科学布局，应充分利用超大规模市场

---

① 中国科学院科技战略咨询研究院：《构建现代产业体系：从战略性新兴产业到未来产业》，机械工业出版社2023年版，第22页。

与世界上最为完整的产业体系，发挥市场机制作用，吸引更多优质资源投入未来产业领域，为中国式现代化注入新的动力。

表8-2 未来产业的6大新赛道及其细分方向

新赛道	具体细分方向
未来制造	发展智能制造、生物制造、纳米制造、激光制造、循环制造，突破智能控制、智能传感、模拟仿真等关键核心技术，推广柔性制造、共享制造等模式，推动工业互联网、工业元宇宙等发展
未来信息	推动下一代移动通信、卫星互联网、量子信息等技术产业化应用，加快量子、光子等计算技术创新突破，加速类脑智能、群体智能、大模型等深度赋能，加速培育智能产业
未来材料	推动有色金属、化工、无机非金属等先进基础材料升级，发展高性能碳纤维、先进半导体等关键战略材料，加快超导材料等前沿新材料创新应用
未来能源	聚焦核能、核聚变、氢能、生物质能等重点领域，打造"采集—存储—运输—应用"全链条的未来能源装备体系。研发新型晶硅太阳能电池、薄膜太阳能电池等高效太阳能电池及相关电子专用设备，加快发展新型储能，推动能源电子产业融合升级
未来空间	聚焦空天、深海、深地等领域，研制载人航天、探月探火、卫星导航、临空无人系统、先进高效航空器等高端装备，加快深海潜水器、深海作业装备、深海搜救探测设备、深海智能无人平台等研制及创新应用，推动深地资源探采、城市地下空间开发利用、极地探测与作业等领域装备研制
未来健康	加快细胞和基因技术、合成生物、生物育种等前沿技术产业化，推动5G/6G、元宇宙、人工智能等技术赋能新型医疗服务，研发融合数字孪生、脑机交互等先进技术的高端医疗装备和健康用品

资料来源：根据《工业和信息化部等七部门关于推动未来产业创新发展的实施意见》等公开信息，自主整理而成。

从国际形势来看，新一轮科技革命和产业变革加速演进，未来产业是打造全球竞争新优势、抢占国际竞争制高点的必争之地；从国内需求来看，推动高质量发展、塑造新质生产力，都需要培育未来产业。《工业和信息化部等七部门关于推动未来产业创新发展的实施意见》中明确提出要打造人形机器人、量子计算机、新型显示、脑机接口、6G网络设备等十大标志性产品。从这个规划图来看，我国发展未来产业以传统产业的高端化升级和前沿技术的产业化落地为主线，一方面要把制造业推向高端；另一方面要把新技术落到实地，突出了一个发展实业的"实"字。

新质生产力的形成和发展是一个长期的过程，为了使新质生产力有持久的发展动力，就必须立足当前，前瞻谋划未来产业。目前，中国传统产业面临诸多困境，市场竞争激烈、资源消耗大、环境污染严重等问题制约了中国式现代化的发展，亟须找到新的增长动力，开辟新领域新赛道，抢占未来竞争制高点。数字时代的科技创新迭代迅速，现在的未来产业可能在几十年后成为经济发展的支柱产业，谋划未来产业就是在为新质生产力的发展储备源源不断的动能。与战略性新兴产业相比，未来产业发展成熟度相对较低，产业成长不确定性更大，培育周期也更长。因此，布局未来产业更加需要政府前瞻性地统筹规划和正确引导。尽管培育未来产业难度高、风险大，但是在未来产业这条新赛道上，世界各国都处于同一起跑线，未来产业既是挑战也是机遇。谁能抓住未来产业的发展机遇，就能掌握发展的主动权，成为世界现代化的领跑者。未来产业将是中国在现代化道路上实现"换道超车"的主阵地。

以上海张江科学城为例。迄今为止，张江自主研发1类新药累计获批上市已超过20个，占全国比重的近1/5，超过20件创新医疗器械产品获批上市，占全国的10%；药物管线总数超过1300个，1类新药占比超过一半，国际国内双报超过1/3，超过50款新药处于临床Ⅱ期以后阶段。业界所期待的这个"窗口"不但对国内敞开，更直通海外。制度创新引领产业发展创新资源持续汇聚造就了如今的张江。

现在，张江科学城"从0到1"的原始创新持续增强，科学特质日益明显，重大科技基础设施和研发机构加速集聚。目前，张江综合性国家科学中心正在加快建设。张江已初步形成我国乃至世界上规模最大、种类最全、综合能力最强的光子大科学设施集群，将成为光子领域国际科研的关键链接枢纽。张江现有国家级、市级、区级研发机构440家，上海光源、国家蛋白质设施、上海超算中心、张江药谷公共服务平台等一批重大科研平台，以及上海科技大学、中国科学院高等研究院、中科大上海研究院、上海飞机设计研究院、上海中医药大学、李政道研究所、复旦张江国际创新中心、上海交大张江科学园等近20家高校和科研院所，为企业发展提供研究成果、技术支撑和人才输送。张江双创孵化优势明显。截至目前，张江有孵化器86家、在孵企业2600

余家，孵化面积近60万平方米，构建起了"众创空间+创业苗圃+孵化器+加速器"的完整创业孵化链条，形成了张江国际创新港集聚区、传奇创业广场集聚区、长泰商圈众创集聚区、国创中心集聚区以及张江南区集聚区五大创新创业孵化集聚区，形成了"国际化、集群化、专业化"的特色双创优势。

要壮大未来产业的主体。企业是产业主体、经营主体，也是创新主体。发展未来产业，必须针对不同企业的需求分类施策，不断壮大未来产业的主体。大企业可以发挥"头雁"示范引领作用。要引导领军企业前瞻谋划新赛道，依托龙头企业培育未来产业的产业链，建设先进技术体系。中小企业可以发挥"小而专、小而活"的优势。要建设未来产业创新型中小企业孵化基地，梯度培育中小企业。建设促进大中小企业融通发展、产业链上下游协同创新的生态体系。培育未来产业领军企业家和科学家，优化鼓励原创、宽容失败的创新创业环境。

要丰富未来产业的应用。以创新为驱动力，以应用为牵引力，双向发力，才能加快新技术的产业化进程。我国拥有培育高新技术产业的丰厚土壤，发展未来产业也可借鉴相关经验。开拓新型工业化场景，打造跨界融合场景，建设标志性场景，推进人形机器人等标志性产品的规模化迭代应用，促进未来产业技术成熟，必将为人类的生产生活带来全新变化。

发展未来产业，我国有基础和优势，但过程中也有痛点和难关。现在，前瞻谋划的路线图已经画好，把发展蓝图上的规划一一落实，就能打牢基础、发挥优势、消除痛点、闯过难关。以科技创新引领产业全面振兴，建设世界未来产业重要策源地，必将帮助中国赢得未来发展的主动权。

三、激活创新主体活力

任何一种生产力的革新在微观上都需要通过承载主体来实现。新质生产力是以科技创新为主导的生产力，而企业是创新的重要微观主体，因此，新质生产力的形成和发展离不开企业作为主体的支撑。加快形成新生产力也必须坚持"两个毫不动摇"，不断优化营商环境，使国有企业与民营企业在产业链、科研攻关等领域分工协作，充分发挥各类企业在科技创新和产业创新中的主体作用。

（一）优化营商环境"筑巢引凤"

营商环境的概念最早来自世界银行《2004 年营商环境报告》，是指政府要求企业在开办、经营、贸易、执行合同等方面遵循政策法规所需要的时间和成本的总和。优化营商环境，可以为各类市场主体投资创业营造稳定、公平、透明、可预期的良好环境，更大激发市场活力和社会创造力，增强发展动力。新质生产力必然需要完善的现代化产业体系加以匹配，持续优化营商环境，是推进现代化产业体系完善的必要前提。营造市场化、法治化、国际化的一流营商环境，是形成新型生产关系的基础要件。

党的二十大指出，构建高水平市场经济体制需要"完善产权保护、市场准入、公平竞争、社会信用等市场经济基础制度，优化营商环境"①。营商环境的优劣，关系到现代市场经济体制的完善，影响着各类市场主体的活力和创造力，决定着新质生产力发展的内生动力。税费成本和制度性交易成本是企业生产经营面对的难题，前者是企业相对确定、显性的成本，后者则是企业生存环境中普遍存在的"暗礁"，它往往会严重困扰企业的生产发展。②2013年至2021年，全国累计办理新增减税降费8.8万亿元，规模之大前所未有。截至2022年4月，国务院累计取消和下放1098项行政许可事项。企业开办时间由一个月以上压缩到目前的平均4个工作日以内。经营主体如同雨后春笋般萌发壮大，展现出强大活力。

营造"市场化、法治化、国际化营商环境"，需要"充分发挥市场在资源配置中的决定性作用，更好发挥政府作用，推动有效市场和有为政府更好结合"。营商环境没有最好，只有更好。持续优化营商环境是一项系统工程，涉及宏观调控、市场

---

① 习近平：《高举中国特色社会主义伟大旗帜 为全面建设社会主义现代化国家而团结奋斗——在中国共产党第二十次全国代表大会上的报告》，人民出版社2022年版，第29页。

② 刘尚希等：《降成本:2019年的调查与分析》，《财政研究》2019年第11期。

监管、公共服务等多领域、多层次的制度安排，必须整体谋划、系统治理，既着力解决短板弱项、疏通堵点难点，又注重建立长效机制、夯实制度基础，确保营商环境持续优化。

优化营商环境是一个通过深化改革冲破思想观念束缚、突破利益固化藩篱的过程。我们要全面深化改革，坚决破除制约营商环境优化的各方面体制机制弊端。要消除区域间的市场壁垒。清理和防范地方保护和行政垄断，打破各种各样的"卷帘门""玻璃门"，强化公平竞争审查制度刚性约束，实现人流、物流、资金流、信息流等高效便捷流通，加快构建全国统一大市场，使生产要素在全国范围内得到有效配置。要积极优化政务服务，通堵点、接断点。继续深化行政审批制度改革，大幅减少行政审批事项，简化办事流程，压缩审批时限，提高审批效率。破除影响各类所有制企业公平竞争、共同发展的法律法规障碍和隐性壁垒，让企业放开手脚谋发展，激发市场内在活力。

一流营商环境包括广阔的市场空间、公平的市场竞争、良好的基础设施、稳定的社会环境、健全的法制体系、优质的公共服务、完善的税收政策、丰富的人力资源、国际化的商业氛围等。优化营商环境，既要抓大，也不放小。建设市场化、法治化、国际化一流营商环境是一项系统工程，需要加强协同统筹部署，尤其需要注重宏观政策取向一致性评估，营造稳定、透明、可预期的政策环境。要敢啃硬骨头、勇闯深水区，拿出更多改革进取的魄力和行动。比如，上海持续优化政务服务，

"一网通办"累计推出 41 个"高效办成一件事"，200 个高频事项实现"智慧好办"，296 项政策服务实现"免申即享"，惠及企业群众超 1422 万家（人）次。精准对接服务企业，在网格化企业服务体系基础上，2023 年建立重点企业服务包制度，累计发放"服务包"3.3 万件，配置服务管家 4179 人；受理企业诉求办结率 91.9%，全市 5800 余名服务专员走访联络企业超 47.6 万家次。通过服务企业的各类举措，经营主体的活力得到有效激发。

营商环境是一座城市的重要软实力和核心竞争力。对于上海来说，持续优化营商环境，还需放眼世界、对标国际一流，向世界释放改革开放和高质量发展的积极信号。2020 年 4 月，《上海市优化营商环境条例》发布并实施，成为上海优化营商环境的"基本法"，2021 年进行第一次修订。2023 年围绕党的二十大新要求和对标世行营商环境评估体系的新变化，完成了第二次修订，修正案共 37 条。后续将形成常态化修法机制，不断将优化营商环境的经验做法固化。同时，围绕企业反映强烈的外资在沪发展、中小企业发展、反不正当竞争等问题，出台《上海市外商投资条例》等"一揽子"专项立法，以及《上海市浦东新区化妆品产业创新发展若干规定》等 18 部浦东新区法规，形成优化营商环境的"1+X"立法体系。2024 年 4 月，上海市市场监管局发布优化营商环境 7.0 版方案，形成 17 大项 59 小项改革任务，包括市场准入、公用设施服务、纳税、解决商业纠纷等。优化营商环境，不是政策条目越多越好，关键在于增强

"用户意识"，让社会看得懂、企业用得上。要能够吸引集聚海内外一流企业，激发更多企业的内生动力，让企业增强信心、轻装上阵，更好地参与国际竞争。

依托承载国家战略任务的重点区域，积极探索与高标准国际规则对接。以临港新片区加快构建"五自由一便利"的制度型开放体系为例，高水平投资自由方面，落地全国首个外商独资整车制造项目特斯拉上海超级工厂；高标准贸易自由方面，构建以一线径予放行、区内不设海关账册等为核心的全新"六特"海关监管制度体系；高效率资金自由方面，开展跨境贸易投资高水平开放外汇管理改革试点；高能级运输自由方面，建立"中国洋山港"籍船舶登记模式；高便利人员从业自由方面，率先探索建立电子口岸签证机制，开设外籍人才来华工作和居留许可"单一窗口"；高便捷信息联动方面，启动国际互联网数据专用通道，设立国家（上海）新型互联网交换中心。

社会主义市场经济不断发展，优化营商环境也要久久为功。要夯实持续优化营商环境的制度基础，有效营造市场化、法治化、国际化一流营商环境。习近平强调："过去，中国吸引外资主要靠优惠政策，现在要更多靠改善投资环境。"①我国经济已深度融入世界经济，要在国际竞争中赢得优势、掌握主动，必

---

① 习近平：《开放共创繁荣 创新引领未来——在博鳌亚洲论坛2018年年会开幕式上的主旨演讲》，《人民日报》2018年4月11日。

须在建设一流营商环境上取得新突破，加强弘扬企业家精神，建立健全保护企业家创新精神的体制机制与保护新质生产力知识产权的制度，更大程度激发市场活力、增强经营主体内生动力、释放内需潜力，进一步解放和发展社会生产力，创造竞争新优势。

（二）国有企业：核心技术创新的先锋队

习近平指出："国有企业是中国特色社会主义的重要物质基础和政治基础，是中国特色社会主义经济的'顶梁柱'。"[1]党的二十大报告再次指出要"深化国资国企改革，加快国有经济布局优化和结构调整，推动国有资本和国有企业做强做优做大，提升企业核心竞争力"[2]。

与一般企业不同，国有企业通常承担着重要的国家使命，包括确保最大化公共利益和最优保障社会民生、实现以国有资产保值增值为核心的"市场盈利"、保障国家安全、主导国民经济命脉、完成特殊任务、支撑经济赶超，等等。[3]国有企业特殊的使命性质决定了国有企业多元化的功能定位，其既是社会主

---

[1] 《习近平在江苏徐州市考察时强调 深入学习贯彻党的十九大精神 紧扣新时代要求推动改革发展》，《人民日报》2017年12月14日。

[2] 习近平：《高举中国特色社会主义伟大旗帜 为全面建设社会主义现代化国家而团结奋斗——在中国共产党第二十次全国代表大会上的报告》，人民出版社2022年版，第29页。

[3] 黄速建、肖红军、王欣：《论国有企业高质量发展》，《中国工业经济》2018年第10期。

义市场经济的顶梁柱和保障最广大人民根本利益的重要力量，也是核心技术创新的先锋队，同时也是政府用于干预经济与治理市场的重要手段。①国有企业的使命与功能决定了其在推动中国式现代化和建设现代化产业体系的过程中有能力且必须发挥关键作用。

为激发国有企业的创新与发展动力，必须遵循市场经济规律和企业发展规律，推动国有企业实现质量变革、效率变革和动力变革，实现向高自我驱动、高价值集约、高创新层次型企业的转变。必须坚持政企分开、政资分开、所有权与经营权分离，制定富有前瞻性与现实可行性的发展战略，采用高效灵活的现代企业组织与管理模式，提升国有企业运营管理水平。必须完善制度建设，强化对不同类型国企的精准识别与分类引导，为国有企业创新与转型提供有力的制度与政策支持，加快形成以管资本为主的国有资产监管体制，提升国有企业的经营效能与发展动力。

马祖卡托在其著作中以美国苹果公司为例说明，虽然近年来该公司在各类"全球最具创新精神企业排行榜"上一直名列前茅，但苹果手机背后的任何一项关键性技术都是在政府出资支持下取得的科研成果。②美国政府出资的目的是资助国家实验

---

① 贾根良：《国有企业的新使命：国家创新意志的政策工具》，《教学与研究》2023年第3期。

② 〔英〕玛丽安娜·马祖卡托：《创新型政府——构建公共与私人部门共生共赢关系》，李磊等译，中信出版社2019年版，第135页。

室、大学研发机构和私营部门开发利用新技术，其中包括"与私营部门签订合约，研制并购买尚未存在的物品，也就是技术采购"。美国国家实验室采取"国有国营"和"国有民营"两种方式，我们可以将其称作"类国有企业"，属于公共部门。

因此，美国的公共部门即美国联邦政府、国家实验室和公立大学在美国的核心技术创新或颠覆式创新中发挥了关键性作用。但是正如兰多尼指出的："在马祖卡托提出的企业家型国家的争论中，国有企业几乎没有被考虑。"弗雷德·布洛克和琳达·维斯等人的论著也没有讨论国有企业的问题，其中的原因可能就在于美国在生产领域中基本上没有国有企业。因此，贝纳西和兰多尼得出结论说，在目前有关国家在科技创新中作用的讨论中，国有企业对创新过程的贡献被广泛地低估了。①

习近平在二十届中央全面深化改革委员会第一次会议上提出："加强和改进国有经济管理，要立足新时代新征程国有经济肩负的使命任务和功能定位。"②我国可以发挥国有企业在跨越创新"死亡之谷"中的重要作用，这是社会主义制度优势的重要体现。美国在生产领域中基本上没有国有企业可以依靠，为

---

① Benassi, M. and Landoni, M., 2019, "State-Owned Enter-prises as Knowledge-Explorer Agents", *Industry and Innovation*, 26 (2): 218-241.

②《习近平主持召开二十届中央全面深化改革委员会第一次会议强调 守正创新真抓实干 在新征程上谱写改革开放新篇章》，《人民日报》2023年4月22日。

了解决 "死亡之谷" 的难题，美国政府只能采取对私人企业刺激的政策，并通过创建多种混合公私资源的杂交型创新机构，吸引和激励大量私人资本共同推进应用基础研究的商业化，助力私人企业跨越 "死亡之谷"。美国激励私人企业跨越 "死亡之谷" 措施的成功经验，我国当然可以借鉴。但我国国有企业系统不仅可以替代中央政府行使对私人部门的公共资源支持，而且还可以独自担负起跨越颠覆式创新"死亡之谷"的重任，发挥国有企业作为核心技术创新先锋队的作用。

在当前逆全球化时代，我国面临着关键核心技术封锁和"卡脖子"的重大挑战，在这方面，国有企业比民营企业更有实力、更有条件实现核心技术创新的突破，也有义务成为创新先锋队。同样，在构建新型举国体制方面，国有企业比民营企业更有能力和义务担当创新先锋队的责任。其原因就在于现代知识型经济是以先发优势、赢者市场通吃、前后向联系效应、学习效应和收益递增为特征的，与民营企业相比，在适应现代知识型经济的要求上，创新型国有企业所具有的组织优势（如没有短期利润压力、较少的风险规避要求和具备规划长期目标的能力），使其更有能力和义务担当创新先锋队的责任。

此外，国有企业对于增加社会收益的外部性的重视，可以使其有义务担当对民营经济的知识溢出和技术转让的社会责任，帮助民营经济从事创新活动，并从事民营经济没有能力和不愿意从事的迎接社会和全球挑战的社会创新。因此，我国大型国有企业可以将高强度的研发支出、更长时间视角的耐心资本投资、国有企业创新采购和其他以需求为基础的措施相结合，构建由广大民营企业参与的创新网络，在解决我国核心技术"卡脖子"问题和构建新型举国体制中发挥独特的和不可替代的重要作用。[①]

国有企业占据国民经济的关键行业，应当发挥创新引领的示范作用。国有企业是建设现代化经济体系的主力军，推动新质生产力的形成与发展是国有企业肩负的重要使命与责任。近年来，中国的国有企业在航空航天、深海探测、5G网络、高速铁路、集成电路等领域已经取得了一系列的重大创新成果，为新质生产力的形成奠定了良好基础，但仍然面临诸多关键核心技术"卡脖子"的问题。

加快发展新质生产力对国有企业提出了更高的要求。一是要立足国家战略的功能定位与使命要求，推动国有企业向战略性新兴产业和未来产业的关键性领域集中，集中优质资源开展原始创新，在前沿技术、颠覆性技术方面发挥创新引领的作用。二是要深化创新体制机制改革，优化创新模式，在加大科技研发投入的基础上，提高投资和创新的有效性，充分发挥国有企业资金实力强大、研发基础雄厚、技术人才聚集等自身优势，

[①] 贾根良：《国有企业的新使命：核心技术创新的先锋队》，《中国人民大学学报》2023年第2期。

加强基础研究和应用基础研究。

（三）民营企业：科技创新和技术变革的重要力量

2020 年 7 月 21 日，习近平在企业家座谈会上强调："市场主体是经济的力量载体，保市场主体就是保社会生产力。留得青山在，不怕没柴烧。要千方百计把市场主体保护好，为经济发展积蓄基本力量。"①

民营企业是社会主义市场经济中最具活力的经济体，是推动高质量发展的生力军。2023 年《财富》世界 500 强排行榜中共计 142 家中国公司，其中中国内地民营企业共 34 家。这一数据充分说明，中国民营企业自身能力强，发展潜力巨大，在全球化竞争中具备极大优势，建设世界一流企业必须使民营企业发挥更大作用，为此需要进一步优化民营企业发展环境，推动民营企业高质量发展。必须健全以公平为核心的产权保护制度，完善与落实对不同所有制产权同等对待、平等保护的法律法规体系，增强民营经济发展信心与内驱动力。必须综合考虑民营企业发展需要和国家战略需求，对不同行业、不同规模、不同发展阶段的民营企业分级分类、精准施策，以富有针对性的产业政策给予民营企业支持。政府必须考虑新产业新业态的发展情况，与时俱进更新规制与监管手段，避免对新兴产业造成误伤。民营企业要遵循中国特色现代企业制度的要求，积极推动

---

① 习近平：《在企业家座谈会上的讲话》，《人民日报》2020 年 7 月 22 日。

内部组织与管理方式改革，创新发展现代企业治理机制、经营机制、激励机制、监管机制等制度，提升生产经营效率。民营企业家要弘扬企业家精神，引导民营企业在科技创新与国际竞争中锐意进取、不断突破，对标世界一流企业，弥补短板、锻造长板，提升企业核心竞争力。

民营企业是科技创新和技术变革的重要力量，要充分释放创新活力。费尔普斯认为，大多数创新并不是亨利·福特类型的孤独企业家所带来的，而是由千百万普通人共同推动的，他们有自由权利去构思、开发和推广新产品与新工艺，或对现状进行改进。正是这种大众参与的创新带来了民众的繁荣兴盛，物质条件的改善加上广义的美好生活。[①]民营企业具有较强的创新能力和市场敏感性，能够更好地促进产业技术进步和商业模式创新，为经济发展注入新动力。自主创新是扩展生产前沿的新的商业想法。一个有着自主创新的经济体会通过一连串关于新产品和新工艺的新想法，来不断扩展它的生产可能性。近年来，民营经济的研发投入不断提升、专利产出不断增加、新产品开发效益不断提高，在高新技术企业中的先锋作用越发突出。如今，中国70%以上的技术创新成果来自民营经济，因而不断激发民营企业的创新活力将是加快发展新质生产力的重要支撑。

---

① 〔美〕埃德蒙·费尔普斯：《活力：创新源自什么 又如何推动经济增长和国家繁荣》，郝小楠译，中信出版社2021年版，第6页。

要破除制约民营经济形成新质生产力的各类制度型障碍，激发民营企业的创新动力。一是加强对民营企业创新的风险投资等金融支持，建立完善的政策协调机制，降低企业创新的风险，从而提升企业创新的意愿。进一步优化民营企业营商环境，使民营企业能够公平参与市场竞争。二是引导民营企业围绕国家需求开展技术创新，推动关键领域的产业升级。民营经济具有较高的创新性和敏捷性，反应速度快，决策链条短，能够更快地适应市场需求和技术变革。集中民营企业的创新力量投入关键技术攻关，能够更加有效率地推动产业转型升级。三是鼓励民营企业数字化转型，提升民营企业的科技创新能力。数字经济的发展拓展了科技创新的发展空间、提高了科技创新成果的转化效率。推动民营企业数字化转型有利于企业间的信息交流与合作，加快发展新质生产力。

"56789" 这个组合是对我国民营企业社会价值最常见的凝练性概括：贡献了全国 50% 以上的税收、60% 以上的国内生产总值、70% 以上的技术创新成果、80% 以上的城镇劳动就业，以及 90% 以上的企业数量和新增就业。2012—2021 年，我国民营企业数量从 1085.7 万户增长到 4457.5 万户，10 年间翻两番，民营企业在企业总量中的占比由 79.4% 提高到 92.1%。①

---

① 《民营企业数量 10 年翻两番占比达 92.1%》，《中华工商时报》2022 年 3 月 24 日。

经过长期发展，我国许多民营企业已经拥有一定的技术积累和创新基础，具备开展关键核心技术攻关的科技实力。而且，民营企业的参与既有利于集聚力量进行原创性引领性科技攻关、助力新质生产力的发展，又有助于以新质生产力提升自身的劳动生产率与资本回报率，在市场竞争中获取优势。因此，其一，应进一步破除科技创新领域存在的准入壁垒，落实公平竞争政策，并支持具备创新实力的不同所有制、不同规模企业合作开展关键共性技术攻关，共同助力新质生产力的发展。其二，为规避新兴领域中普遍存在的市场不确定性和技术不确定性等突出问题，应当选取具有一定收益水平和条件相对成熟的科技攻关项目，引导创新能力强、研发水平高的民营企业按规定主动参与关键核心技术攻关。其三，应大力发展科技金融，加大对民营企业科创融资的支持力度，以鼓励有条件的民营企业根据国家战略需要和行业发展趋势持续加大研发投入①、加强应用基础研究、提高科技成果落地转化率，从而实现科技、产业与金融的良性循环。

在顶层设计方面，要引导民营经济差异化布局战略性新兴产业和未来产业，防止其一哄而上开展低水平重复建设，造成资源浪费等一系列问题。既要健全知识产权保护制度与要素参

---

① 《中共中央 国务院关于促进民营经济发展壮大的意见》，《人民日报》2023年7月20日。

与收入分配机制以充分调动民营企业开展科技创新的积极性，又要逐步完善市场准入制度与非人格化的竞争机制以破除制约民营企业培育新质生产力的制度障碍，还要建立健全民营企业及时进入和动态退出创新项目的政策机制以稳定民营企业加快培育形成和发展新质生产力的预期。

在政策支持方面，应加大对民营经济布局战略性新兴产业和未来产业的科研经费支持和税收优惠力度，以稳定民营企业的发展预期，引导其立足自身已有优势资源谋划布局战略性新兴产业和未来产业。尤其是要为"专、精、特、新"民营企业提供良好的政策预期，积极引导其成长为国内领先的"小巨人"企业，以夯实战略性新兴产业和未来产业的微观基础。[①]

在金融支持方面，既要鼓励银行充分重视民营企业融资问题，又要有序设立创投基金等新型金融工具以拓宽民营企业的融资渠道，支持其合理布局战略性新兴产业和未来产业。具体而言，应督促银行不断下沉服务、简化科创项目审批流程，切实减轻民营企业的融资负担。同时，加大对民营科技企业布局战略性新兴产业和未来产业的信贷支持力度，以发展普惠金融等方式支持重点产业链和先进制造业集群内民营中小微企业融资，以充分发挥其在培育新质生产力方面的突出作用。此外，

---

① 徐政、郑霖豪、程梦瑶：《新质生产力助力高质量发展：优势条件、关键问题和路径选择》，《西南大学学报》（社会科学版）2023年第6期。

应从国家层面倡导民营企业就战略性新兴产业和未来产业积极开展国际合作，以充分利用世界范围内的资源、技术和市场助力我国在培育新质生产力的同时提升民营经济发展质量。

小结

马克思指出，随着资本主义的发展，市场与需求不断扩大，但现实生产力发展却"到处都碰到人身的限制"，这些限制"工场手工业中的结合工人也只能在一定程度上突破，而不能从根本上突破"。[①]面对劳动生产率难以提高的困境，劳动资料"取得机器这种物质存在方式，要求以自然力来代替人力，以自觉应用自然科学来代替从经验中得出的成规"[②]，由此引发的生产方式变革成为大工业发展的起点。一个工业部门生产方式的变革会引起其他部门生产方式变革的连锁反应，工业部门的发展会引起农业与服务业的生产方式的渐次革命，并推动作为社会生产过程一般条件的交通运输工具的发展与完善，与生产力发展要求相适应的产业体系由此建立。

现代化产业体系是推进国家现代化的重要支柱。正是随着大工业的发展和产业体系的建立，社会劳动生产力才得以充分

---

①《资本论》（第一卷），人民出版社2018年，第443页。
②《资本论》（第一卷），人民出版社2018年，第427页。

释放，而生产力发展又赋能产业体系的更新与完善，促使一国在某些产业领域形成位居世界前列的制造或服务水平，以支撑高水平社会生产与高水平国民收入。[1]正是在先发国家生产力发展与产业体系建设的过程中，先进工业生产方式与商业化生活方式打破了国家间、区域间、民族间分散、孤立和静滞的状态[2]，世界各国间的政治经济联系繁杂交织，现代化进程从少数几个国家扩散至全球，历史也愈发"成为世界历史"。

通过挖掘中国具有的社会主义市场经济的体制优势、超大规模市场的需求优势、产业体系配套完整的供给优势、大量高素质劳动者和企业家的人才优势，加快建设现代化产业体系，面向高端产业与前沿技术领先、精准发力，更要夯实产业基础，化解高速工业化背后潜藏的基础薄弱、根基不稳等问题。这不仅要求现代化产业体系建设要重视基础研究，提升关键基础材料、先进基础工艺、核心基础零部件的供给能力，以实现高水平科技自立自强与建立自主可控、安全可靠、竞争力强的产业链供应链为重点，从整体上提升中国的科技创新实力与生产力，打破西方发达国家限制关键核心技术出口与"脱钩断链"的风险威胁，优化战略性新兴产业布局，在未来发展和国际竞争中赢得战略主动，更好地统筹发展和安全。

---

① 周文：《厚植中国式现代化产业根基》，《经济日报》2023年4月26日。

② 罗荣渠：《现代化新论：中国的现代化之路》，华东师范大学出版社2012年版，第78页。

第九章

抵达彼岸：新质生产力与中国式现代化

PRODUCTIVITY

习近平指出："18世纪出现了蒸汽机等重大发明，成就了第一次工业革命，开启了人类社会现代化历程。"①以生产力的持续发展和经济的快速增长为主要特征，西方资本主义国家率先走上现代化的道路，形成了西方现代化的思想与理论体系。由于西方现代化取得的成功，很多西方学者认为现代化就是西方化。然而马克思深刻地揭示了资本主义社会的基本矛盾及其发展的历史趋势，表明西方现代化并不是现代化的唯一模式。基于对资本主义社会的观察，马克思提出了关于现代化社会的思想。尽管现代化的模式是多种多样的，但是它们都有一个共同的特征，那就是生产力的持续发展。

历史唯物主义认为，生产力决定生产关系，生产关系对生产力具有反作用。当现有生产关系构成生产力发展的制约时，生产关系的变革成为必然。习近平在中共中央政治局第十一次集体学习时强调："生产关系必须与生产力发展要求相适应。发

① 习近平：《为建设世界科技强国而奋斗——在全国科技创新大会、两院院士大会、中国科协第九次全国代表大会上的讲话》，《人民日报》2016年6月1日。

展新质生产力，必须进一步全面深化改革，形成与之相适应的新型生产关系。要深化经济体制、科技体制等改革，着力打通束缚新质生产力发展的堵点卡点，建立高标准市场体系，创新生产要素配置方式，让各类先进优质生产要素向发展新质生产力顺畅流动。"①

一、推动建立新型生产关系

新型生产关系既包括对现有生产关系中不适应先进生产力发展要求的部分进行变革，也包括构建先进生产关系反作用于未来生产力的发展。对此，既要推动市场和政府的有机结合，来破解原创性、关键性、颠覆性技术突破的世界性难题；又要针对当前科技创新存在的制度障碍进行破除，服务于科技创新发展需要，从而发挥生产关系对生产力的反作用力，促进新质生产力发展。

（一）以新型举国体制破解关键核心技术"卡脖子"难题

中国式现代化的实现离不开国家生产力的发展，国家生产力的跃迁离不开国家主体作用的发挥。长期以来，西方现代化

---

① 《习近平在中共中央政治局第十一次集体学习时强调 加快发展新质生产力 扎实推进高质量发展》，《人民日报》2024年2月2日。

理论渲染自由市场的作用，认为创新发展与生产力的提升仅仅来自市场的作用，政府被视作无益于创新，甚至被认为是创新的阻碍。按此说法，"野蛮国家就应当是世界上生产力最高、最富裕的国家，因为就对个人听其自然、国家权力作用若有若无的情况来说，再没有能比得上野蛮国家的了"①。事实却并非如此，西方早发国家现代化的成功有赖于国家生产力的跨越式发展，美国的"大项目引领"模式、日本的政企联合模式等科技创新模式，国家和政府无不在创新资源配置上发挥着不可替代的作用。②国富国穷的关键在于国家能力③，因此，更好地发挥国家主体作用以完善宏观治理，处理好政府与市场的关系，对实现创新发展与生产力跃迁进而形成新质生产力具有重要意义。

中国改革开放的成就和西方发达国家产业发展的历史表明，处理好政府和市场的关系是推动科技创新、实现产业繁荣、促进先进生产力形成和发展的关键。政府和市场作用的有机结合是我国改革开放40多年的成功经验。一方面，政府通过制定合理清晰的产业发展规划有效引导市场发展方向，适时出台产业政策和法律法规，为科技研发提供制度支持与法律保障，促使

---

① 〔德〕弗里德里希·李斯特：《政治经济学的国民体系》，邱伟立译，华夏出版社2009年版，第150页。

② 周文、李吉良：《新型举国体制与中国式现代化》，《经济问题探索》2023年第6期。

③ 周文、刘少阳：《社会主义基本经济制度、治理效能与国家治理现代化》，《中国经济问题》2020年第5期。

产业发展质量和生产力水平稳步提升。另一方面，市场能够依靠价格、供求、竞争机制，激发企业主体的创新活力，提升资源配置效率，促进科技创新和成果转化，使产业发展的创新动能得到释放。正是因为正确处理好了政府和市场之间的关系，我国才得以在科技创新领域不断突破，实现了战略性新兴产业由"跟跑"向"并跑""领跑"的跨越，取得了产业繁荣和生产发展的伟大成就。

新质生产力需要新的生产关系与之相适应，需要新的体制与之匹配。由于新质生产力是在关键性技术和颠覆性技术突破下取得的，而此类技术的研发涉及多种资源的协调、多条线路的协同和多个团队的合作，甚至需要举全国之力，所以我们不能从推动一般科技创新的角度去理解"创新生产要素配置方式"，而是要发挥新型举国体制集中力量办大事的显著优势，把政府、市场、社会有机结合起来，科学统筹、集中力量、优化机制、协同攻关，优化关键核心技术领域的创新资源配置，以此保障和促进新质生产力的形成。

传统举国体制主要依靠行政手段调配生产要素资源，使我国初步建立起完整的工业体系，实现了重大科技领域的跨越式突破，为生产力的进一步发展奠定了坚实基础。但是随着改革开放的推进和社会主义市场经济体制的建立，传统举国体制难以适应社会主义市场经济的新变化，暴露出投入与产出失衡、微观主体创新活力不足、地方政府过度竞争等问题，①不利于生产力水平的进一步提高。新型举国体制作为中国特色社会主义市场经济下资源配置的创新形式，既不同于以往单纯依靠行政命令在全国范围内统一调配各类资源的传统举国体制，也不同于西方现代化道路依靠放任自流的自由市场实现资源配置的体制，②而是能够凝聚政府和市场等多元主体的强大力量，发挥市场在资源配置中的决定性作用，更好地发挥政府作用，让各类先进优质生产要素向发展新质生产力顺畅流动。

新型举国体制能够实现有效市场和有为政府的有机结合，为新质生产力的形成提供优质生产要素资源。③创新特有的高风险、不确定性和较长的开发周期更加需要政府健全以财政政策、税收政策和货币政策为主要手段的产业调控体系。俄罗斯学者格伦·迪森指出："渴望成为技术领导者的国家历来都通过干预市场来获取和实施新技术。国家通过直接或间接的补贴和关税支持技术收购，使企业能够创新或迎头赶上。补贴是经济中的一项重要的地缘经济干预措施。尽管收购有助于迎头赶上，但要保持领先，需要在教育、基础设施和工程方面进行广

① 张晓兰、金永花、黄伟熔：《发达国家举国工程与我国举国体制的比较及启示》，《宏观经济管理》2022年第11期。

② 周文、李吉良：《新型举国体制与中国式现代化》，《经济问题探索》2023年第6期。

③ 周文、许凌云：《再论新质生产力：认识误区、形成条件与实现路径》，《改革》2024年第3期。

泛而持续的投资。政府还通过为教育和公共使用的基础设施的特定部分提供资金，提供间接补贴。各国试图通过发展促进创新中心和生态系统的创意和全球城市、经济特区、高科技制造业技术园区、高等教育和创新中心的类似刺激措施，在国内培育创新。"①

一方面，新型举国体制赋予了政府强大的社会动员能力，通过打破不同地区、部门之间的界限，突破政策供给的碎片化困境，打通束缚新质生产力形成和发展的堵点卡点。不仅如此，这一体制还能够发挥政府的导向作用，立足大局，统筹规划，将先进优质生产要素资源有效整合到重大战略性基础领域，兼顾目标实现与经济效益，有效降低资本配置成本，全面提升资源配置的有效性，实现资源的合理配置，为新质生产力的形成提供可靠保障。

另一方面，在新型举国体制下，企业等微观主体得以参与科技顶层设计和重大决策，提升了其在科技项目形成、组织和资金配置等方面的参与度和话语权，激发了微观主体的创新活力。要充分支持国有企业作为核心技术创新的先锋队，让民营企业成为孵化新技术的重要载体。最大限度地释放全社会创新、创业和创造动能，引导创新要素更多投向核心技术攻关，加快

①〔俄〕格伦·迪森：《技术主权：第四次工业革命时代的大国博弈》，丁宁等译，中国科学技术出版社2023年版，第79页。

培育一批竞争力强的主导企业和"专、精、特、新、尖"的中小企业，[①]让原创性、颠覆性技术突破依靠政府的引导与支持，技术的转化与产业化依托市场机制。

此外，在市场的激励下，大量的企业在新兴技术路线上试错，广泛开展竞争与合作，从而提升了科技成果的转化效率，使产品的创新价值在市场中经受检验，推动各类资源向优势产品和产业集聚，加速了科技创新成果的产业化进程，强化了形成新质生产力的产业基础。总的来说，新型举国体制能够最大限度地整合科技创新资源，为新质生产力的形成提供体制保障。

面向未来，我国新质生产力发展要坚持"全国一盘棋，调动各方面积极性，集中力量办大事"的显著优势，强化深入实施创新驱动发展战略的顶层设计。正如施瓦布和戴维斯在《第四次工业革命行动路线图：打造创新型社会》一书中指出，第四次工业革命具有复杂性、变革性和分散性的特点，因此需要一种新型领导力——"系统领导力"[②]。因此，需要厘清政府和市场之间的关系，理顺中央和地方权责关系，协调好传统产业、战略性新兴产业与未来产业之间的关系，营造有利于创新、创

---

①　周文、杨正源：《中国式现代化与西方现代化：基于比较视角的政治经济学考察》，《学习与探索》2023年第11期。

②　〔德〕克劳斯·施瓦布、〔澳〕尼古拉斯·戴维斯：《第四次工业革命行动路线图：打造创新型社会》，世界经济论坛北京代表处译，中信出版社2018年版，第6页。

业、创造的良好营商环境、市场环境和发展环境。①具体来看，"0—1"的原创基础研究，主要由政府财政投入，同时积极引导鼓励多元化社会资本投入。"1—100"的技术开发依靠政府和市场相结合，发挥财政资金的引导作用，以实际需求为导向，推动技术创新和成果转移转化。"100"以上的产业化应用主要靠市场，通过风险投资和科技金融政策支持，形成产业竞争力。

（二）建设全国统一大市场加快生产要素的循环流通

分工与协作是生产方式最重要的表现形式和存在形式，这种分工的细化以有效市场规模的扩大为前提条件。斯蒂格利茨认为："市场并不是凭空出现的，而是被构建而成的。"②文一同样指出，在农业社会没出现现代企业和规模化生产不是因为科斯定理所讲的那样，缺乏市场交易成本因而不需要企业出现。相反，现代企业没有出现，完全是由于存在高昂的市场交易成本。因此，形成新质生产力的市场条件不是单纯地强调市场规模的扩大，而是进一步破除各种形式的市场分割，加快建设高效规范、公平竞争、充分开放的全国统一大市场，夯实形成新质生产力的市场基础。

当今世界最稀缺的资源是市场，加快建设全国统一大市场

---

① 中国科学院科技战略咨询研究院：《构建现代产业体系：从战略性新兴产业到未来产业》，机械工业出版社 2023 年版，第 20 页。

② 〔美〕约瑟夫·斯蒂格利茨：《美国真相：民众、政府和市场势力的失衡与再平衡》，刘斌夫等译，机械工业出版社 2020 年版，第 20 页。

是将中国超大规模市场优势转化为经济发展动能的重要路径。《中共中央 国务院关于加快建设全国统一大市场的意见》中指出，加快建设全国统一大市场能破除区域间、城乡间的市场分割与行政壁垒，促进全国性的多层次商品与要素市场发展，使市场更好地发挥配置资源、促进竞争、深化分工的作用，形成供需互促、产销并进、畅通高效的国内大循环。

加快建设全国统一大市场能充分释放中国内需潜在势能，提升国内市场消化主要产能和促进产业结构升级的能力，发挥区域间、城乡间的比较优势，促进资源互补与协调发展，形成区域产业集群。加快建设全国统一大市场有助于发挥超大规模市场具有的丰富应用场景和放大创新收益的优势，促进创新资源要素有序流动、有效配置，推动科技创新与新兴产业发展。加快建设全国统一大市场能增强中国对国际市场要素资源与跨国公司的吸引力，吸引外部资金、先进技术与企业入驻，增强中国经济的发展活力，有益于国内市场与国际市场更好联通，推动国内企业对标国际先进标准努力发展自身。

建设全国统一大市场必须充分发挥政府与市场的合力。政府作为宏观经济治理的主体，是制度建设的主要承担者。市场内的各经营主体是建设全国统一大市场的重要组成部分，不仅以自身的经营活动不断拓宽市场的广度与深度，还为政府提供重要信息反馈，与政府形成内外合力。当前，必须以政府为主导，以企业为重要参与者，以市场发展要求与市场主体需求为导向，加快完善形成统一的产权保护、市场准入、公平竞争、社会信用等方面的市场基础制度规则，推动现代流通网络、市场信息交互渠道、市场交易平台等市场设施高标准联通，建立全国统一的要素与资源市场，着力提升商品质量与服务市场水平。政府更需与时俱进完善规制与监管手段，提升市场监管能力，持续发力破除地方保护和行政性垄断，以形成良好健康的市场环境和富有活力、创新力与竞争力的产业生态。

清除地方保护和市场壁垒，实现要素自由流动。破除行政区经济，清除地方保护和区域壁垒，深入实施区域协调发展战略。从我国区域经济发展特征来看，由于行政区经济现象的存在，区域一体化水平受到较大抑制。要着力规范各类地方性产业政策，清理妨碍依法平等准入和退出的规定，强化反垄断和依法查处不正当竞争行为，打破各种制约全国统一大市场建设的显性和隐性壁垒。要"坚决破除地区之间利益藩篱和政策壁垒，加快形成统筹有力、竞争有序、绿色协调、共享共赢的区域协调发展新机制，促进区域协调发展"①。要处理好一体化与差异化之间的关系，增强发展的平衡性、协调性，确保各地区更加积极主动地参与区域合作，为构建全国统一大市场汇聚更多合力。

---

① 中央党史和文献研究院编：《十九大以来重要文献选编》（上册），中央文献出版社 2019 年版，第 691 页。

　　推进要素市场化改革。党的二十大报告指出："构建全国统一大市场，深化要素市场化改革，建设高标准市场体系。"①要加强法治建设，为要素和商品自由流动创造良好的法治环境，做到有法可依。要建立政府间的横向合作交流机制，逐渐降低乃至消除要素自由流动的体制机制障碍。要加强要素互联互通的基础设施建设，加快要素物流现代化体系建设，实现基础设施共建共享。要大力发展融土地、人才、资本、技术、数据、信息等各项生产要素于一体的现代化经济体系，建设具有国际影响力的数据要素配置枢纽节点和产业创新高地，为要素资源多圈层、多体系、跨区域的高效流动与利用下好先手棋。②要特别重视人才要素，"培养造就大批德才兼备的高素质人才""真心爱才、悉心育才、倾心引才、精心用才"，使人才资源充分流动起来，为全国统一大市场建设提供强大智力支撑。

　　建设高标准市场体系，促进经济循环各环节畅通。要着力做到"五个统一"，即统一的市场基础制度、统一的联通流通体系、统一的要素和资源市场、统一的商品和服务市场、统一的监管体系，从而夯实社会主义市场经济良好运行的基石。要打

---

　　① 习近平：《高举中国特色社会主义伟大旗帜 为全面建设社会主义现代化国家而团结奋斗——在中国共产党第二十次全国代表大会上的报告》，人民出版社2022年版，第29页。

　　② 周文、李亚男：《建设全国统一大市场：从分割到高质量发展》，《马克思主义与现实》2024年第2期。

通生产、分配、流通、消费等环节，使各类生产要素在经济循环畅通的全国统一大市场里充分融通，让创造社会财富的源泉充分涌流，为推动经济高质量发展提供更多合力。

营造市场主体公平竞争的环境，激发各类市场主体活力。我国目前拥有的超过1.7亿的市场主体是稳住经济基本盘的基石，创业创新潜力巨大。这是我国经济发展的底气和韧性所在。然而目前国有企业和民营企业尚不能完全平等地使用生产要素、融资贷款及进入和退出市场。为改变这种情况，需要从以下几方面努力。

首先，要深化国有企业改革。做强做优做大国有企业，提升其核心竞争力，促进国有资产保值增值，发挥国有经济的主导作用和战略支撑作用。

其次，加强市场监管，依法平等保护民营企业、外资企业等市场主体的合法权益，打造市场化、法治化、国际化营商环境。

再次，要健全公平竞争机制。构建激励与约束相结合的竞争审查制度、竞争评估制度和反垄断制度，着力打破地方保护、区域封锁、行业壁垒和企业垄断，打造公平竞争的市场环境。

最后，要把握好市场规律和市场形势。制定并落实好纾困惠企政策，加强涉企收费规范和治理，帮助市场主体渡过难关。构建亲清政商关系，保证政商沟通渠道畅通清明，高效推动有效市场与有为政府的更好结合，实现各类市场主体更好更快发展。这些都将为推动建设统一开放、竞争有序、制度完备、治理完善的全国统一大市场汇聚更多内生动力。

（三）深化金融体制改革加快推动科技创新

世界经济史反复证明，金融是商品生产与交换发展的必然产物，它根植于具体的经济活动。随着经济时代交替更迭，金融与实体经济的关系已从"货币面纱论"式的中性依附逐步演变为"双向因果论"式的共生共荣。[①]从世界范围来看，现代金融业的诞生，为几次科技革命和产业变革提供了重要支撑。约翰·希克斯考察了金融对工业革命的影响，认为工业革命不仅是技术创新的结果，更是金融革命的结果。[②]因为工业革命早期使用的技术创新大多在工业革命之前已出现，而技术革命既没有引发经济持续增长，也未导致工业革命，一个重要原因是已存在的技术创新缺乏筹措大规模资金的金融环境，因此，工业革命在金融革命开始之后才加速发生，这充分说明了金融是推动近现代工业化发展的重要因素。

金融是国民经济的血脉，也是畅通国民经济循环的重要驱动力。2023年10月，中央金融工作会议提出，要做好科技金融、绿色金融、普惠金融、养老金融、数字金融五篇大文章。通过资本投入来支撑关键性、原创性、颠覆性技术的突破，是金融和资本市场义不容辞的责任。通过政策、科技、数据、市

---

①〔法〕萨伊：《政治经济学概论》，陈福生译，商务印书馆1998年版，第189页。

②〔英〕约翰·希克斯：《经济史理论》，厉以平译，商务印书馆1987年版。

场通力协作，把金融业牢牢建立在为制造业服务的基础上，而不是为垄断资本和金融泡沫服务的目的上。[①]进一步减少金融摩擦、缓解资源错配，根据变化的经济运行效率动态调整存量资金、调配增量资金，强化资金配置效率，进而提升资金的边际生产率，通过改善金融系统的运转效率匹配经济发展效率，支撑实体经济发展。

创新过程充满风险和不确定性，尤其是在当前科技大国竞争的背景下，成熟的科技强国可能对新兴市场国家实施科技封锁，加剧了科技博弈。此外，随着新技术、新产品和新商业模式的不断涌现，不同领域间的融合已成趋势，进一步增加了创新的不确定性。金融本质上是管理和把控风险的一种资源和工具。为应对创新风险所带来的资源浪费和市场机制不平衡等问题，要求金融更好地发挥资源配置作用，要求金融市场具备高度敏感性和应变能力，以及高水平开放性和包容性，能够接纳不同领域的技术和商业模式。

要发挥金融资本支持技术创新的作用，更好地服务实体经济的科技创新。金融是连接科技创新和产业创新的重要工具，促进科技与金融深度融合，对加快形成新质生产力、实现中国式现代化、推动高质量发展至关重要。在体制机制上，要加快

---

① 文一：《伟大的中国工业革命：发展政治经济学一般原理批判纲要》，清华大学出版社2016年版，第60页。

完善科技金融服务体系，优化金融支持科技创新的配套政策，破除科技与金融部门间、产业间的制度壁垒。在资金投入上，既要发挥政府作用，利用国家中小企业发展基金等国家资金的引导带动作用，也要充分利用市场，拓宽以中小民营企业为代表的创新型企业的融资渠道，提升融资可得性。在风险管理上，既要发挥保险和融资担保机构的风险分担作用，降低"专、精、特、新"中小企业的创新风险；也要发挥国家对银行等金融机构的指导工作，加大金融支持科技创新的力度，并防范金融风险。

通过资本市场来支撑关键性、原创性、颠覆性技术的突破，及时将科技创新成果应用到具体产业和产业链上，是金融和资本市场义不容辞的责任。从世界范围来看，现代商业银行、现代投资银行和现代创业投资的诞生，为几次科技革命和产业变革提供了重要支撑。技术的发展需要资本的支持，金融应服务于科技，通过资本市场支撑科学技术的原创性突破。在企业初创期，研发需要高投入，企业面临技术的高成本及市场的不确定性等风险，要加强对基础研究和关键核心技术攻关的金融支持，通过种子基金、风险资本、创投资本等多种投资策略降低创新风险，为科技型企业提供多元化接力式金融服务。通过创新改进金融业务，拓宽科技产业融资渠道，为产业创新提供资金扶持，补齐产业发展短板，赋能现代化产业体系建设，从而更快形成新质生产力。

同时，应强化监管的统一性，加强党对金融工作的统一领导，以新组建的中央金融委员会对宏观金融稳定进行顶层设计，对防范化解金融风险整体推进并监督落实。应强化监管的专注性，以新成立的国家金融监督管理总局统筹负责非证券类金融监管，避免央行重叠监管，使央行专项发挥货币政策和宏观审慎政策的"双支柱"职责，分离金融的宏观调控职能和监管职能。应强化监管的全面性，以地方性金融监管部门负责金融市场的机构监管、行为监管、功能监管，持续细化金融监管范畴。应强化监管的协调性，应健全中央和地方金融监管的协调机制，弥补跨界监管空缺，延伸金融监管触角，依法将各类金融活动全部纳入监管范围，统筹监控经济周期和金融周期的背离错配与牵拉传导，维护宏观经济稳定。①

随着方兴未艾的数字经济推动全球进入新的数字时代，发展中的实体经济已经不是传统意义上的实体经济，而是在数字化、网络化和智能化转型背景下，生产效率提升、新旧动能转换、生产模式变革后的新实体经济。在此过程中，金融作为脱胎于实体经济的虚拟经济中枢部门，与实体经济并非单调相随的线性关系，而是动态变化的非线性关系，其既要适应新的经济发展模式，满足经济的转型升级需求，又要以新的实体经济作为发展基础，不断迭代演进现代金融发展规律，改善自身的

---

① 张强：《新中国金融监管的历史变迁——党的奋斗成就和历史经验》，《税务与经济》2022年第2期。

运行效率和稳健性，以自身的高质量发展更好赋能实体经济。[①]

对于富含高新技术的数字产业领域及三新经济领域，其创新效能显著且资产趋于轻量化，是未来经济的主导产业。资本市场需要通过调整资金的存量和增量，引导风险偏好性资金直接投向发展潜力大、预期收益佳的数字产业化领域，支持新兴产业的孵化，引领前瞻产业发展。此外，对于具备一定规模体量的传统产业，其数字化进程必然涉及产业转型升级，货币市场需要结合国家产业发展政策与资金市场化配置原则，适时调整银行信贷资源在社会再生产过程中的导向和流量，重点支撑产业链中高端的企业融资，对缺乏成长性的产业及产能过剩行业放宽资金支持，以此推进产业优胜劣汰，促进现代产业体系建设。

（四）深化科技教育人才体制改革

习近平指出要"深化科技体制、教育体制、人才体制等改革，打通束缚新质生产力发展的堵点卡点"[②]。一方面，加快建设"卡脖子"技术攻关的战略人才队伍，战略人才是我国打赢关键核心技术攻坚战的关键。发挥高校对战略人才培养的主阵地作用，推进世界一流大学和一流学科建设，优化高校学科布

[①] 司聪、任保平：《金融高质量服务新实体经济的逻辑、机制与路径》，《新疆社会科学》2024年第1期。

[②]《习近平在参加江苏代表团审议时强调　因地制宜发展新质生产力》，《人民日报》2024年3月6日。

局和人才培养结构，造就一批一流科技领军人才和创新团队，同时进一步健全要素参与收入分配机制，激发人才的创新活力，将强大人才资源转化为推动关键核心技术攻坚的人才动能。另一方面，还要促进科技成果的尽快转化。改革科技创新资源分配机制，实现科技创新方面人力资源、资金资源、设备资源、空间资源的科学配置。围绕社会经济发展的重点应用场景凝练关键科技问题，系统部署一批牵引未来产业、战略性新兴产业发展的重大科技项目、科技工程，形成以应用场景带动科研攻关、成果转化与产业培育的新发展模式，助力新质生产力发展。

劳动者素质是影响新质生产力的一个重要因素。党的二十大报告强调"人才是第一资源"。战略型人才是科学帅才，是国家战略人才力量中的"关键少数"，当前，战略型顶级人才相对匮乏已成为困扰我国"三大战略"的重要掣肘。人才缺乏不仅限制了宏观科技视野和科技战略规划，还对微观高精尖技术的研发和突破造成了威胁。①无论是政府产业政策，还是国有企业与民营企业的具体生产经营，再科学系统的计划也需要人才的贯彻落实，否则很可能陷入巧妇难为无米之炊的尴尬境地。

习近平在中国科学院第十七次院士大会、中国工程院第十二次院士大会上指出："我国科技队伍规模是世界上最大的，这

---

① 赵晨、林晨、高中华：《人才链支撑创新链产业链的融合发展路径：逻辑理路、中美比较以及政策启示》，《中国软科学》2023年第11期。

是我们必须引以为豪的。但是，我们在科技队伍上也面对着严峻挑战，就是创新型科技人才结构性不足矛盾突出，世界级科技大师缺乏，领军人才、尖子人才不足，工程技术人才培养同生产和创新实践脱节。"①解决这一难题，培养高水平创新队伍，可从多方面积极探索：完善"引育用留"人才工作全链条机制；突出"高精尖缺"导向，做好引才育才工作；鼓励自由探索、勇于创新、宽容失败，释放容错空间、创新空间；完善创新主体梯次培养机制。

面对高校、科研院所、初创企业、高新技术企业和科技领军企业等不同创新主体，应加强政策工具创新和协调配合，推广企业创新积分制等做法，匹配投入相适应的项目、人才、资金等创新要素。支持高校建立产业导师制度。创建高校教师和产业导师联合体，大力培养一批"懂科技、懂产业、懂资本、懂市场、懂管理"的复合型人才。改革复合型人才多元化评价机制，打造人才培养新范式。新质生产力的提升离不开创新人才的储备，离不开创新人才在科技研发及技术创新中所起的积极作用。

新华社中国经济信息社发布的《新一代人工智能发展年度报告（2022—2023）》数据显示，中国人工智能行业的有效人

---

① 习近平：《在中国科学院第十七次院士大会、中国工程院第十二次院士大会上的讲话》，《人民日报》2014年6月10日。

员缺口已超过 30 万，高水平、复合型人才稀缺已经成为人工智能发展的瓶颈。人工智能技术替代了部分劳动力，同时也创造了更多新的工作岗位及拓展了部分原有工作岗位的劳动需求，改变了就业结构。

在第四次工业革命的发展进程中，在需要创造性发明来实现生产计划的地方，我们不太可能看到人工智能取代人类劳动者。实际上恰恰相反，人工智能可能会补足这个领域的人类劳动者的短板，扩展他们的生产能力，为他们提供深刻的机会。[1] 从创新的研发到创新的成果转化，在创新链条上的每一个阶段的创新活动都需要创新人才的参与。[2] 创新人才既是创新的基础，也是创新在全球范围内扩散的载体。一国在创新人才上的储备不仅影响着该国的创新效率及创新发展水平，同时还影响着该国技术进步增速及自主创新能力的提升。

习近平在"国家工程师奖"首次评选表彰之际强调，要进一步加大工程技术人才自主培养力度，不断提高工程师的社会地位，为他们成才建功创造条件，营造见贤思齐、埋头苦干、攻坚克难、创新争先的浓厚氛围，加快建设规模宏大的卓越工

---

① 〔澳〕尼古拉斯·约翰逊等：《自动世界：第四次工业革命经济学》，张森译，中国科学技术出版社 2023 年版，第 175 页。

② 刘春林、田玲：《人才政策"背书"能否促进企业创新》，《中国工业经济》2021 年第 3 期。

程师队伍。[①]

以市场需求为导向培育高素质人才队伍。教育是建设高素质人才队伍的主要途径，也是实现从数量型人口红利到质量型人力资本红利转变的重要推手。数字经济时代必须重视素质教育，重视以市场就业需求为导向培育优质的创新型、专业型、实践型的高素质人才。与此同时促进提升人才与职业匹配度。精准的人才与职业匹配不仅能够最大限度发挥人才个人优势，创造更大的职业发展空间，而且有助于实现人才队伍的优化配置，促进就业质量提升，进而提升经济发展绩效。职业能力不足、职业规划不明、职业认知缺乏、职业流动困难是造成人职匹配度低的主要原因。因此，以完善的职业教育培训体系培养经济发展紧缺的应用技能型人才、以个性化多元化的职业指导体系帮助求职者找准个人职业定位、以便捷的就业信息共享平台提升求职双向选择效率、以健全的就业保障促进人才流动、以积极的就业政策稳定就业形势就显得尤为重要。

企业可与行业协会、科研院所构建数字经济产学研科技人才联盟，共建共享成果数据库、人才数据库和专家数据库，提升本地科技人才集聚度，为战略性新兴产业链现代化发展奠定人才基础。企业可通过技术转移服务、技能认证、数字化科普

---

①《习近平在"国家工程师奖"首次评选表彰之际作出重要指示强调 坚定科技报国为民造福理想 加快实现高水平科技自立自强服务高质量发展》，《人民日报》2024年1月20日。

等活动，丰富专业技能培训课程及实践获得，促进科技人才集聚，助力战略性新兴产业链现代化发展。企业可与职业院校建立深层次、多方位合作关系，构建适合本地经济发展的科技人才培养模式，提高地方科技人才集聚程度，推动战略性新兴产业链现代化发展。企业应借助数字技术构建线上人才交互平台，并通过柔性流动机制与高校、科研院所进行交互，引导这些专业人才集聚，发挥科技人才创新赋能作用，助推新质生产力发展。

二、大力发展数字经济

近年来，互联网、大数据、云计算、人工智能、区块链等技术不断蓬勃发展。2024年1月，中国信息通信研究院最新发布的《全球数字经济白皮书（2023）》数据显示，数字经济作为新一轮科技革命和产业变革的新型经济形态，正成为全球产业发展与变革的重要引擎。国家互联网信息办公室发布的《数字中国发展报告》数据显示，1993—2020年中国数字经济平均增速达16.3%。[①]2022年中国数字经济规模达50.2万亿元，同比名义增长10.3%，占国内生产总值的比重为41.5%。已有研究也

---

① 李海舰、蔡跃洲：《中国数字经济前沿：数字经济测度及"十四五"发展》，社会科学文献出版社2021年版，第46页。

表明，中国数据资本存量则从 2003 年的 14880.48 亿元增长至 2020 年的 174137.67 亿元，年均增长率为 15.57%。[①]中国数字经济年均复合增长 14.2%，是同期美、德、日、韩 4 国数字经济总体年均复合增速的 1.6 倍。因此，加快发展数字经济在形成新质生产力方面具有重要的战略意义。

（一）数据作为新生产要素赋能生产力升级

数据作为数字经济时代的核心生产要素，正在发挥越来越重要的基础性与战略性作用。2017 年 12 月，中央政治局就实施国家大数据战略进行第二次集体学习时，习近平明确指出："要构建以数据为关键要素的数字经济。"[②]党的十九届四中全会首次明确将数据作为新的生产要素。2024 年 1 月，国家数据局等 17 部门联合印发《"数据要素×"三年行动计划（2024—2026 年）》，推动数据要素高水平应用，推进数据要素协同优化、复用增效、融合创新，数据要素的市场化建设从理念形成深入到实践探索阶段。该行动计划把培育和发展新质生产力作为实施"数据要素×"行动的重要目标之一。数据作为新的生产要素在重构生产力方面体现为依附倍增性和集约替代性，在重构生产

---

① 刘涛雄、戎珂、张亚迪：《数据资本估算及对中国经济增长的贡献——基于数据价值链的视角》，《中国社会科学》2023 年第 10 期。

② 《习近平在中共中央政治局第二次集体学习时强调　审时度势精心谋划超前布局　力争主动实施国家大数据战略加快建设数字中国》，《人民日报》2017 年 12 月 10 日。

关系方面体现为网状共享性和分配特殊性。它具备超越了传统要素的基本属性与特征，一跃成为数字经济时代下的核心战略资源。

表9-1　我国数据要素基础制度建设情况

时间	重要政策进展/事件
2022年12月21日	《中共中央　国务院关于构建数据基础制度更好发挥数据要素作用的意见》（即"数据二十条"）发布，构建数据基础制度体系
2023年8月21日	《企业数据资源相关会计处理暂行规定》发布，明确数据资源的确认范围和会计处理适用准则等，已于2024年1月1日起施行
2023年9月8日	《数据资产评估指导意见》的通知印发
2023年10月25日	国家数据局挂牌
2023年12月15日	《"数据要素×"三年行动计划（2024—2026年）（征求意见稿）》发布

　　一方面，数据要素在参与知识生产过程中能够创造巨大的数据价值。在数字信息迅速倍增的时代，海量的数据资源具有巨大的潜力，人类的知识生产方式也发生了由传统知识生产到网络知识生产的嬗变。依托于大数据、人工智能、云计算等先进技术的数据智能，能够以其强大的数据信息收集分析能力和计算能力"创造"知识。[1]

　　另一方面，数据要素配置能够利用大数据、云计算、人工

---

　　[1] 翟绪权、夏鑫雨：《数字经济加快形成新质生产力的机制构成与实践路径》，《福建师范大学学报（哲学社会科学版）》2024年第1期。

智能等现代化技术，优化金融机构基础设施，助力金融产品数据化。这样可以提高金融资本流通性，拓展金融范围，使更多居民能够更便捷购买金融产品，为经济高质量发展提供充足资金支持。数据要素配置能够凭借无界性与正外部性等特征打破空间壁垒，促进资源跨区域流动。这能够促使周边地区将优质资源要素集中起来，发挥资源的最大效益，进而缓解生产要素不对称问题。

数据引入生产是数字经济时代生产力进步的重要特征。传统生产要素资源总量有限，在生产中满足规模报酬递减的规律，大量投入廉价劳动力和生产资料的高投入型生产模式难以长期维持经济高增长。相比之下，数据要素具有无限性且能够实现自身增值，同时数据要素的使用具有外溢性，能够克服资源总量约束，打破传统生产要素的规模报酬递减束缚，形成规模报酬递增的生产模式从而促进经济的长远发展。[1]与此同时，在数字劳动过程中，分工协作的方式得到进一步发展。

马克思认为："许多人在同一生产过程中，或在不同的但互相联系的生产过程中，有计划地一起协同劳动"，这样"不仅是通过协作提高了个人生产力，而且是创造了一种生产力"。[2]一方面，数字经济能够整合线下的服务链，工业互联网的蓬勃发

---

① 周文、施炫伶：《中国式现代化与数字经济发展》，《财经问题研究》2023年第6期。

② 《资本论》（第一卷），人民出版社2004年版，第378页。

展降低了产业链上下游企业之间的信息交流与交易成本，使得位于产业链不同环节的企业可以在数字平台实现对接。另一方面，数字经济本身具备融合效应、渗透效应、匹配效应、替代效应、协同效应，有助于实现市场要素精准匹配，当前，数字技术在教育、医疗、公益、交通与旅游等领域的广泛应用，极大地改善了诸多领域传统的内涵与边界，所催生的零工经济与个性化生产等模式充分激发了劳动者创造财富的能力。①

数据要素是创造新质生产力的关键生产资料，也就是数据要素的高效流通与利用，可以加速资源配置效率，优化生产方式变革，推动产业生态重构，促进经济社会高质量发展。2019年党的十九届四中全会提出"数据可作为生产要素按贡献参与分配"，明确了数据要素市场这个重要概念。2022年6月中央全面深化改革委员会审议通过《关于构建数据基础制度更好发挥数据要素作用的意见》，部署了数据要素基础制度的"四梁八柱"，开启了数据要素市场建设发展的新征程。培育数据要素市场是充分释放数据"新"要素价值的关键选择。促进数据要素流通和市场化配置，有利于充分释放数据的乘数效应，②最大化发挥其经济和社会价值。数据资源驱动模式将数据要素作为集

---

① 莫怡青、李力行：《零工经济对创业的影响——以外卖平台的兴起为例》，《管理世界》2022年第2期。

② 熊巧琴、汤珂：《数据要素的界权、交易和定价研究进展》，《经济学动态》2021年第2期。

群创新发展的重要来源，充分发挥数据作为新型生产要素的潜在价值，以数据流的自由流动带动技术流、资金流、人才流、物资流的高效配置，提升全产业链全要素生产效率，实现规模效益提升，以人工智能、区块链、大数据等依赖于数据要素的数字产业为代表，从而促进新质生产力的发展。

　　数据要素市场作为一种新兴市场，目前仍处于探索阶段。从职能角度来看，数据要素市场不仅是配置手段，而且承担着数据要素的交易和中介职能，是配置行为主体和组织机制的结合。数据要素市场与其他市场相同，需要规范的制度与环境。数据要素市场化是将数据要素转换为市场配置的过程，市场作为核心调节机制，推动数据在流通中增值。数据要素市场化是生产要素化和配置市场化的综合有机叠加，需要生产与流通环节高效衔接，充分发挥市场力量，由生产者自主决定生产、消费者自主选择消费，促进数据要素配置效率最优。培育数据要素市场需要形成"市场有效、政府有为"的机制。数据要素市场的基本原则包括市场主导、政府监管、开放共享和分类规范等。随着国家加大战略布局和相关政策出台，数字经济和数字技术快速发展，数据要素市场基础设施和制度加速建设和完善，市场交易规模逐步提升，但同时也存在数据界权、交易制度、监管规制等诸多难题和现实约束。①数据要素市场可以视为数据要素商品转化为数据产品的场所和过程，而数据要素进入市场交易的前提是权属明晰。

数据要素市场最核心的作用是在市场中形成数据要素价格，实现数据要素市场化配置，这是数据要素市场建设最基础的目标。②为此，需要通过完善的市场基础制度解决数据要素确权、定价和交易等难题，发挥数据要素市场的市场机制和功能。数据要素市场建设需要以畅通数据要素交易流通为目标，以此支撑数字经济高质量发展。数据要素市场还需要解决数据要素安全性、交易和使用规范性等问题，在市场配置和流通中充分释放数据要素内在价值。

完备的数据要素市场化能够打破信息孤岛和行业信息壁垒，促进高价值要素聚集，为企业开展数据技术运用和商业模式转换提供充分保障。政府实施以数据交易平台为表征的数据要素市场化建设的主要目的是激活数据要素潜能、释放数据要素价值，通过数据要素的市场动态配置，促进生产、分配、流通等环节高效贯通。数据要素具有虚拟替代性、多元共享性、跨界融合性、智能即时性等特征，促使企业模式创新、产业融合关

---

① 陈蕾、李梦泽、薛钦源：《数据要素市场建设的现实约束与路径选择》，《改革》2023年第1期。

② 刘雅君、张雅俊：《数据要素市场培育的制约因素及其突破路径》，《改革》2023年第9期。

联和智能决策。[①]一方面，数据要素与数字技术相互赋能，与其他要素协同联动支撑科技创新。数据要素与数字技术、劳动等生产要素结合形成现实的生产要素，通过"数据+算力+算法"的模式嵌入物理世界，进入复杂的经济系统。另一方面，数字技术将正确的数据（所承载的知识）在正确的时间传递给正确的人和机器，数据流带动技术流、资金流、人才流和物资流重构生产组织，科斯定义的企业和市场的边界范围日趋模糊，跨界发展和产业融合的"破圈效应"越来越普遍。

　　加快构建规范、统一、活跃的数据要素市场体系。一是以国家数据局成立为契机，尽快出台国家层面的数据法或数据要素市场法，对数据的权属、数据的利益分配、数据资产化等进行统一明确和规范，形成合法合规的数据交易和获利机制。二是进一步明确数据要素流通交易中的安全责任边界，减少数据交易中的风险不确定性，促进国有企业和互联网企业等风险敏感度较高的企业和机构参与数据流通交易。三是消除数据交易流通的行业性和地区性壁垒，加快构建包括国家级数据交易所、区域性数据交易中心及行业性数据交易平台的多层次交易机构体系，推动数据的跨行业、跨地域流动与融合，促进全国统一数据要素大市场的构建。四是建立数商资格资质认定、分类分

---

① 周文、叶蕾：《新质生产力与数字经济》，《浙江工商大学学报》2024年第1期。

级标准、风险防控制度及数商信用库，引导市场主体规范流程和提升能力，提高市场透明度。同时进一步明确公共部门在数据要素市场中的角色和行为规范。

（二）加强数字基础设施建设

数字基础设施建设是发展数字经济的前提，因此世界主要经济体均把数字基础设施建设作为产业升级和创新发展的关键。例如，中国全面部署新一代通信网络基础设施，美国提供高速互联网服务，欧盟推进数字网络和服务的部署。例如，欧盟委员会《数字十年政策计划》于2023年1月9日正式生效，该计划明确了2030年欧盟数字化转型的关键领域、目标和愿景，指出要持续推进互联互通、计算和数据基础设施建设，到2030年，所有家庭应实现千兆网络连接，所有人口密集地区应实现5G网络覆盖。2017年的G20汉堡峰会公报《塑造联动世界》充分体现了构建全球数字基础设施、数字政府、数据流动、政策监管等系统化数字生态体系的努力。这些国家对未来数年内基础设施建设的投入都设定了相应目标。

美国政府在2010年推出《释放无限宽带革命》议案，计划了60亿美元的联邦拨款，以支持建设无线宽带公共安全网络，目标到2025年实现500兆赫的商业无线宽带全覆盖，2016年发起"全民联网"宽带，旨在向美国2000万低收入人群提供高速网络服务。英国政府2017年的《英国数字战略》更是拨款4.4亿英镑的经费，用于"打造世界级数字基础设施，使宽带接入变成公民权利，加快网络全覆盖、全光纤和5G建设"。加拿大从2017年开始，连续五年，每年投入3.5亿加元建设28万个家庭的宽带网络。法国政府为扩大宽带网络的覆盖面采用的是对网络资费进行每月35欧元的补贴，还对偏远地区的运营提供额外的运营商补贴。意大利政府在数字经济的基础设施方面的特点是集中投入建设"超级宽带""互联网平台"，联合高校和数字化创新中心，推进多个国家数字竞争力中心建设，使之成为一个连接政府、企业和社会资本的数字枢纽。

"十四五"规划强调"围绕强化数字转型、智能升级、融合创新支撑，布局建设信息基础设施、融合基础设施、创新基础设施等新型基础设施"，为行业间协同发展、深化分工提供支撑。数字基础设施是指反映数字经济特征的新一代信息基础设施建设，涉及5G互联网、人工智能、工业互联网等多个领域，亦是面向经济高质量发展而衍生的创新性基础设施体系。数字基础设施建设可通过数字技术，将高技术产业发展的各类生产要素具体化、动态化地集成于共享网络中。

由此，要素供需端信息匹配的时空限制得以打破，有效加强信息双向反馈效率。在规模上，我国拥有全球规模最大的5G网络基础设施。第52次《中国互联网络发展状况统计报告》数据显示，截至2023年6月，我国累计建成开通5G基站293.7万个，5G移动电话用户达6.76亿户，三家基础电信企业发展蜂窝物联网终端用户21.23亿户。在应用层面，截至2023年4月，我国5G应用已经融入97个国民经济大类中的60个，应用案例数超过5万个，为制造业生产模式、智慧交通、移动支付等领域都带来了深刻的影响。

算力是集信息计算力、网络运载力、数据存储力于一体的新型生产力。海量数据的获取、传输、存储、计算都离不开强大的算力支撑。只有具备足够的算力，才能将数据转化为数字化资产，并通过数据关联和深度挖掘，释放数据价值，形成数据驱动的生产能力。在大模型蓬勃发展及相关应用场景取得突破的背景下，算力正在为产业赋能带来实质性推进，为企业智能化改造和数字化转型提供有力支撑，不断催生新业态、新模式、新应用，进而助力数字技术与实体经济深度融合，成为壮大新质生产力的重要引擎。政府部门应统筹设立智能计算中心、算力枢纽等算力基础设施，推进算网协同、云网融合发展、算力中心绿色低碳化发展，以此发挥算力的集群优势，满足数字产业结构升级对数据存储、分析的巨量需求，强化数字中心可持续发展，推动数字产业结构高级化转型，为加快形成新质生产力提供高水平的算力基础。

算力通过对海量数据的高速计算，使机器开始具备模拟、延展，乃至部分取代人类智力劳动的能力，彻底改变了传统生产要素的组合方式。①工业互联网需要大规模采集和处理来自各种传感器和设备的数据。以智算集群、无损网络、高性能存储为核心的算力加速了数据分析、模拟和建模等工作，并通过图像处理和计算机视觉，提供高性能的控制系统和运动规划，使机器人能够实现复杂的运动轨迹，完成视觉导航、检测和识别物体等任务，提高生产线的灵活性和精度。

同时，算力作为支持计算、数据处理的通用技术，能够对结构化和非结构化数据进行大数据分析，精准预测市场趋势，为新产业、新业态的发展提供计算资源和技术支持。并且，算力支持可扩展的云计算资源、物联网设备的互联和协作、虚拟现实和增强现实、模拟和优化创新产品性能等应用，允许创新创业者构建和部署应用程序，帮助企业节约硬件设备投资成本、建立全联接生态、提高图形和交互体验、推进新产品研发，从而加速新产业新业态的出现和发展。

数字经济的快速发展使人们的生活、生产及国家社会治理方式发生深刻变化，地区之间的数字化水平和算力水平差异也日益显露，因此"东数西算"工程应运而生。2022年，我国启动建设京津冀、长三角、粤港澳大湾区、成渝、内蒙古、贵州、甘肃、宁夏等8个国家算力枢纽节点，并规划了10个国家数据

---

① Mcintosh-Smith, Dr, T., and Dr, N., et al., 2014, "Computing Power Revolution and New Algorithms: Gp-Gpus, Clouds and More: General Discussion", *Faraday Discussions*, 169: 379-401.

中心集群。"东数西算"旨在发挥西部地区的自然优势，建立算力枢纽节点，进行数据的存储和计算，实现东部地区计算需求与西部地区算力资源的有序对接，有效解决数字化转型过程中的矛盾，优化资源配置，加强区域之间数据、算力和资源的高效协同。[①]

将计算任务引导到西部地区，既能够缓解东部地区能源紧张的问题，降低数据中心运营成本；又能够为西部地区提供新的发展机遇，促进数字经济和高技术产业在西部地区兴起，有望为西部大开发吸引更多投资和创新创业机会，促进区域协调发展和可持续发展。同时，打通"数"动脉，将全国各地的计算资源有机连接，实现全国算力一张网的构建，有助于打通要素流通壁垒，实现算力公共服务体系全覆盖，促进各区域共建共享数字经济发展红利。"东数西算"工程是具有前瞻性的战略布局，着眼于优化和整合全国范围内的计算资源，促进算力产业高质量发展。随着算力枢纽节点和数据中心集群等项目的落地，算力产业对区域合作、区域协调发展的促进作用将进一步显现。

作为核心技术底座，数字基础设施凭借互联网、人工智能、大数据等数字技术手段，能够辅助相关主体实现对农业产业的精细化管理与智能化决策，从而提高农业产业生产效率。并且，

---

① 唐卓：《"东数西算"战略布局的重大意义》，《人民论坛》2022年第15期。

农村数字基础设施逐步完善及数字技术的成熟，能够推动农业产业领域全过程、各环节数字化转型，彻底转变农业产业组织体系结构，扩大农业产业经营规模，保障农业产业可持续发展及竞争力提升，为新质生产力注入持续动能。

就产业链协同维度而言，数字基础设施的日益完善能够推动产业链协同发展和信息高效传递，帮助企业依托信息技术与外界进行高效沟通合作，缓解信息不对称，减少企业间沟通成本。这有助于推动企业共建科技创新联合体，建立利益共享、风险共担的开放式协同创新机制，打通研发、生产、试验等创新链条中的堵点，强化技术创新体系建设。[1]就要素配置维度而言，数字基础设施建设能够畅通数据流动循环，打破创新要素供求信息交互的时空限制，在降低创新资源搜索成本和交易摩擦成本的同时，实现创新要素供求双方精准匹配，为提高技术创新效能提供有力支撑。

（三）加快推进数字产业化与产业数字化

中国信息通信研究院的研究表明，我国数字产业化稳步发展，基础进一步夯实，数字产业结构持续优化，软件业和互联网行业占比持续提升。从经济结构来看，数字经济主要包括数字产业化与产业数字化，其中数字产业化是指为产业数字化发

---

[1] 沈坤荣、林剑威、傅元海：《网络基础设施建设、信息可得性与企业创新边界》，《中国工业经济》2023年第1期。

展提供数字技术、产品、服务、基础设施和解决方案，以及完全依赖于数字技术、数据要素的各类经济活动，是数字经济的核心产业。产业数字化则是指数字技术与实体经济的融合。产业数字化的客体是数字技术，主体多是需要提升生产数量与效率的传统产业，主体利用客体对其业务进行升级改造的过程即为产业数字化。[①]

数实融合带动模式依托传统优势产业，通过应用5G、人工智能、大数据等数字技术，将产品研发、生产、销售等过程与数字经济深度融合，推动传统产业转型升级和创新，实现提质降本增效、绿色低碳发展，以智能制造、智能家电、数字安防等产业为代表。在这次数字时代的全球化浪潮中，企业重新界定企业的边界，在供应链和价值链高度碎片化的基础上建立全球生产网络。

例如，数据分析技术领先的上游企业擅长处理海量数据并做出精准预测，而具备丰富行业经验和熟练技工的下游企业则擅长专业化和定制化的服务。价值链上游数字化与下游互补，能够实现任务上的互补，更好地完成特定项目。此外，要素互补还表现在不同行业之间的合作。以数据生产作为主要业务的经济产业发展起来，数字产业与非数字产业间形成了一种新型

[①] 李腾、孙国强、崔格格：《数字产业化与产业数字化：双向联动关系、产业网络特征与数字经济发展》，《产业经济研究》2021年第5期。

的耦合关系。其中，数字产业占据了更加核心的主导地位，能够有效地推动数据整合和产业升级。①

　　产业数字化转型持续向纵深加速发展，成为经济发展的主引擎，数字产业化发展正经历由量的扩张到质的提升的转变。产业互联网不是把线下的产业链、供应链和价值链简单地搬到线上，而是借助数字化技术和互联网重新塑造它们原有的关系，优化资源配置、再造流程。特别是还要把数据作为要素，赋能每一个流程和环节，从而创造新的价值链关系，甚至会拓展价值链形成的空间。②变革的核心在于工业、工业产品和服务的全面交叉渗透。这种渗透借助软件，通过在互联网和其他网络上实现产品及服务的网络化而实现。新的产品和服务将伴随这一变化而产生，从而改变整个人类的生活和工作方式，尤其是改变了人类与产品、技术和工艺之间的关系。③

　　面向未来，国际竞争格局的不断重构迫切需要我国解决高端芯片、软件等产业链关键技术环节存在的问题，利用好"双循环"发展格局下我国超大规模市场的优势，推动数字经济的快速发展。这就需要重视产业发展中的基础研究和关键共性技

---

　　① 郑江淮、杨洁茹：《产业数字化发展路径：互补性、动态性与战略性》，《产业经济评论》2024年第2期。

　　② 张军：《大国经济：中国如何走好下一程》，浙江人民出版社2022年版，第88页。

　　③〔德〕乌尔里希·森德勒主编：《工业4.0：即将来袭的第四次工业革命》，邓敏等译，机械工业出版社2016年版，第2页。

术、前瞻技术、战略性技术研究，围绕高端核心器件、新型光子材料、制备工艺和基础软件，构建全面布局、自主可控、合理分工的高端核心产业集群。在夯实基础产业支撑能力的基础上强化传感传输网络、数字存储及计算能力、数据资源体系等产业关键核心环节的建设，提升以云计算、边缘计算、量子计算、类脑计算等为代表的新型基础设施的建设水平，打造互联互通、经济适用、自主可控的分布式与智能化信息基础设施体系，推动人工智能、区块链等前沿赋能技术的突破，强化产业带动能力，支撑数字经济与实体经济融合发展。[①]

数字经济以网络化方式提高了传统生产要素配置的活跃程度和配置效率，驱动创新资源应用于产业链各环节，将数据集成、平台赋能等驱动因素融入农业、工业及服务业之中，促进产业链供应链融合融通、延伸拓展。例如，平台经济、直播带货为农业、工业、服务业注入了新的活力，为产品的生产和销售提供了新的思路。与此同时，在国内大市场优势持续赋能下，以大数据、云计算等新一代信息技术为着力点，建立功能强大的金融、教学、医疗等现代服务业，亦可以增强制造业、农业领域对外开放程度，实现现代服务业与实体经济的有效融合，进一步助力以战略性新兴产业和未来产业为代表的新制造，以

[①] 洪银兴、任保平：《数字经济与实体经济深度融合的内涵和途径》，《中国工业经济》2023年第2期。

高附加值生产性服务业为代表的新服务，以及以全球化和数字化为代表的新业态健康发展，从而加快形成新质生产力。

与传统产业集聚相比，数字产业集聚具有实时交互、泛在连接、相互依存、共同演化特性，可发挥合作效应与内部竞争效应，助力企业突破创新"低端锁定"格局，加快形成新质生产力。合理引导数字产业集聚，有助于推动产业链上下游网络化协作和跨产业链合作，提高聚集区内研发方向的投入产出比，打造"创新驱动—产出增长—价值链水平提升"的良性循环，支撑经济高质量发展。德国在"工业4.0"行动中，通过支持优秀集群的战略发展，从区域性创新潜力到长期性经济附加值的转化将得到增强，支持最有能力的数字制造业集群进入国际顶尖行列。

产业集群同样有助于区域内产业分工的实现。马克思恩格斯指出："一个民族的生产力发展的水平，最明显地表现于该民族分工的发展程度。任何新的生产力，只要它不是迄今已知的生产力单纯的量的扩大（例如，开垦土地），都会引起分工的进一步发展。"[①]数字产业本身属于技术和资本密集型产业，迫切需要以低成本获取更多知识、创新要素资源。数字产业集聚可锻造多参与主体、高技术密集度、复杂数字产品结构的产业链条，吸引大量产业链上下游与支撑性企业形成较小空间尺度上

---

① 《马克思恩格斯文集》（第一卷），人民出版社2009年版，第520页。

的高密度集聚，有助于促进知识流动与专业化分工，从而加快形成新质生产力。①

（四）平台经济反垄断治理

尼古拉·尼葛洛庞帝在《数字化生存》一书中指出："每一种技术或科学的馈赠都有其黑暗面，数字化生存也不例外。"②阿尔温·托夫勒在《权力的转移》中同样认为："权力正在向信息拥有者手中转移，拥有网络上信息强权的人和国家，旋转着未来世界政治经济格局的魔方。"③平台经济凭借技术特性、组织类型加剧了资本垄断竞争，导致全球生产链和劳动力市场的重构。数字经济时代平台流量垄断和市场垄断的基础是数据垄断。只有明确数据的产权归属、规范数据保护和共享的体制机制，促进数据在保护中应用、在共享中发展，才能奠定数字经济治理的基础。④

首先是寡头垄断干扰市场价格，抑制中小企业创新。平台寡头垄断通过扭曲市场价格，排挤中小平台或非平台经济，扰

① 赵放、徐熠：《以数字经济高质量发展助推中国式现代化建设：作用机理、现实困境与解决途径》，《马克思主义与现实》2023年第5期。

② 〔美〕尼古拉·尼葛洛庞帝：《数字化生存》，胡泳等译，海南出版社1997年版，第2页。

③ 〔美〕阿尔温·托夫勒：《权力的转移》，周敦仁等译，四川人民出版社1992年版，第105页。

④ 周文、施炫伶：《中国式现代化与数字经济发展》，《财经问题研究》2023年第6期。

乱资源合理配置和经济正常秩序，阻碍新技术、新业态和新模式的创新。[①]一方面，大型互联网平台企业占据巨大市场份额，拥有市场强势地位，易引发操纵市场、损害市场结构、破坏效率和公平行为。平台资本借助垄断优势迅速进入各个领域，压缩中小企业的发展机会，不利于行业良性生态和多元发展。另一方面，取得绝对市场优势地位的平台企业利用技术优势和市场支配地位，通过排他性的准入标准抑制新进竞争者、构建自身利益最大化的生态"闭环"，不仅可能扼杀很多创新行为，也可能损害消费者和中小企业利益，甚至历史上的"大型公司诅咒"也可能会在互联网领域得到应验。

其次是导致社会收入分配严重失衡。平台垄断产生的财富效应加剧市场经济的贫富两极分化，损害社会公平正义。一方面，平台垄断快速集聚的社会财富与普通民众收入低下、长期停滞不前形成冲突，收入分配不平等加剧，贫富分化严重，不利于可持续发展。另一方面，消费者福利和生产者福利有可能被平台掠夺。正常来说，消费者、生产者都能享受数字经济时代的科技便利和社会福利，但如果遇到"大数据杀熟"、电商平台利用垄断地位要求商家"二选一"等行为，新创造的社会剩余中本该由消费者、生产者获取的那一部分就会被平台掠

---

① 周文、韩文龙：《平台经济发展再审视：垄断与数字税新挑战》，《中国社会科学》2021年第3期。

去，其结果就是科技创新带来的社会福利增长最终都被平台占有了。[1]

最后是存在数据集中的风险。互联网平台的数据成为有价值的商品，数据垄断对经济社会的影响力不断抬升。当前，数据市场存在很大问题，我们正在以有意无意的个人信息数据为代价换取平台提供的服务。平台以各种隐蔽手段过度收集相关数据，过度开发消费者行为和企业行为数据，不仅可能损害用户、中小企业利益，还可能涉及国家安全。数据成为平台巨头的核心资产，一些平台企业将数据视为私产，试图建立数据壁垒。尤其是资本借助平台垄断数据后可能希望将数据和流量利益最大化，通过分析锁定、市场支配地位、用户分类歧视性定价，进而产生无序扩张的冲动，甚至影响经济安全和网络安全。[2]

一方面，明确数据的产权归属和保护是推动数字经济健康有序发展的前提条件。数据根据不同用途可分为商业数据和非商业数据。其中，非商业数据一般是指公共部门负责统计的、与公共服务相关的数据，以及公共部门内部运行的数据。这部

---

① 周文、刘少阳：《平台经济反垄断的政治经济学》，《管理学刊》2021年第2期。

② 周文、叶蕾：《数字经济与中国式现代化：理论逻辑和实践路径》，《消费经济》2023年第5期。

分公共数据不具有排他性和明确产权归属。①而关于商业数据，学界目前仍在探索数据产权的归属和界定问题，根据个人用户是数据创造者而主张产权归个体用户所有，或是根据平台是数据使用价值的开发和实现者而主张产权归平台企业所有。因此，需要在推动数据分类分级的基础上，探索符合数字经济特征的产权实现方式。完善数据产权相关法律体系，健全数据归谁所有、数据如何交易、使用和管理、数据安全如何保护的完善的数据产权政策。

此外，数据收集的隐蔽化和数据使用的黑箱化要求建立分类治理的数据保护机制。一是强调个人原始数据的隐私权保护。通过制定出台《中华人民共和国个人信息保护法》《中华人民共和国数据安全法》形成有效的隐私保护和防止数据非法采集、流通和滥用的法律保障体系，体现了个人用户对隐私数据的自决权，有利于增进消费者信心和数据平台发展的可持续性。二是强调商业数据的财产权保护，为企业投资创新性数据开发提供激励和保护，不仅有利于进一步释放数据增长潜能，而且有利于数据市场主体的交易行为和交易规则，是培育数据市场、促进数据要素优化配置和价值实现的重要抓手。

另一方面，建立和完善数据共享机制是扩大数据使用价值

---

① 宋冬林、孙尚斌、范欣：《数据在我国当代经济领域发挥作用的政治经济学分析》，《学术交流》2021年第10期。

实现范围的重要手段。一是公共数据在不同部门之间的共享有利于打破"数据孤岛"，加强公共部门间的协同合作，提高数字经济治理能力。二是合理的数据共享机制有利于打破超大型平台的数据垄断。由于数据收集后使用的边际成本为零，有学者提出建立公益性的数据共享机制，甚至类似合作社机制的平台合作主义。①随着数字经济的发展，健全各类数据的开放管理机制，形成高效流动、开放和共享的数据共享机制，有利于在更大范围、更高水平上提高数据开发利用水平。

创新反垄断治理方式，形成有效的政府监管模式。从生产方式变革推进生产关系调整来看，要坚持推动数字经济发展和完善监管规范两手抓、两手都要硬，促进数字技术成为构建和谐劳动关系和产业关系的有力推手。要防止数字平台垄断和资本无序扩张，保护数字经济从业人员和广大消费者的切身权益。在平台治理过程中，针对因为不正当竞争和垄断导致消费者和平台劳动者权益受损失等问题，应该通过完善监管体系、倡导企业承担社会责任等加以纠正。②加快推进平台经济的双重监管体系建设，政府在包容审慎监管的基础上，互联网平台应做好

---

① Bradley, K. and Pargman, D., 2017, "The Sharing Economy as the Commons of the 21St Century", *Cambridge Journal of Regions Economy and Society*, 10（2）：231-247.

② 黄益平主编：《平台经济：创新、治理与繁荣》，中信出版社2022年版，第47页。

守门人角色，严控经营者资质信息审核，做好信息规制和数据安全建设，实现与政府监管部门信息共享。

维护平台生态系统，促进平台经济有序、良性竞争。在市场本身无法解决竞争失序的情况下，政府应当积极作为，主动出手维护平台生态系统的健康发展。数字技术的迭代发展非常快，平台经济的竞争同样具有强烈的动态特征。平台经济新业态的发展日新月异，政府的反垄断治理也需要有动态视野，要根据平台经济发展变化的趋势适时地调整治理模式，保证治理的有效性。此外，反垄断治理的目标也应当是多元的。政府的反垄断治理既有促进平台生态良性发展的目标，也有维护市场参与者利益的目标，不仅要维护消费者的利益，还要兼顾劳动者、企业等其他市场主体的利益。政府需要整体考量，在治理过程中权衡取舍，实现治理效能的最大化。①

三、推动建设新型经济全球化

（一）以高水平对外开放推动世界生产力再上新台阶

支撑经济全球化的经济基础在本质上是生产力的发展。"历

---

① 周文、何雨晴：《平台经济反垄断的政治经济学审视》，《财经问题研究》2021年第7期。

史地看，经济全球化是社会生产力发展的客观要求和科技进步的必然结果，不是哪些人、哪些国家人为造出来的。"①大航海时代开启了经济全球化的历史，从殖民扩张和世界市场形成到两个平行世界市场再到经济全球化，其根本动力在于生产力的发展进步。反过来，经济全球化的发展又为世界生产力的提高提供了丰富的生产资料。②

习近平多次强调，中国对外开放的大门不会关上，只会越开越大。③中国将实行更加积极主动的开放战略，推进更高水平开放，创造更全面、更深入、更多元的对外开放格局。党的二十大报告强调："推进高水平对外开放……稳步扩大规则、规制、管理、标准等制度型开放……加快建设贸易强国……推动共建'一带一路'高质量发展……维护多元稳定的国际经济格局和经贸关系。"④

开放是当代中国的鲜明标识。以开放促改革、促发展是我

---

① 习近平：《共担时代责任 共促全球发展——在世界经济论坛2017年年会开幕式上的主旨演讲》，《人民日报》2017年1月18日。

② 吴志成：《经济全球化演进的历史逻辑与中国的担当作为》，《世界经济与政治》2023年第6期。

③ 习近平：《开放共创繁荣 创新引领未来——在博鳌亚洲论坛2018年年会开幕式上的主旨演讲》，《人民日报》2018年4月11日。

④ 习近平：《高举中国特色社会主义伟大旗帜 为全面建设社会主义现代化国家而团结奋斗——在中国共产党第二十次全国代表大会上的报告》，人民出版社2022年版，第32~33页。

国现代化建设不断取得新成就的重要法宝。特别是党的十八大以来，中国实行更加积极主动的开放战略，构建面向全球的高标准自由贸易区网络，加快推进自由贸易试验区、海南自由贸易港建设，共建"一带一路"成为深受欢迎的国际公共产品和国际合作平台。我国成为140多个国家和地区的主要贸易伙伴，货物贸易总额居世界第一，吸引外资和对外投资居世界前列，形成更大范围、更宽领域、更深层次对外开放格局。

所谓高水平对外开放，就是促进深层次改革的开放，推动高质量发展的开放，服务构建新发展格局的开放，满足人民美好生活需要的开放，与世界互利共赢的开放，统筹发展和安全的开放。推进高水平对外开放是全面建设社会主义现代化国家的重要内容，是构建新发展格局、实现高质量发展的强大动力和重要支撑。

中国的发展惠及世界，中国的发展离不开世界。我们要扎实推进高水平对外开放，既用好全球市场和资源发展自己，又推动世界共同发展。①作为世界第二大经济体和全球产业链的主要核心，中国更高水平对外开放的要义在于国内国际的制度互动，一方面适应全球的市场化要求，不断推进国内管理制度优化；另一方面以领先的经济治理理念与成功经验进行制度供

---

① 习近平：《在第十四届全国人民代表大会第一次会议上的讲话》，人民出版社2023年版，第5页。

给，引领全球化走向更高水平。"当前，世界经济复苏动力不足，需要各国同舟共济、共谋发展。中国将始终是世界发展的重要机遇，将坚定推进高水平开放，持续推动经济全球化朝着更加开放、包容、普惠、平衡、共赢的方向发展。"①习近平向第六届中国国际进口博览会的致信鼓舞人心，再次向世界宣示中国坚定推进高水平开放、持续推动经济全球化的决心。"世界好，中国才会好；中国好，世界会更好。"在中国式现代化国家新征程上，中国加快构建新发展格局，不断以中国新发展为世界提供新机遇。

过去10多年，中国对世界经济增长的年平均贡献率超过30%。2024年以来，中国经济保持回升向好态势。中国具有社会主义市场经济的体制优势、超大规模市场的需求优势、产业体系配套完整的供给优势、大量高素质劳动者和企业家的人才优势。中国经济韧性强、潜力大、活力足，长期向好的基本面没有改变，为保障产业链供应链安全畅通、推动世界经济复苏进程走稳走实做出了突出贡献。

目前，中国成功举办第三届"一带一路"国际合作高峰论坛，为促进全球互联互通、构建开放型世界经济注入新动力。中国坚持高水平实施《区域全面经济伙伴关系协定》，主动对接《全面与进步跨太平洋伙伴关系协定》和《数字经济伙伴关系协

---

① 《习近平向第六届中国国际进口博览会致信》，《人民日报》2023年11月6日。

定》高标准经贸规则，积极推动加入两个协定进程，同各方共绘开放发展新图景。实践充分证明，中国不断扩大对外开放，不仅发展了自己，也造福了世界。

表9-2　世界主要国家经济增长率和对世界经济增长的贡献率（%）

国家	经济增长率			对世界经济增长的贡献率		
	2013年	2021年	2013—2021年平均增长率	2013年	2021年	2013—2021年平均贡献率
中国	7.8	8.1	6.6	35.7	24.9	38.6
美国	1.8	5.7	2.0	16.1	23.0	18.6
日本	2.0	1.6	0.4	4.4	1.5	0.9
德国	0.4	2.9	1.0	0.7	2.1	1.8
英国	1.9	7.4	1.4	2.7	4.5	2.1
印度	6.4	8.9	5.4	5.6	4.7	5.8
法国	0.6	7.0	0.9	0.7	3.5	1.1
意大利	-1.8	6.6	0.0	-1.8	2.4	0.0
加拿大	2.3	4.6	1.5	1.8	1.5	1.2
韩国	3.2	4.0	2.6	2.2	1.4	2.0

资料来源：WDI数据库。

面对当前世界生产力整体发展水平与总体布局的矛盾，以及新一轮科技革命和产业变革深入发展的历史机遇，中国以高水平对外开放促进全球生产力再提高。现代基础设施建设已经成为一国资源开发、经济社会发展的基础和前提。共建"一带一路"国家人口众多，多数国家基础设施建设落后。通过共建"一带一路"，成立亚投行与丝路基金提供金融支持，以基础设施互联互通为着力点与突破口，逐步建设连接亚洲内部及亚欧之间的立体基础设施网络，促进广大发展中国家工业化进程的推进和总体生产力水平的提升。

马克思指出，工业文明时代的世界历史已经摆脱了纯粹地域的状态而成为真正的历史，"每个文明国家以及这些国家中的每一个人的需要的满足都依赖于整个世界"①。世界各国呈现高度分工协作、广泛经贸往来和深度利益交融的客观态势，互利、共赢、包容、平等的发展浪潮织就经济全球化的鲜明底色，"逆全球化"的些许"浊浪"难以阻挡经济全球化的浩荡大潮，尽管当前全球化看似面临种种困境，但从更为深层的视角来看，全球价值链与供应链已愈发将各个国家联结成为一个经济统一体。

面对当前世界生产力整体发展水平与总体布局的矛盾，以及新一轮科技革命和产业变革深入发展的历史机遇，中国通过充分利用国内国际两个市场、统筹两种资源、实行内外发展的双向循环，以高水平开放促进高质量发展，既通过共建"一带一路"倡议促进广大发展中国家基础设施的改善、工业化进程的推进和总体生产力水平的提升，促进发展中国家工业化进程和生产力的加速度发展，从整体上改善全球生产力发展缓慢和布局失衡的状况；又通过深化自主创新和国际合作，积极参与

---

① 《马克思恩格斯文集》（第一卷），人民出版社2009年版，第566页。

新一轮科技革命和产业变革，以数字化智能化技术助推前沿技术和颠覆性技术突破，加快形成新质生产力，推动生产力以更高质量发展。

加快形成新质生产力，既需要自力更生，又需要高水平对外开放。在国家层面，要积极开展高水平、高起点的国际科研合作，倡导常态化、多元化的科技创新对话机制，积极参与国际性技术创新联盟建设，主导或发起国际大科学计划，支持国际学术组织在华设立总部或分支机构。[①]在企业层面，科研领军型企业要积极设立海外创新机构，加强与重点领域创新大国和关键小国的战略合作，深度融入全球性研发网络。通过积极融入全球创新网络，充分利用全球创新资源，使我国日益成为全球创新资源的集聚地，在更高的起点上推进自主创新。

新征程上，中国将坚持对外开放的基本国策，坚定奉行互利共赢的开放战略，不断以中国新发展为世界提供新机遇，深化合作助力发展中国家工业化进程，深度参与全球科技竞争和重塑全球创新版图，推动建设开放型世界经济，更好惠及各国人民。展望未来，一个更加开放的中国，将同世界形成更加良性的互动，推动世界生产力再上新台阶。[②]

---

① 方维慰：《中国高水平科技自立自强的目标内涵与实现路径》，《南京社会科学》2022年第7期。

② 周文：《构建人类命运共同体：推进新型经济全球化的中国方案》，《国家治理》2024年第6期。

（二）加强国际科技合作，融入全球创新网络

实践证明，我国既是科技开放合作的参与者、受益者，也是贡献者、推动者，中国的科技发展越来越离不开世界，世界的科技进步也越来越需要中国。在经济全球化深入发展的大背景下，创新资源在世界范围内加快流动，各国经济科技联系更加紧密，任何一个国家都不可能孤立依靠自己的力量解决所有创新难题。人类社会比以往任何时候都更需要国际合作和开放共享，共同应对时代挑战，共同促进和平发展。

习近平强调："要深度参与全球科技治理，贡献中国智慧，塑造科技向善的文化理念，让科技更好增进人类福祉，让中国科技为推动构建人类命运共同体作出更大贡献！"①一段时间以来，一些国家总想对我国实行"脱钩断链"，构筑"小院高墙"，把经济、科技问题政治化、武器化，阻断正常的科技、人文交流。站在历史的十字路口，针对经济全球化遭遇逆流的冲击和挑战，世界各国要继续倡导合作、共赢、团结、包容的开放精神与理念，携手打造开放、公平、公正、非歧视的科技发展环境，向着构建人类命运共同体目标不懈奋进，开创人类更加美好的明天。

习近平指出："国际科技合作是大趋势。我们要更加主动地

---

① 习近平：《在中国科学院第二十次院士大会、中国工程院第十五次院士大会、中国科协第十次全国代表大会上的讲话》，《人民日报》2021年5月29日。

融入全球创新网络，在开放合作中提升自身科技创新能力。"①目前，我国已经和160多个国家和地区建立了科技合作关系，签署了117个政府间科技合作协定，在平方公里阵列射电望远镜（SKA）、大亚湾核反应堆中微子实验、第二次青藏高原综合科学考察研究、黑洞探测等重大国际科技合作项目中做出重要贡献，创新开放的"科技朋友圈"越来越大。通过签署《中欧科技协定》、启动"中国—中东欧国家科技创新伙伴计划"、制定《金砖国家科技创新框架计划》等，开展了一系列科技合作项目。通过中德科学机构领导人定期会晤、中英高层战略会、中日韩科研资助机构领导人会议、中欧科技政策和战略高层论坛、中国—北欧跨学科研究资助政策研讨会等，构建了与重要伙伴的战略性交流机制，有力促进了多边科技合作。

2023年11月，在首届"一带一路"科技交流大会上，中国首次提出《国际科技合作倡议》，倡导并践行开放、公平、公正、非歧视的国际科技合作理念，坚持"科学无国界、惠及全人类"，携手构建全球科技共同体。《国际科技合作倡议》包括坚持崇尚科学、创新发展、开放合作、平等包容、团结协作、普惠共赢等六方面具体内容，如完善全球科技治理，加强知识产权保护；加强全球科技创新协作，共建全球创新网络；坚持科技创新人员和资源等在全球范围内自由流动，加强人才交流

---

① 习近平：《在科学家座谈会上的讲话》，《人民日报》2020年9月12日。

合作；倡导各个国家和科学研究实体平等参与国际科技合作；加强科技创新主体深度协作、互学互鉴；探索互利共赢的全球科技创新合作新模式，促进科技创新成果互惠互享等。

在合作平台上，积极为各类创新主体和创新人才搭建国际科技合作平台，涵盖国际科技创新园、国际联合研究中心、示范型国际科技合作基地、国际技术转移中心等，强化资源共享与优势互补，联合攻关解决共建国家在发展中面临的重大挑战和问题，有效提升共建国家的科技创新能力。在合作方式上，从被动融入到主动构建、从政府主导到多元主体、从飞地研发到本土合作、从技术并购到网络融合，不断激发国际科技合作的动能和潜力，强化国际科技合作的要素赋能，高层次人才国际流动速度加快，高水平科技服务保障水平更高，高质量金融服务支撑能力更强。在合作渠道上，试点设立了面向全球的科学研究基金，支持外籍科学家领衔和参与国家科技计划，启动"一带一路"国际科技组织合作平台建设项目，多样化的合作途径有力促进了创新要素的开放流动。①

党的二十大报告同样指出，要统筹推进国际科技创新中心、区域科技创新中心建设。国际科技创新中心是全球创新版图的重要组成部分，是建设世界科技强国、实现高水平科技自立自

---

① 周长峰、董晓辉：《以全球视野谋划和推进科技创新》，《红旗文稿》2023年第23期。

强的重要载体。"十四五"规划纲要还提出，支持北京、上海、粤港澳大湾区形成国际科技创新中心，建设北京怀柔、上海张江、粤港澳大湾区、安徽合肥综合性国家科学中心，提高北京科技创新中心基础研究和原始创新能力，推动京津冀产业链和创新链的深度融合。

在18世纪60年代到20世纪50年代的三次工业革命中，伦敦率先建成全球科技创新中心，美国和德国而后形成全球科技创新中心两大阵营，波士顿与硅谷地区也同样成为全球重要的科技创新中心。这些国家和城市皆是通过建立世界创新资源的集聚中心和创新活动的控制中心，逐渐发展成为全球技术变革的引领力量，并推动新型生产力的快速发展。从20世纪50年代开始，我国大规模引进国外先进技术和设备，逐步填补技术领域空白并完善技术体系，实现后发国家技术赶超。

进入新时代以来，我国不断向科学技术广度和深度进军，以自主创新先发优势引领高质量发展。与此同时，随着全球价值链的分工深化，创新要素在全球范围内实现充分流动和优化配置，科技创新也不断突破地域、组织、技术的界限，演化为创新体系的竞争，创新战略竞争在综合国力竞争中的地位日益重要。我国必须因时制宜、顺势而为地建设国际科技创新中心，抓住新一轮科技革命和产业变革的关键契机，加快释放新质生产力。①

因地制宜，发挥优势。北京可以发挥高层次人才云集及创新高质量发展的核心优势，发挥中关村国家自主创新示范区的主阵地作用，以及运用"三城一区"的主平台功能，率先建成世界主要科学中心和创新高地。上海可以发挥国际化程度不断提高和创新成果"原产地"属性加强等动态优势，依托上海自贸区等国际化创新载体，推动全球创新资源、世界顶尖技术平台及研发机构集聚，建设具有全球影响力的科技创新中心。粤港澳大湾区可以发挥三地科技创新各有所长、优势互补的独特优势，依托国家自主创新示范区集群等创新载体，打造具有全球影响力的科技和产业创新高地，加速抢占新一轮科技创新高地。京津冀、长三角、粤港澳大湾区还要扩大区域创新合作交流范围，健全区域创新体系，并培育开放的创新生态，推动协同创新共同体建设。

（三）推动构建人类命运共同体

传统的全球化以形成于资本主义市场经济的新自由主义思想作为指导，更放大了经济危机在全球层面发生的可能性和破坏力。具体体现在国家层面上，发达国家以跨国资本为桥梁、以利润为中心、以输出自由主义思想和经济政策为手段，在一

---

① 韩喜平、马丽娟：《发展新质生产力与推动高质量发展》，《思想理论教育》2024年第4期。

些发展中经济体内部攻城略地，尽最大可能地提取剩余，造成很多发展中国家持续"失血"，使得这些发展中国家在本国内部资本难以积累的同时，在世界市场上的购买力也始终不足。这种情况与资本主义经济体内部经济危机产生的原因是极为类似的，最终的结果也必然是导致世界市场上的购买力不足，而生产过剩爆发世界级经济危机，伤害到世界经济的和谐与稳定。

当前作为世界百年变局下大国权力博弈及西方国家宣扬"文明冲突论"的直接结果，西方文明与非西方文明间"二元格局"正深刻挑战由不同文明主体驱动的开放式互动格局，这既无视世界市场存在的发展鸿沟与低端锁定等现实问题，也无法为人类文明进步提供正确指引。西方主导的全球治理体系不公正不合理性凸显，暗藏着霸权主义色彩、对立主义思维和西方中心主义的意识形态，也没有动态反映全球经济结构的变化和世界经济格局的变动，特别是发展中国家关于发展议题的呼声和诉求没有得到应有重视，全球治理体系的代表性和包容性不够。

新自由主义所主导的全球生产关系已经严重阻碍了全球生产力的发展，突出表现为全球生产社会化与生产资料为国际垄断资本集团所垄断的矛盾；国际垄断资本所主导的全球社会上层建筑也严重阻碍全球生产关系的调整变革，西方发达国家集团继续维持主导不公正、不合理的国际政治经济秩序。新自由主义全球化已经深陷困境而无法自拔，资本主义全球化进程也正在迎来自我的否定与终结。新自由主义全球化正在缓缓落幕，人类命运共同体应运而生。①

中国是世界上唯一一个没有通过殖民、战争实现了全面复兴的国家，也就是说，中国对西方的超越完全是自身的一个超越，不是通过打压其他国家来实现的，是一种和平的发展道路，对其他国家没有任何威胁，这与历史上的英国、美国是不一样的。中国是世界历史的最大参与者②，中国现在提出构建人类命运共同体，把中国的发展经验共享给全世界，让更多的发展中国家搭上中国经济社会发展的快车。在此背景下，作为负责任的发展中大国，中国共产党从人类共同命运和整体利益出发，提出构建人类命运共同体，建设一个持久和平、普遍安全、共同繁荣、开放包容、清洁美丽的世界，为人类未来勾画了新的美好愿景。

党的二十大报告进一步指出："构建人类命运共同体是世界各国人民前途所在。万物并育而不相害，道并行而不相悖。"③中国共产党倡导缩小并消除发展鸿沟，实现全球发展红利分配

---

① 周文：《人类命运共同体的政治经济学意蕴》，《马克思主义研究》2021年第4期。

② 〔美〕格雷厄姆·艾利森：《注定一战：中美能避免修昔底德陷阱吗?》，陈定定等译，上海人民出版社2019年版，第23页。

③ 习近平：《高举中国特色社会主义伟大旗帜 为全面建设社会主义现代化国家而团结奋斗——在中国共产党第二十次全国代表大会上的报告》，人民出版社2022年版，第62页。

的公平正义。中国共产党呼吁世界各国政党与政治组织，携手应对国际市场"马太效应"愈演愈烈的挑战，客观承认与严肃对待世界市场存在的发展鸿沟与低端锁定等现实问题，更多倾听与关注世界后发国家和各国贫困人民的诉求，进而平衡世界南北格局，提高世界上发展中国家与广大劳动者在参与全球化红利分配时的话语权和份额，推动构筑更加公正对等、和平稳定与共治共享的国际政治经济新体系。

中国是履行应对气候变化承诺的坚定践行者，持续不懈用实际行动和实实在在的进展和成效书写绿色发展这道题的"中国答案"。过去10多年，中国已经发展成为全球最大的新能源装备制造和新能源利用大国。根据国际可再生能源署的数据，2023年，全球可再生能源新增装机容量中，中国的贡献超过一半，为全球可再生能源发电增长做出了巨大贡献。同时，中国风电、光伏产品已经出口到全球200多个国家和地区，帮助这些国家和地区特别是广大发展中国家获得清洁、可靠、用得起的能源。中国在大力推动国内新能源产业发展的同时，不断加强国际合作。中国企业海外新能源投资涵盖风电、光伏发电、水电等领域，有力支撑了相关国家和地区绿色转型和绿色产业的发展。在装备制造方面，目前中国已培育出一批国际一流能源装备制造企业，全球前5家风电整机企业中有4家是中国企业，前10家电动汽车电池制造商里有6家是中国企业，成为稳定全球清洁能源产业链供应链的重要力量。

恩格斯认为，人类社会发展是"合力"作用的结果，"每个意志都对合力有所贡献，因而是包括在这个合力里面的"①。在各国相互依存日益紧密的今天，全球供应链、产业链、价值链紧密联系，各国都是全球合作链条中的一环，日益形成利益共同体、命运共同体。世界已经处于"超级互联"状态。"相互依存"是全球化和技术进步的结果。世界大重构并最终繁荣发展的绝对前提是国家内部和国家之间加强协调与合作。②人类命运共同体是破解资本主义全球化的难题与困境，变革原有的世界政治经济秩序，建设更加公正合理的国际政治经济秩序。人类命运共同体是变革原有资本主义全球化模式，构建开放、包容、普惠、平衡、共赢的全球化，构建新型全球生产关系的中国方案。人类命运共同体是促使生产关系与生产力协调一致，推动全球生产力更快更高发展的中国理念。

推动构建人类命运共同体是对过去500年来西方全球化的历史经验和教训的深刻反思和全面总结，是推进经济全球治理和世界经济合作的新理念、新模式。推动构建人类命运共同体概念的提出产生了两个重要的贡献：一方面揭示了当前全球化过程中以新自由主义作为指导思想所产生的一些负面问题，诸如南南问题、发展两极化问题不但没有缩小，而且正在变得日益

---

① 《马克思恩格斯选集》（第四卷），人民出版社2012年版，第606页

② 〔德〕克劳斯·施瓦布、〔法〕蒂埃里·马勒雷：《后疫情时代：大重构》，世界经济论坛北京代表处译，中信出版社2020年版，第171页。

严重；另一方面，推动构建人类命运共同体所展示出的新型全球经济治理观，可以更好改变原有全球化发展趋势，引导新型全球化走向更公平、更和谐的发展道路。

无论是稳定全球价值链体系，还是形成新的贸易组织和贸易关系，都离不开强大的国家治理能力。中国共产党具备世界一流的制度创设与制度创新能力，也具备世界一流的治理体系与治理能力。中国共产党胸怀造福世界的实践使命，顺应世界历史发展潮流与世界人民向往美好生活的价值追求，积极抵抗逆全球化"浊浪"，坚定捍卫经济全球化的立场，贡献引领新型全球化的中国力量，积极推动世界共同开放，"引导好经济全球化走向"①。

小结

尽管世界各国的现代化呈现多样化的表现形式，但就其本质而言，现代化在长期历史过程中遵循着生产力发展的自我逻辑。②从西方国家的现代化进程中可以看到，经济增长是各国

---

① 周文、李超：《中国共产党推进新型经济全球化的宏大视野、使命担当和核心理念》，《学术研究》2022年第2期。

② 周文、唐教成：《西方现代化的问题呈现与中国式现代化的创新发展》，《中国高校社会科学》2023年第6期。

迈入现代化的突出标志，而经济增长的根本原因是生产力的发展。马克思指出："发展社会劳动的生产力，是资本的历史任务和存在理由。"①生产力的发展主要表现为落后的生产方式被新的生产工具和手段所取代。②18世纪蒸汽机的改良和广泛运用使机器生产代替手工劳动，推动人类社会逐渐从农业社会向工业社会转型；20世纪四五十年代电子计算机的发明和应用实现了生产的自动化，引领人类社会从工业社会迈入了信息社会。可见，随着现代的、先进的生产力不断替代过去传统的、落后的生产力，人类社会逐渐走向了现代化。

回顾中国式现代化的发展历程可以看到，生产力的持续发展是中国式现代化的突出特征，并且科技创新始终是推动发展的不竭动力，是提升社会生产力的关键因素。当今世界，正处在一个大变革、大调整的时代，新一轮科技革命和产业变革正在孕育兴起。新质生产力是以科技创新为主导、实现关键性、颠覆性技术突破而产生的生产力。③加快形成和发展新质生产力符合社会生产力发展的规律，是传统生产力实现的又一次生产力的跃迁，是中国式现代化的必然选择。

新质生产力是引导我国未来经济社会高质量发展的重要力

---

① 《马克思恩格斯文集》（第七卷），人民出版社2009年版，第288页。
② 周文：《中国道路：现代化与世界意义》，浙江大学出版社2021年版，第129页。
③ 周文、许凌云：《论新质生产力：内涵特征与重要着力点》，《改革》2023年第10期。

量，是产业结构升级和经济发展方式转变的关键，要通过统筹协调、相互支撑、集聚式发展。提高创新能力不仅在于技术本身的进步，更在于创新体制的进步。①形成政府机制与市场机制双向嵌入、集中化与扁平化有机融合的技术创新模式，最终服务于新质生产力建设。当前，中国正加快形成新质生产力，这一过程不是独善其身的"专车"，而是世界生产力共同发展的"顺风车"。中国正通过推进高水平对外开放，深化合作助力发展中国家工业化进程，并深度参与全球科技竞争和重塑全球创新版图，从整体上调节全球生产力发展失衡的状况，推动世界生产力发展再上新台阶。

---

① 郑永年：《大变局中的机遇：全球新挑战与中国的未来》，中信出版社2021年版，第72页。

主要参考
文献

PRODUCTIVITY

一、经典文献

1.《马克思恩格斯文集》（第一、二、五、八、十卷），人民出版社2009年版。

2.《马克思恩格斯选集》（第一、三、四卷），人民出版社2012年版。

3.《共产党宣言》，人民出版社2018年版。

4.《资本论》（第一卷），人民出版社2018年版。

5.《列宁全集》（第23卷），人民出版社1990年版。

6.《列宁全集》（第38卷），人民出版社1986年版。

7.《毛泽东文集》（第三、六、七、八卷），人民出版社1996年版。

8.《周恩来选集》（下卷），人民出版社1984年版。

9.《邓小平文选》（第二卷），人民出版社1994年版。

10.《邓小平文选》（第三卷），人民出版社1993年版。

11.《江泽民文选》（第一、二卷），人民出版社2006年版。

12.《胡锦涛文选》（第三卷），人民出版社2016年版。

13. 胡锦涛：《坚持走中国特色自主创新道路 为建设创新型国家而努力奋斗——在全国科学技术大会上的讲话》，人民出版社2006年版。

14. 胡锦涛：《在中国科学院第十四次院士大会和中国工程院第九次院士大会上的讲话》，人民出版社2008年版。

15. 习近平：《论把握新发展阶段、贯彻新发展理念、构建新发展格局》，中央文献出版社2021年版。

16. 习近平：《论坚持推动构建人类命运共同体》，中央文献出版社2018年版。

17. 习近平：《高举中国特色社会主义伟大旗帜 为全面建设社会主义现代化国家而团结奋斗——在中国共产党第二十次全国代表大会上的报告》，人民出版社2022年版。

18. 习近平：《论科技自立自强》，中央文献出版社2023年版。

19. 习近平：《在第十四届全国人民代表大会第一次会议上的讲话》，人民出版社2023年版。

20.《中共中央关于进一步全面深化改革 推进中国式现代化的决定》，人民出版社2024年版。

21.《中华人民共和国国民经济和社会发展第十四个五年规划和2035年远景目标纲要》，人民出版社2021年版。

22. 中共中央党史和文献研究院编：《习近平关于网络强国论述摘编》，中央文献出版社2021年版。

二、中文专著

1. 曾雄生：《中国农业通史·宋辽夏金元卷》，中国农业出版社2014年版。

2. 陈平：《文明分岔、经济混沌和演化经济动力学》，北京大学出版社2004年版。

3. 葛金芳：《中国经济通史》（第5卷），湖南人民出版社2002年版。

4. 辜胜阻：《民营经济与创新战略探索》，人民出版社2009年版。

5. 谷牧：《谷牧回忆录》，中央文献出版社2009年版。

6. 郭杰忠：《实践和发展：马克思主义生产力理论研究》，江西人民出版社2008年版。

7. 郝立新主编：《马克思主义发展史》（第1卷），人民出版社2018年版。

8. 何炳棣：《黄土与中国农业的起源》，中华书局2017年版。

9. 黄仁宇：《资本主义和二十一世纪》，生活·读书·新知三联书店1997年版。

10. 黄益平等：《平台经济：创新、治理与繁荣》，中信出版社2022年版。

11. 黄宗智：《长江三角洲的小农家庭与乡村发展》，广西师范大学出版社 2023 年版。

12. 罗荣渠：《现代化新论：中国的现代化之路》，华东师范大学出版社 2012 年版。

13. 贾根良：《国内大循环：经济发展新战略与政策选择》，中国人民大学出版社 2020 年版。

14. 金观涛、刘青峰：《兴盛与危机：论中国社会超稳定结构》，法律出版社 2011 年版。

15. 金观涛：《历史的巨镜》，法律出版社 2015 年版。

16. 李根蟠：《中国农业史》，文津出版社 1997 年版。

17. 李海舰、蔡跃洲：《中国数字经济前沿：数字经济测度及"十四五"发展》，社会科学文献出版社 2021 年版。

18. 厉以宁：《资本主义起源研究：比较经济史研究》，商务印书馆 2003 年版。

19. 林毅夫：《解读中国经济》，北京大学出版社 2014 年版。

20. 谈敏：《法国重农学派学说的中国渊源》，上海人民出版社 2014 年版。

21. 王思明等：《美洲作物在中国的传播及其影响研究》，中国三峡出版社 2010 年版。

22. 文一：《伟大的中国工业革命：发展政治经济学一般原理批判纲要》，清华大学出版社 2016 年版。

23. 吴承明：《中国的现代化：市场与社会》，生活·读书·新知三联书店 2001 年版。

24. 吴慧：《中国历代粮食亩产研究》，中国农业出版社2016年版。

25. 吴玉岭：《扼制市场之恶：美国反垄断政策解读》，南京大学出版社2007年版。

26. 严鹏、陈文佳：《工业革命：历史、理论与诠释》，社会科学文献出版社2019年版。

27. 张程：《脆弱的繁华：南宋的一百五十年》，新华出版社2021年版。

28. 张建新：《美国贸易政治》，上海人民出版社2014年版。

29. 张军：《大国经济：中国如何走好下一程》，浙江人民出版社2022年版。

30. 赵冈、陈钟毅：《中国经济制度史论》，新星出版社2006年版。

31. 郑永年：《大变局中的机遇：全球新挑战与中国的未来》，中信出版社2021年版。

32. 中国科学院科技战略咨询研究院：《构建现代产业体系：从战略性新兴产业到未来产业》，机械工业出版社2023年版。

33. 周文：《赶超：产业政策与强国之路》，天津人民出版社2023年版。

三、外文译著

1.〔美〕埃德蒙·费尔普斯：《活力：创新源自什么又如何推动经济增长和国家繁荣》，郝小楠译，中信出版社2021年版。

2.〔美〕埃里奇·伊萨克：《驯化地理学》，葛以德译，商务印书馆1987年版。

3.〔美〕巴巴拉·弗里兹：《黑石头的爱与恨：煤的故事》，时娜译，中信出版社2017年版。

4.〔美〕丹尼尔·贝尔：《后工业社会的来临》，高铦等译，新华出版社1997年版。

5.〔美〕丹尼尔·耶金：《制高点：重建现代世界的政府与市场之争》，段宏等译，外文出版社2000年版。

6.〔美〕道格拉斯·诺斯、〔美〕罗伯特·托马斯：《西方世界的兴起》，贾拥民译，中国人民大学出版社2022年版。

7.〔美〕德内拉·梅多斯：《增长的极限》，李宝恒译，四川人民出版社1983年版。

8.〔美〕韩森：《公元1000年：全球化的开端》，刘云军译，北京日报出版社2024年版。

9.〔美〕贾雷德·戴蒙德：《枪炮、病菌与钢铁：人类社会的命运》，王道还、廖月娟译，中信出版社2022年版。

10.〔美〕杰里·本特利、〔美〕赫伯特·齐格勒：《新全球史：文明的传承与交流（1000—1800年）》，魏凤莲译，北京大学出版社2014年版。

11.〔美〕杰里米·里夫金：《第三次工业革命：新经济模式如何改变世界》，张体伟等译，中信出版社2009年版。

12.〔美〕赖纳特：《富国为什么富，穷国为什么穷》，杨虎涛等译，中国人民大学出版社2013年版。

13.〔美〕罗伯特·特里芬：《黄金与美元危机：自由兑换的未来》，陈尚霖等译，商务印书馆1997年版。

14.〔美〕罗纳德·麦金农：《失宠的美元本位制：从布雷顿森林体系到中国崛起》，李远芳等译，中国金融出版社2013年版。

15.〔美〕罗斯托：《这一切是怎么开始的：现代经济的起源》，黄其详、纪坚博译，商务印书馆1974年版。

16.〔美〕马克·扎卡里·泰勒：《为什么有的国家创新力强?》，任俊红译，新华出版社2018年版。

17.〔美〕尼古拉·尼葛洛庞帝：《数字化生存》，胡泳等译，海南出版社1997年版。

18.〔美〕帕尔默等：《工业革命：变革世界的引擎》，苏中友等译，世界图书出版社2010年版。

19.〔美〕皮特·斯特恩斯等：《全球文明史》，赵轶峰等译，中华书局2006年版。

20.〔美〕乔尔·莫基尔：《富裕的杠杆：技术革新与经济进步》，陈小白译，华夏出版社2008年版。

21.〔美〕斯科特·雷诺兹·尼尔森：《小麦战争：谷物如

何重塑世界霸权》，黄芳萍译，中译出版社2023年版。

22.〔美〕斯塔夫里阿诺斯：《全球通史：从史前史到21世纪》，吴象婴等译，北京大学出版社2006年版。

23.〔美〕斯文·贝克特：《棉花帝国：一部资本主义全球史》，徐轶杰等译，民主与建设出版社2019年版。

24.〔美〕托马斯·K.麦克劳：《现代资本主义：三次工业革命中的成功者》，赵文书等译，江苏人民出版社1999年版。

25.〔美〕托马斯·弗里德曼：《世界是平的：21世纪简史》，何帆等译，湖南科学技术出版社2009年版。

26.〔美〕瓦克拉夫·斯米尔：《美国制造：国家繁荣为什么离不开制造业》，李凤梅等译，机械工业出版社2014年版。

27.〔美〕王国斌：《转变的中国：历史变迁与欧洲经验的局限》，李伯重等译，江苏人民出版社2010年版。

28.〔美〕威廉·麦克尼尔：《竞逐富强：公元1000年以来的技术、军事与社会》，孙岳译，中信出版社2020年版。

29.〔美〕威廉·伊斯特利：《经济增长的迷雾：经济学家的发展政策为何失败》，姜世明译，中信出版社2016年版。

30.〔美〕伊恩·莫里斯：《文明的度量：社会发展如何决定国家命运》，李阳译，中信出版社2014年版。

31.〔美〕约瑟夫·斯蒂格利茨：《美国真相：民众、政府和市场势力的失衡与再平衡》，刘斌夫等译，机械工业出版社2020年版。

32.〔美〕约瑟夫·熊彼特:《经济发展理论——对于利润、资本、信贷、利息和经济周期的考察》,何畏等译,商务印书馆2011年版。

33.〔埃及〕萨米尔·阿明:《不平等的发展》,高铦译,商务印书馆2000年版。

四、中文期刊

1. 习近平:《不断开拓当代中国马克思主义政治经济学新境界》,《求是》2020年第16期。

2. 习近平:《当前经济工作的几个重大问题》,《求是》2023年第4期。

3. 习近平:《在文化传承发展座谈会上的讲话》,《求是》2023年第17期。

4. 习近平:《努力成为世界主要科学中心和创新高地》,《求是》2021年第6期。

5. 蔡昉:《理解"李约瑟之谜"的一个经济增长视角》,《经济学动态》2015年第6期。

6. 范可:《驯化、传播与食物生产类型的形成——人类学的视角》,《中山大学学报》(社会科学版)2018年第6期。

7. 方敏、杨虎涛:《政治经济学视域下的新质生产力及其形成发展》，《经济研究》2024年第3期。

8. 刘民钢：《人类历史上的三次科学革命和对未来发展的启迪》，《上海师范大学学报》（哲学社会科学版）2018年第6期。

9. 方维慰：《中国高水平科技自立自强的目标内涵与实现路径》，《南京社会科学》2022年第7期。

10. 傅衣凌：《论明清社会的发展与迟滞》，《社会科学战线》1978年第4期。

11. 洪焕椿：《十至十三世纪中国科学的主要成就》，《历史研究》1959年第3期。

12. 洪银兴、任保平：《数字经济与实体经济深度融合的内涵和途径》，《中国工业经济》2023年第2期。

13. 洪银兴：《发展新质生产力 建设现代化产业体系》，《当代经济研究》2024年第2期。

14. 黄日涵、高恩泽：《"小院高墙"：拜登政府的科技竞争战略》，《外交评论》2022年第2期。

15. 黄速建、肖红军、王欣：《论国有企业高质量发展》，《中国工业经济》2018年第10期。

16. 黄振乾、唐世平：《现代化的"入场券"——现代欧洲国家崛起的定性比较分析》，《政治学研究》2018年第6期。

17. 黄宗智：《重访"大分流"：澄清中西历史和现实中两大不同农业演变模式》，《东南学术》2023年第3期。

18. 贾根良：《国有企业的新使命：国家创新意志的政策工

具》，《教学与研究》2023年第3期。

19. 贾根良：《国有企业的新使命：核心技术创新的先锋队》，《中国人民大学学报》2023年第2期。

20. 江太新：《对明清农业发展史研究中几个理论问题的思考》，《中国经济史研究》2016年第5期。

21. 姜锡东：《宋代生产力的发展水平》，《中国社会科学》2022年第7期。

22. 解丽霞、王众威：《生命规训、身体反抗与工厂制度——〈英国工人阶级状况〉的政治哲学阐释》，《学术研究》2023年第11期。

23. 金观涛、樊洪业、刘青峰：《历史上的科学技术结构——试论十七世纪之后中国科学技术落后于西方的原因》，《自然辩证法通讯》1982年第5期。

24. 寇宗来、石磊：《理解产业革命发生在英国而非中国的关键——李约瑟之谜的专利制度假说》，《国际经济评论》2009年第2期。

25. 兰洋、王名扬：《中国式现代化对东亚现代化的超越及图景开创》，《理论探索》2022年第6期。

26. 李根蟠：《自然生产力与农史研究（下篇）——中国传统农业利用自然生产力的历史经验》，《中国农史》2014年第4期。

27. 李建平、陈娜：《美元权力的溯源、异化与世界反霸之路——以俄乌冲突中的货币战为鉴》，《当代经济研究》2023年第10期。

28. 李腾、孙国强、崔格格：《数字产业化与产业数字化：双向联动关系、产业网络特征与数字经济发展》，《产业经济研究》2021年第5期。

29. 李小强：《农业的起源、传播与影响》，《人类学学报》2022年第6期。

30. 姚大庆：《美国金融制裁对美元国际地位的影响及中国的应对》，《世界经济研究》2023年第7期。

31. 姚洋：《高水平陷阱——李约瑟之谜再考察》，《经济研究》2003年第1期。

32.〔美〕约翰·福斯特、〔美〕罗伯特·麦克切斯尼：《垄断金融资本、积累悖论与新自由主义本质》，武锡申译，《国外理论动态》2010年第1期。

33.〔美〕约翰·福斯特：《失败的制度：资本主义全球化的世界危机及其对中国的影响》，吴娓、刘帅译，《马克思主义与现实》2009年第3期。

34. 张红霞、谭春波：《论全球化背景下的资本逻辑与生态危机》，《山东社会科学》2018年第8期。

35. 张居中、陈昌富、杨玉璋：《中国农业起源与早期发展的思考》，《中国国家博物馆馆刊》2014年第1期。

36. 张锐：《清洁能源供应链与美欧绿色殖民主义扩张》，

《国外理论动态》2023年第6期。

37. 张薇薇：《美国对华"脱钩"：进程、影响与趋势》，《当代美国评论》2021年第2期。

38. 张晓兰、金永花、黄伟熔：《发达国家举国工程与我国举国体制的比较及启示》，《宏观经济管理》2022年第11期。

39. 周文：《中国共产党为什么能得政治经济学密码》，《社会主义论坛》2023年第3期。

40. 周文：《中国经济发展的伟大成就与经济学自主知识体系》，《江汉论坛》2023年第6期。

41. 肖玉飞、周文：《逆全球化思潮的实质与人类命运共同体的政治经济学要义》，《经济社会体制比较》2021年第3期。

42. 邹广文、华思衡：《论以人民为中心的高质量发展》，《求是学刊》2022年第3期。

五、报纸文章

1. 胡锦涛：《坚定不移沿着中国特色社会主义道路前进　为全面建成小康社会而奋斗》，《人民日报》2012年11月18日。

2. 习近平：《决胜全面建成小康社会 夺取新时代中国特色社会主义伟大胜利——在中国共产党第十九次全国代表大会上的报告》，《人民日报》2017年10月28日。

3. 习近平：《在中国科学院第二十次院士大会、中国工程院第十五次院士大会、中国科协第十次全国代表大会上的讲话》，《人民日报》2021年5月29日。

4. 习近平：《在科学家座谈会上的讲话》，《人民日报》2020年9月12日。

5. 习近平：《在企业家座谈会上的讲话》，《人民日报》2020年7月22日。

6. 习近平：《携手共进，合力打造高质量世界经济——在二十国集团领导人峰会上关于世界经济形势和贸易问题的发言》，《人民日报》，2019年6月29日。

7. 习近平：《在民营企业座谈会上的讲话》，《人民日报》2018年11月2日。

8. 习近平：《开放共创繁荣 创新引领未来——在博鳌亚洲论坛2018年年会开幕式上的主旨演讲》，《人民日报》2018年4月11日。

9. 习近平：《共担时代责任 共促全球发展——在世界经济论坛2017年年会开幕式上的主旨演讲》，《人民日报》2017年1月18日。

10. 习近平：《为建设世界科技强国而奋斗——在全国科技创新大会、两院院士大会、中国科协第九次全国代表大会上的讲话》，《人民日报》2016年6月1日。

11. 习近平：《在哲学社会科学工作座谈会上的讲话》，《人民日报》2016年5月19日。

12. 习近平：《在中国科学院第十七次院士大会、中国工程院第十二次院士大会上的讲话》，《人民日报》2014年6月10日。

13. 习近平：《关于〈中共中央关于全面深化改革若干重大问题的决定〉的说明》，《人民日报》2013年11月16日。

14. 《习近平在中共中央政治局第十一次集体学习时强调 加快发展新质生产力 扎实推进高质量发展》，《人民日报》2024年2月2日。

15. 《习近平在"国家工程师奖"首次评选表彰之际作出重要指示强调 坚定科技报国为民造福理想 加快实现高水平科技自立自强服务高质量发展》，《人民日报》2024年1月20日。

16. 《习近平向第六届中国国际进口博览会致信》，《人民日报》2023年11月6日。

17. 《习近平在江苏考察时强调 在推进中国式现代化中走在前做示范谱写"强富美高"新江苏现代化建设新篇章》，《人民日报》2023年7月8日。

18. 《习近平主持召开二十届中央全面深化改革委员会第一次会议强调 守正创新真抓实干 在新征程上谱写改革开放新篇章》，《人民日报》2023年4月22日。

19. 《习近平在中共中央政治局第三十次集体学习时强调 加强和改进国际传播工作 展示真实立体全面的中国》，《人民日报》2021年6月2日。

20. 《习近平在中央政治局第二十四次集体学习时强调 深刻认识推进量子科技发展重大意义 加强量子科技发展战略谋划和系统布局》，《人民日报》2020 年 10 月 18 日。

21. 《习近平在江苏徐州市考察时强调 深入学习贯彻党的十九大精神 紧扣新时代要求推动改革发展》，《人民日报》2017 年 12 月 14 日。

22. 《中共中央 国务院关于促进民营经济发展壮大的意见》，《人民日报》2023 年 7 月 20 日。

23. 《中共中央 国务院关于学习运用"千村示范、万村整治"工程经验有力有效推进乡村全面振兴的意见》，《人民日报》2024 年 2 月 4 日。

24. 《李强总理出席记者会并回答中外记者提问》，《人民日报》2023 年 3 月 14 日。

25. 周文：《厚植中国式现代化产业根基》，《经济日报》2023 年 4 月 26 日。

26. 《民营企业数量 10 年翻两番占比达 92.1%》，《中华工商时报》2022 年 3 月 24 日。

六、外文文献

1. Acemoglu, D. and Robinson, J. A., 2000, "Political

Losers as a Barrier to Economic Development", *American Economic Review*, 90（2）: 126-130.

2. Allen, R. C., 2011, "Why the Industrial Revolution was British: Commerce, Induced Invention, and the Scientific Revolution", *Economic History Review*, 64（2）: 357-384.

3. Allen, R. C., 2015, "The High Wage Economy and the Industrial Revolution: A Restatement", *Economic History Review*, 68（1）: 1-22.

4. Antràs, P. and Voth, H. J., 2003, "Factor Prices and Productivity Growth During the British Industrial Revolution", *Explorations in Economic History*, 40（1）: 52-77.

5. Benassi, M. and Landoni, M., 2019, "State-Owned Enterprises as Knowledge-Explorer Agents", *Industry and Innovation*, 26（2）: 218-241.

6. Bradley, K. and Pargman, D., 2017, "The Sharing Economy as the Commons of the 21St Century", *Cambridge Journal of Regions Economy and Society*, 10（2）: 231-247.

7. Gorodnichenko, Y. and Roland, G., 2011, "Which Dimensions of Culture Matter for Long-Run Growth?", *American Economic Review*, 101（3）: 492-498.

8. Gross, D. P. and Sampat, B. N., 2023, "America, Jump-Started: World War II R&D and the Takeoff of the Us Innova-

tion Systems", *American Economic Review*, 113（12）: 3323-3356.

9. Landes, D. S., 2006, "Why Europe and the West? Why Not China?", *Journal of Economic Perspectives*, 20（2）: 3-22.

10. Lin, J. and Chang, H., 2009, "Should Industrial Policy in Developing Countries Conform to Comparative Advantage Or Defy It? A Debate Between Justin Lin and Ha-Joon Chang", *Development Policy Review*, 27（5）: 483-502.

11. Liu, X. and Jones, M. K., 2014, "Food Globalisation in Prehistory: Top Down Or Bottom Up?", *Antiquity*, 88（341）: 956-963.

12. Malanima, P., 2006, "Energy Crisis and Growth 1650-1850: The European Deviation in a Comparative Perspective", *Journal of Global History*, 1（1）: 101-121.

13. Mavhunga, C. C., 2023, "Africa's Move From Raw Material Exports Toward Mineral Value Addition: Historical Background and Implications", *Mrs Bulletin*, 48（4）: 395-406.

14. Mcintosh-Smith, Dr, T., and Dr, N., et al., 2014, "Computing Power Revolution and New Algorithms: Gp-Gpus, Clouds and More: General Discussion", *Faraday Discussions*, 169: 379-401.

后　记

PRODUCTIVITY

2023 年 7 月以来，习近平先后在四川、黑龙江、浙江、广西等地考察调研，并提出："要整合科技创新资源，引领发展战略性新兴产业和未来产业，加快形成新质生产力。"①2023年 12 月，习近平在中央经济工作会议上再次指出："要以科技创新推动产业创新，特别是以颠覆性技术和前沿技术催生新产业、新模式、新动能，发展新质生产力。"②2024 年 1 月 31 日，习近平在中共中央政治局第十一次集体学习时对新质生产力再次强调，"发展新质生产力是推动高质量发展的内在要求和重要着力点"，"必须继续做好创新这篇大文章，推动新质生产力加快发展"。③ 习近平对新质生产力作出了明确定义："新质生产力是创新起主导作用，摆脱传统经济增长方式、生产力发展路径，具有高科技、高效能、高质量特征，符合新发展理念的

① 习近平：《发展新质生产力是推动高质量发展的内在要求和重要着力点》，《求是》2024 年第 11 期。

② 《中央经济工作会议在北京举行》，《人民日报》2023 年 12 月 13 日。

③ 《习近平在中共中央政治局第十一次集体学习时强调 加快发展新质生产力 扎实推进高质量发展》，新华社，2024 年 2 月 1 日。

先进生产力质态。它由技术革命性突破、生产要素创新性配置、产业深度转型升级而催生，以劳动者、劳动资料、劳动对象及其优化组合的跃升为基本内涵，以全要素生产率大幅度提升为核心标志，特点是创新，关键在质优，本质是先进生产力。"①

2024年3月5日，习近平在参加十四届全国人大二次会议江苏代表团审议时的讲话中指出："要牢牢把握高质量发展这个首要任务，因地制宜发展新质生产力。"②这彰显了发展新质生产力的重要方法论。从首次提出"加快形成新质生产力"，到在中央经济工作会议部署"发展新质生产力"，到中央政治局集体学习时对新质生产力的系统阐述，再到参加江苏代表团审议时指出发展新质生产力的根本方法论，习近平关于发展新质生产力的一系列重要论述，深刻回答了"什么是新质生产力、为什么要发展新质生产力、怎样发展新质生产力"的重大理论和实践问题，指明了推动高质量发展的重要着力点，体现了对生产力发展规律和我国发展面临的突出问题的深刻把握，是对我国经济建设规律的认识深化和深刻总结，具有重要的理论意义。

现在，新质生产力已经在实践中形成并展示出对高质量发

① 习近平：《发展新质生产力是推进高质量发展的内在要求和重要着力点》，《求是》2024年第11期。
② 《习近平在参加江苏代表团审议时强调 因地制宜发展新质生产力》，《人民日报》2024年3月6日。

展的强劲推动力、支撑力，需要我们从理论上进行总结、概括，用以指导新的发展实践。加快形成和发展新质生产力就是以中国为观照、以时代为观照，立足中国实际，从中国话语和中国理论视角阐释中国如何通过生产力发展的飞跃，实现从大国到强国、从富起来到强起来的伟大飞跃。

新质生产力是"术语革命"，现在相关研究已成为学界关注的热点。习近平提出"新质生产力"这个概念后，笔者应该是国内最早关注并开始对新质生产力研究的学者之一。党的二十届三中全会审议通过的《中共中央关于进一步全面深化改革 推进中国式现代化的决定》对发展新质生产力作出了重要部署，我们更感受到对新质生产力进行深入系统研究的重要性和紧迫性。因此，笔者一方面全身心投入全面系统完整诠释"新质生产力"；另一方面更多是思考如何用"新质生产力"概念去解释过去、现在和未来，让"新质生产力"概念具有历史的穿透力和现实的科学指导性，这也是本书的初衷和目的。

与目前面市的众多著作不同，本书以历史大视野，从生产力变迁和新质生产力视角创新性解释了中国何以作为世界上唯一的，从辉煌走向衰落，今天又为何能够从衰落走向复兴的国家。本书借助"新质生产力"概念重新审视了"李约瑟之谜"，以新质生产力视角更深刻地揭示历史大分流的真相。同时，加快形成和发展新质生产力，将为推进中国式现代化注入强劲新动能，为全面推进强国建设、民族复兴伟业提供有力支撑。围绕新质生产力，本书展示出强国建设和民族伟大复兴的未来图景。

　　本书的出版得益于天津人民出版社的大力支持，以及责编武建臣的帮助和及时推进。在此一同表达感谢。

周文

2024 年 8 月 14 日